생태적
커뮤니케이션

생태적 커뮤니케이션
우리 사회는 생태적 위험에 대비할 수 있는가

초판 1쇄 인쇄일 2014년 12월 26일   **초판 1쇄 발행일** 2014년 12월 30일

지은이 니클라스 루만 | **옮긴이** 서영조
펴낸이 박재환 | **편집** 유은재 | **관리** 조영란
펴낸곳 에코리브르 | **주소** 서울시 마포구 동교로 15길 34 3층(121-842) | **전화** 702-2530 | **팩스** 702-2532
이메일 ecolivres@hanmail.net | **블로그** http://blog.naver.com/ecolivres
출판등록 2001년 5월 7일 제10-2147호
종이 세종페이퍼 | **인쇄 · 제본** 상지사 P&B

ISBN 978-89-6263-130-2 93330

생태적 커뮤니케이션

우리 사회는 생태적 위험에 대비할 수 있는가

니클라스 루만 지음 | 서영조 옮김

Ökologische Kommunikation:
Kann die moderne
Gesellschaft
sich auf ökologische
Gefährdungen
einstellen?

에코리브르

차례

우리말은 약점과 결함을 가지고 있다, 다른 모든 것들처럼.

세계 혼란의 대부분은 문법학자들로 말미암는다.

-미셸 드 몽테뉴, 〈레이몽 스봉 변론(Apologie de Raimond Sebond)〉

서문

　　라인란트-베스트팔렌 주 과학아카데미의 초대로 나는 1985년 5월 15일 열린 연례학술대회에서 "근대 사회는 생태적 위험에 대비할 수 있는가?"라는 주제에 대해 발표했다.[1] 하지만 발표 시간이 부족해 사고(思考)의 과정을 필요한 만큼 세세하게 설명할 수 없었다. 모든 차이점에도 불구하고 많은 개개의 기능체계들이 갖고 있는 아주 유사한 반응 양식을 다루는 것이 무엇보다도 불가능했다. 근대 사회는 상이한 기능체계들로 구조적으로 분화된 결과, 반향(反響)을 너무 적게 생성하기도 하고 너무 많이 생성하기도 한다는 주제 발표의 주요 논지를 개괄적으로만 전달할 수 있었다. 그렇지만 이러한 사실을 인식함으로써 한 가지 결론에 도달할 수는 있다. 즉 새로운 가치관으로도, 새로운 도덕 또는 환경윤리학에 대한 학자들의 구체적인 작업으로도 문제를 해결할 수 없다는 것이다.

　　이 책은 당시의 발표 내용을 보충하는데, 이는 매우 개괄적이긴 하지만 근대 사회의 가장 중요한 기능체계들에 맞춰 진행될 것이다. '올바른' 체험과 행위를 위한 매우 다양한 기능과 이원적 코드 및 프로그램에도 불구하고 기본 구조에서는 매우 유사한 하나의 그림이 나타난다. 이는 생태적인 문제들이 단지 정치적 또는 경제적 과오나 불충분한 윤리적 책임감에만 관련되어 있지 않고, 사회체계와 연관되어 있다는 것을 정당화한다.

이론적으로 도출한 비교를 통해 사회 이론은 최근에야 비로소 현실성을 갖춘 생태적 토론에 의해 아주 많은 것을 요구받고 있다. 하지만 분명한 것은 이 같은 토론이 현재 제공하는 것은 매우 적다는 사실이다.

여기서 제시한 분석들은 여러 측면에서 생태적 문헌들이 미숙하게 도입해 더 이상의 논증도 없이 사용하고 있는 전제들과는 거리를 두고 있다. 이는 기초적인 체계이론적 질문들과 마찬가지로 수많은 세부 사항에도 해당된다. 생태적 문헌은 그 자체가 사회적 커뮤니케이션의 산물이며, 독자적 분석을 세세하게 하지는 않겠지만 우리가 여기서 논의하고자 하는 대상의 한 부분이다. 무분별한 어휘 선택과 큰 파급 효과를 가진 이론을 결정짓는 데 따른 직감력 부족은 생태적 문헌의 가장 뚜렷한 특징 중 하나이다. 마치 환경을 염려하는 것이 환경에 대한 경솔한 견해를 정당화할 수 있다는 듯이 말이다. 이와 함께 과학적 면밀함을 요구하면서 등장하는 문헌은 무엇보다도 그 문헌이 근거하고 있는 기능체계들에서 성찰 기능을 동시에 수행하는 바로 그 학문 분야에 의해 생산된다. 즉 법학자들에게 관건은 소송 사건을 다루는 바로 그 범주의 확장에 있으며, 경제학자들에게 관건은 경제 데이터를 관찰하고 경제 성장을 긍정적으로 또는 부정적으로 입증하는 바로 그 모델의 확장에 있다는 식이다. 물론 이것 역시 나름의 의미를 가지고 있다. 그러나 문제는 좀더 근본적으로 기능체계들의 분화 자체에 있다.

사람들은 이론적인 분석에는 항상 '실천 연관성'이 결여되어 있다고 비난할 수 있다. 그것은 타인들을 위한 어떠한 처방전도 제시하지 않는다. 그러곤 실천을 관찰하면서 가끔씩 이렇게 묻는다. 사람들이 개선이 절실한 관념 아래서 성급하게 행동한다면 무엇이 유용할 수 있는가? 이러한 방식으로 사람들이 유용한 결과에 도달한다는 것은 결코 배제되어 있지 않다. 단지 이론은 사람들이 관념의 생산을 더 잘 통제하는 방법을 가지고 유용한 결과를 가져올 개연성을 높일 수 있다고, 그리고 무엇보다도 무용한 흥분을 낳는 개연성을 낮출 수 있다고 여전히 생각할 뿐이다.

1985년 8월 빌레펠트에서
니클라스 루만

사회학적
금욕

인간과 사회에 대한 고찰의 역사적 차원에 비추어볼 때 이 주제는 아주 새로운 것이다. 사회적 삶의 생태적 조건에 대한, 사회체계와 환경 사이의 연관성에 대한 공적 토론이 급증한 지는 불과 20년 남짓하다. 아주 다양한 방식으로 오늘날의 사회는 그 사회의 환경 자체가 유발한 효과들에 의해 다시 영향을 받는다고 느낀다. 사람들은 재생할 수 없는 자원들의 급증하는 소모에 대해, 아울러 (이러한 일이 발생할 때조차) 자생적 대체 자원에 대한 점증하는 의존성에 대해 생각한다. 게다가 사람들은 지속적인 생물학적 진화의 전제 조건으로서 종(種)의 다양성 축소에 대해, 그다음에는 의약품에 저항하는, 요컨대 더 이상 치료할 수 없는 병원체의 언제 있을지 모를 진화에 대해, 나아가 환경 오염이라는 잘 알려진 문제에 대해 그리고 마침내는 지구의 인구 과잉에 대해 생각하고 있다. 이 모든 것이 오늘날 사회적 커뮤니케이션의 주제들이다. 전례 없이 오늘날의 사회는 진단과 표준 치료에 대한 충분한 인지적 수단을 마음대로 사용하지도 못하면서 스스로에게 경종을 울리고 있다.[1] 사람들은 사회가 자신의 환경을 변화시킬 뿐만 아니라 동시에 사회 자체의 영속적 조건들도 파괴한다는 것을 깨닫는다. 이 문제 자체는 전혀 새로운 것이 아니다. 이는 이미 사회적 발전의 초기 국면에 나타났다.[2] 하지만 오늘날에서야 비로소 인간 커뮤니케이션이 지닌 더 이상 무시할 수 없고, 교란하는 '소음'으로 생각하지 않을 수 없는 심각한 지경에 이르고 있다.

사회학에서 이러한 토론은—많은 것이 그러했던 것처럼—놀랍게 다가왔으며, 이 학문 분야는 이를 이론적으로 아무런 준비 없이 맞이했다. 사회학은 그때까지 올바른 사회 질서에 관한 이데올로기에 휩쓸려 있었고, 이후에는 이런 이데올로기로부터 다시 벗어나려고 시도하는 순수하게 사회 내적인 관점만을 장려했다. 아울러 이 모든 것은 사회학의 주제가 사회 또는 사회의 부분들이라는 가정 아래 이루어졌다. 이런 의미에서 이 학문 분야 창설의 역사는 사전에 이미 준비되어 있었다. 자연은 자연과학에 떠넘겨진 채로 있을 수 있었으며 또 그리 되어야만 했다. 사회학이라고 일컫는 이 새로운 학문 분야가 자신의 고유 대상으로서 발견하고 요구할 수 있었던 것은 사회 또는 (이 개념을 싫어한다면) 에밀 뒤르켐(Emile Durkheim)의 의미에서의 사회적 사실(faits sociaux), 게오르크 짐멜(Georg Simmel) 혹은 레오폴트 폰 비제(Leopold von Wiese)의 의미에서의 사회적 형태와 관계, 막스 베버(Max Weber)의 의미에서의 사회적 행위 같은 사회적 사실들이었다. 학문 분야의 경계는 영역 경계로서 현실적으로 고안되었다. 하물며 이것이 어떻게 달라질 수 있었겠는가?

그런데 '거대 이론'뿐만 아니라 다양한 '사회적 문제' 영역의 연구 또한 사회적 문제의 원천을 그 목표로 삼았다. 더 나은 문제 해결에 기여할 수 있다는 연구자의 희망은 바로 여기에 근거한 것이다. 문제들의 문제적 원인은 사회체계 또는 그 하부 체계의 구조에 있다. 그런데 사람들은 이 구조를 바꿀 수는 없다 하더라도 적어도 그 관계들을 비난할 수는 있다. 외부에서 비롯된 문제의 원천은 거의 주목받지 못했으며,[3] 모든 체계 문제는 궁극적으로 체계와 환경의 차이에서 기인한다는 사실에 대해 사람들은 아예 생각조차 하지 못했다.

시민 사회(societas civilis)에 대한 과거의 학설도 다르게 생각하지 못했다. 그리고 이는 실천철학의 광범위한 틀에서도 마찬가지로 적용된다. 여기에서도 사회적인 것은 전체 인간을 포함함에도 불구하고 시민 공동체(civitas)로서, 완전한 공동체(communitas perfecta)로서 또는 정치적 사회로서 나타났다. 인간 외적인 자연은 스토아적 및 기독교적 교리에 따라 이용의 대상으로서 인간에게 맡겨졌다. 이때 영토 지배(dominium terrae)는 자연 전체의 세속화를 저지하고 종교적인 것의 특화를 보장하는 일종의 방어 개념이었다. 이런 의미에서 오늘날 생태적으로 중요한 자연은 탈(脫)세속화한 자연이었다. 지속적으로 동반된 반대 의견들은 발전 중인 자연과학에 어려움을 초래할 만큼 그렇게 강력하지 못했다. 18세기의 문제 제기는 하나의 특유한 방향 전환을 경험한다. (종종 그러하듯 고유의 이해관계를 나타내는) 반대 개념은 교체되게 마련이다. 특수한 일신론적 표현 양식이 지켜야 할 신성한 것(sacrum) 대신, 자연에 대한 반대 개념으로서 문명이 등장했다.[4] 그리하여 자연은 한편으로 구제 불능하게 상실된 역사가 되었고, 다른 한편으로 사회의 작업 분야가 되었다.

이런 표현 양식 또한 자연과 문명의 차이의 통일성을 규명하는 계기를 거의 제공하지 못한다. 적어도 (말하자면 신은 자신의 피조물들에게 존중받아야 한다는 옛 학설을 계승한 것으로서) 환경 의식을 위한 처음의 가능성을 제공하기는 한다. 18세기는 주변 여건(Milieu),[5] 즉 기후와 문화의 연관성 같은 구체적인 문제 영역의 의미를 발견했다. 중농주의자들은 농업 기술의 진보에 자극을 받아 재산을 경제적으로도 생태적으로도 최적의 법 제도로서 간주했다. 재산은 자연자원을 이익과 똑같은 것으로 여기도록 함으로써 그것을 소중히 관리하도록 만들었다. 특기할 점은 사람들이 당시에는 행위 결과의 **내면화**를, 다시 말해 행위 결과를 합리적인 계산에 넣는 것을 재산의 기능으로 간주했다는 사실이다. 반면 오늘날 사람들은 정반대로 **외면화**에 대해 말하면서 재산의 행위 결과에 대한 책임성의 결핍을 비난한다.

우선은 이것을 출발점으로 삼았지만 더 이상 진전되지는 않았다. 프랑스 혁명은 사회적 입장과 정치적 목적에 의거한 사회적 논쟁의 이데올로기화를 초래했고, 사회적 관계의 기술(記述)은 프랑스 혁명의 전체 드라마를 또다시 단지 사회 내부에서만 발견했다. 너무나 분명하게도 사람들은 이것을 다윈이 사회과학에 도입했던 방식으로 보았던 듯싶다. 개개인, 기업 및 민족의 차원에서 생존을 위한 투쟁에 대해 성공의 권리를 용인했음에도 불구하고 사회체계의 환경이 사회로서 발전할 수 있는 것에 대해 선택적으로 결정한다는 생각을 수용하는 대신, 몇 년

뒤 새로운 사회도덕의 늪에서 허우적댄, 이데올로기적으로 채색된 사회다윈주의가 생겨났다. 오늘날까지 사회과학에서 진화 이론은 이 실패로부터 완전히 회복하지 못하고 있다.[6]

사회학이 저항 학문으로서 또는 '비판 이론'으로서 나타난 곳에서도 사회만을 주목했고, 현존하는 사회가 응할 수 없었거나 아직은 응할 수 없었던 인간적 원칙을 지니고 있었다. 즉 너무나 적은 자유 아니면 너무나 적은 평등, 또는 너무나 적은 정의 아니면 너무나 적은 이성, 이를테면 부르주아적 주제가 바로 그것이었다! 이러한 사회학이 사회적 토론의 내부에서 넘겨받은 부분은 **특정한 이상(理想)에 의거한 사회의 자기 비판이었지 불안정한 희망 및 염려와 관련한 자기 경고가 아니었다.** 이상은 환상으로 전환되는 불운한 경향을 지니기 때문에 그와 같은 비판에 대한 비판은 손쉬운 게임이었다. 이 같은 토론의 이론적 배경은 사람들이 얼마 동안은 여전히 어떤 '비동시적인 것의 동시성'을 고려해야 한다 하더라도 오늘날 침체되어 있다. 경종을 울리는 상황에서 여전히 관건은 특정한 희망 또는 염려를 어느 정도까지 증명했는가 하는 질문이거나, 아니면 거리를 둔 관찰자의 관점에서 볼 때 리스크를 받아들일 용의는 어떤 요소에 의존하고 있으며 그것이 사회 속에서 어떻게 분배되는가 하는 질문이다.

따라서 자신의 고유한 대상 속에서 옴짝달싹 못하는 사회학은 엔트로피 법칙에 자극을 받아 자연과학으로부터 하나의 인식 전환이 일어났다는 사실을 역시 알아채지 못하고 있다. 만약 열 손실의 경향을 지닌 이 법칙이 존재한다면, 자연의 질서는 그럼에도 왜 그것에 순응하지 않고 네겐트로피적으로 진화하는지를 규명하는 것이 더욱더 중요해진다. 그 대답은 열역학적으로 개방된 체계의 독특성에 있는데, 이 체계는 투입과 산출을 매개로 자신을 환경과 관련지으면서 교환 관계, 즉 환경 의존성에 관계하지만 구조적인 자기 규제에 의해 자신의 자율성을 보장할 수 있다. 루트비히 폰 베르탈란피(Ludwig von Bertalanffy)는 이러한 생각을 포착함으로써 사람들이 이후 '일반적 체계이론'이라고 부르는 것에 기초를 놓았다.[7]

사회학이 이런 것도 알아채지 못했다고 말하는 것은 공정치 못하다. 몇몇 프로그램적으로 영향을 받은 것들이 있다.[8] 조직의 환경 연관성을 밝힌 아주 성공적인 조직사회학적 연구들도 있었지만,[9] 이 경우 환경은 늘 사회 내적인 환경, 예를 들어 시장 또는 기술적 혁신, 요컨대 또다시 사회 자체만을 의미했다.[10]

사람들은 이론 중심적인 패러다임의 전환을 통해서만 사회 자체에 고착되어 있는 이런 상황에서 벗어날 수 있다.[11] 이러한 방향 전환은 사회학적 사고의 모든 파생 영역에 이를 정도로 광범위한 결과를 가져온다.[12] 따라서 급진적인 수습책이 필요해진다. 그와 같은 조치를 한 다음, 사람들은 자신이 그것을 완전히 거부하지 않는 한 느리기는 하지만 또다시 걸음마를 배운다.

새로운 종류의 생태 의식의 갑작스러운 등장은 이론적 고려를 위한 시간을 거의 허용하지 않았다. 그 때문에 사람들은 새로운 주제를 낡은 이론의 틀 속에서 먼저 생각했다. 사회가 환경에 대한 자신의 작용에 의해 스스로 위험에 처한다 하더라도, 사회는 이를 그대로 내버려두어야 한다. 그리고 사람들은 이에 대해 책임 있는 자를 찾으면서 이런 상황을 저지해야 하고, 필요할 경우 그와 싸우거나 그를 처벌해야만 한다. 이에 대한 도덕적 권리는 사회의 자기 파괴에 대항해 전심전력을 다한 사람들 편에 있을 것이다. 그리하여 이론에 대한 토론은 돌연 도덕적 질문 형태로 넘어가고, 이론의 결함은 도덕적 열정으로 인해 상쇄된다. 좋은 의도를 증명하고자 하는 것이 문제의 형태를 결정한다. 그리하여 사람들은 하늘에 운을 맡긴 채 관건인 체계 구조를 분석하지 않고 새로운 **환경**윤리학에 대해서만 토론한다.

새로운 윤리학을 목적으로 삼는 사람은 역사적으로 회고하면서 죄책감의 문제도 필연적으로 제기한다. 기독교적인 서양은 종교 때문에 자연을 착취적이지는 않지만 거칠고 무정하게 취급했다고 알려졌다.[13] 그런데 이와 반대로 기독교인들은 철저하게 동물을 사랑했으며 자연에서 조물주를 경외했다는 게 증명되었다.[14] 이처럼 어리석은 질문 제기에서는 당연히 둘 다 맞다. 역사적 회고는 단지 대조의 기능만을 가질 뿐 실제적인 역사를 얻기 위해 결코 노력하지 않는다. 그것은 단지 새로운 윤리학을 일으켜 세우기 위해 사용될 뿐이다. 이때 이 윤리학이 윤리학으로서 정말로 가능한지, 가능하다면 어떻게 가능한지 같은 어려운 질문은 제기되지도 않는다.[15]

그 밖에도 생태적 관계에서든, 생소한 문화에서든, 심지어 오늘날 발전도상국들과 그들의 전통에서든 과학적 연구와 함께 '자연적 균형'에 대한 존중심이 성장했다는 사실이 주의를 끌고 있다. 하지만 동시에 주의를 끄는 것은 자신들의 사회가 격렬한 비판에 처해 있으며, 간섭에 대한 요구로 넘쳐나고 있다는 사실이다. **마치 그것이 어떤 체계도 아닌 것처럼.**[16] 여기에는 부정적인 것으로 변모한 민족중심주의가 작용하고 있음이 명백하다. 그리고 '체계이론'에 대한 짙은 혐오는 이 이론이 자신들의 사회로 향한 비난을 강화시키는 것과도 관계가 있는 것 같다.

특히 이처럼 호소적인 토론에서 부족한 점은 바로 이 생태적 문제 제기의 이론적 구조에 대한 충분한 이해, 무엇보다도 그것의 근본적인 역설에 대한 이해이다. 즉 그러한 문제 제기는 모든 실상을 통일성과 관련해서, 차이와 관련해서, 생태적 관계의 통일성과 관련해서 그리고 이러한 관계를 파괴하는 체계와 환경의 차이와 관련해서 이 모든 것을 동시에 취급해야만 한다는 역설이다. 생태적 문제 제기에서 주제가 되는 것은 체계와 환경의 차이에 대한 통일성이지, 포괄적인 체계의 통일성이 아니다.[17]

체계와 환경이라는 체계이론적 차이는 세계관의 급진적 변화를 표현한다. 바로 여기에―자연의 거칠고 무자비한 착취의 문제에서가 아니라―전통과의 단절의 본질이 있다. periéchon, continens, ambiens, ambiente, medium 같은 낱말의 영역에서 이념사적 연구의 도움으로, 사람들은 우리가 오늘날 환경이라고 부르는 것이 그리스적 사고와 중세적 사고에서 우주가 포함하고 있는 모든 것에 적합한 위치와 경계를 가리키는 가시적인 살아 있는 우주는 아니라 하더라도 포괄하는 몸(soma periéchon)으로 간주되었음을 알 수 있다.[18] 이것이 의미하는 바는 큰 몸에 의한 작은 몸의 포함 및 유지였으며, 경계는 가능성을 배제하거나 자유를 제한하는 것이 아니라 형태를 부여하고 지지하며 보호하는 장치로 간주되었다는 것이다. 19세기에 시작되어 ('environment'와 마찬가지로 'Umwelt'는 19세기의 향수병이다!) 오늘날에야 비로소 종착점에 도달한 이론적 전환에서 이러한 관점은 정반대로 변했다. 즉 체계 스스로 환경을 정하고, 그 스스로 분화독립화하면서 체계의 경계 저편에 있는 것으로서 환경을 구성한다는 것이다. 이런 의미에서의 환경은 어떤 고유 체계가 아니며, 하나의 작용 단위는 더더욱 아니다. 그것은 오히려 외부적 상황의 총체성으로서 체계의 형태 생성(Morphogenese)의 임의성을 제한하고, 그것을 진화적 선택에 내맡기는 어떤 것일 뿐이다. 환경의 '통일성'은 체계의 통일성의 상관 개념 그 이상도 그 이하도 아니다. 왜냐하면 한 체계에서 통일성이라는 것 모두는 체계에 의해 통일성으로 정해졌기 때문이다.

사회체계의 (그것도 생태적 문제에 대해 커뮤니케이션하는 사회체계의) 이론을 위한 결과는 두 가지 논제로 요약될 수 있다.

1. 이론은 큰 통일성(세계) 속의 작은 통일성으로서 사회 전체의 **통일성**에 대한 정향으로부터 사회체계와 환경의 차이에 대한 정향으로 전환해야 한다. 다시 말해, 이론 발전의 출발점으로서 통일성으로부터 차이에로 전환해야 한다는 것이다. 더 정확하게 표현하면, 사회학의 대상은 **사회체계가 아니라 사회체계와 그 환경의 차이의 통일성**이다. 다시 말해 사회체계의 체계 준거를 통해 본다면, 즉 사회체계 스스로를 환경에 대해 분화시키는 분할선의 도움을 받는다면, 관건은 세계 전체라는 것이다.[19] 차이는 분리를 위한 도구일 뿐만 아니라 무엇보다도 체계의 성찰을 위한 도구

이기도 하다.

2. 사회체계의 요소에 대한 관념은 실질적인 단위(개인들)로부터 오직 체계 안에서만, 오직 동일한 작동을 하는 네트워크의 도움에 의해서만 생성될 수 있는(자기생산) 자기준거적인 작동으로 전환되어야 한다. 일반적으로는 사회적 체계의 경우, 특수하게는 사회체계의 경우 이를 위해서는 (늘 자기준거적인) 커뮤니케이션의 작동이 가장 적합한 것처럼 보인다.

사람들이 이러한 제안을 수용한다면, 사회는 서로 관계를 맺는 모든 커뮤니케이션의 포괄적인 사회적 체계로서 아주 단순하게 정의될 수 있다. 사회는 커뮤니케이션으로만 구성되어 있으며, 그것은 커뮤니케이션에 의한 커뮤니케이션의 지속적 재생산에 의해 다른 종류의 체계의 환경에 대해 자신을 경계 지운다. 이러한 방식으로 진화에 의해 복잡성을 갖춘다.

앞으로의 고찰은 이 같은 이론을 전제한다. 그런데 이는 사회체계의 생태적 적응 문제를 해결하기 위해서가 아니다. 오히려 사람들이 문제를 이 이론의 도움을 받아 구성한다면 어떤 모습을 띠게 될지 알아보기 위해서이다.

02

원인과
책임?

　　사람들이 진화적으로 생겨난 복잡성이라는 이 현상을 알게 됨으로써 문제 제기의 중심이 옮겨간다. 생태적 문제를 일반적으로 관찰하는 방법은 사회가 처한 원인을 출발점으로 삼고, 여기에 근거해 결과에 대한 책임을 묻는 것이다. 이를 통해 그것은 시간의 경로를 추적하면서 원인이 발생하지 않았다면 결과도 절대로 나타나지 않았을 것이라는 설득력 있는 논거를 나름대로 갖게 된다. 이런 식으로 사람들은 해악을 뿌리째 완전히 근절해버린다. 아울러 화학 공장이 유독 물질을 쓰레기더미 위에 쏟아 붓거나 폐수를 강물에 버려 물고기가 죽고 물 공급이 위험에 처하는 결과를 봄으로써 이런 식의 조치를 취할 수 있다. 이러한 문제에 대해서는 적절한 경찰 법규로도 충분하다. 그러나 당면한 문제의 유형은 물론 체계이론적 분석도 이러한 관찰 방법의 변경을 강요하며, 자신이 생태적 변화의 영향에 노출되어 있다고 보는 체계의 관점에 근거한 문제의 재구성을 강요한다. 원인 제거는 그것의 결과에 대한 있을 수 있는 반응의 하나이긴 하지만 이는 많은 다른 반응들 가운데 단지 하나일 뿐이다. 그럴 경우에도 문제는 결과에 대한 반응에 있거나, 어쩌면 있을지도 모를 (거의 전망할 수 없는) 바로 그 반응의 원인과 결과에 있다. 다르게 말하면, 해당 체계가 특정한 손실을 함께 초래했다는 사실은 결정의 '비극'을 해결하긴 하지만, 여전히 문제의 확실한 해결을 위한 어떠한 처방책도 아니라는 것이다.[1]

무엇보다도 법 정책과 법학에서 사람들은 비용 할당의 경우 및 책임성 제한의 경우 '행위자 책임 원칙'을 근거로 내세운다.[2] 이때 행위 책임자의 선택이라는 문제가 제기된다는 사실이 이따금 주목을 받지만, 그럴 경우 이런 사실은 선택 자체가 지닌 목적을 근거로 내세움으로써 성찰적으로 다루어진다.[3] 그런 까닭에 행위자 책임 원칙이 내포한 숨은 뜻은 인과에 대한 진술이 아니라, 종종 그러한 것처럼 차이에 대한 진술이라는 데 있다. 그래서 사람들은 보편성을 대가로 보조금 지급에 반대하는 결정을 한다.

그럼에도 불구하고 과학은 분석들이 처한 실천적으로 중요한 이런 상황을 오랫동안 간과했다. 수십 년 동안의 체계이론적 분석에서 사람들은 인과관계를 지극히 복잡한 것으로 그리고 원칙적으로 불투명한 것으로 간주하는 것을 배웠다. 결과를 원인으로 다소 자의적으로 돌림으로써 이러한 인식을 단순화하지 않는다면 말이다. 이와 병행해 지난 30년간의 귀책 연구도 원래의 문제가 수많은 원인들과 결과들로부터 몇몇을 밝혀내 중요한 것으로서 간주하는 귀책 습관과 귀책 절차에 있다는 사실을 보여준다.[4] 정확하게 살펴보면 따라서 원인을, 책임을, 잘못을 확인하는 것은 항상 비(非)원인을 가려내는 데, 비(非)책임 및 무죄를 확인하는 데 사용된다는 것이다. 그렇다면 생산자라는 사실은 소비자가 아니라는 사실을 의미한다. 그리하여 귀책 절차는 무죄 변론을 할 때 그것이 지닌 원래의 의미를 가질지도 모른다.

이 모든 것은 오늘날 인정된 지식이고 따라서 증명할 필요가 없다. 하지만 이럴 경우 자기준거적 체계이론만이 지식 탐구의 고전적 도구인 연역법(논리학)과 인과성(경험 연구)은 단지 단순화하는 '관찰들의 관찰'의 형태라는 결론에 도달한다. 그리고 사회체계에서 이는 단순화하는 자기관찰의 형태를 의미한다.[5] 방법론적으로 볼 때 이로부터 추론할 수 있는 것은 사람들이 자기 스스로를 관찰하는 체계로부터 시작해야지, 인과성을 가정하는 존재학(Ontologik)으로부터 시작해서는 안 된다는 사실이다. 이는 사람들이 원인으로 보고자 하는 것이 무엇이며, 누구를 책임자로 간주하고자 하는가에 대한 결정을 회피하지 않는다는 것을 의미한다. 나아가 이는 모든 도덕과 정치가 이러한 결정의 불가피성으로 인해 과잉 부담을 안고 있다는 것을 의미한다. 그렇다면 남아 있는 문제는 오로지 어떻게 이러한 결정이 일어나지 않았다는 인상을 풍기도록 표현할 수 있느냐 하는 것이다.

이러한 종류의 급진적인 이론적 입장은 오늘날 사회적 커뮤니케이션과 일상적 의식(意識)이 인정하는 것과 한참 동떨어져 있다. 그에 따른 결론은 그 결과를 예상할 수 없는 사고의 전환을 요구할 것이다. 어쨌든 사람들은 긴 누수 시간을 고려하지 않을 수 없다. 동시에 이에 상응하는 사상(事象)은 명료하다. 특히 생태적 토론에서는 더더욱 그러하다. 귀책과 책임 지우기 자체가 좋지 않는 결과를 초래한다. 정치적 연합이 이로 인해 깨지거나 경제적 사업들이 이로 인해 망할 수 있다. 얼마 후 잘못된 것으로 증명될지 모르는 이론과 계산이 결정의 근거가 될 수도 있다. 자신의 시각에서 새로운 결과를 유발할 수 있는 발견처럼 말이다. 이 모든 것을 사람들은 볼 수 있고 또한 알 수 있다. 지금 시점에서 어려운 점은 오직 이를 공적으로 대변하고 정당화하는 것이다. 이를, 즉 오늘날 관찰의 이러한 제한적 실행을 다시 관찰하는 사람은 이런 종류의 '비극적' 결정이 결정으로서 드러나지 않도록 하거나, 어떤 특정한 관점에서 드러나지 않도록 하기 위해 결정 고유의 컨틴전시를 어둡게 해야 한다는 새로운 결론에 도달한다.

발터 베냐민(Walter Benjamin)은 알려진 바와 같이 자신의 강제의 개념과 관련해 법 제정과 법 적용의 차이가 이러한 위장(僞裝) 기능에 사용된다고 생각했다.[6] 이는 정치에도, 법에도 적용된다. 경제에서는 생산량 결정과 판매량 결정의 차이가 부족 현상이라는 전제 아래 동일한 기능을 수행하는 것처럼 보인다.[7] 두 경우 모두에서 사람들은 모든 개별적 결정이 차이 자체와 관계가 있다는 것을 보여줄 수 있다. 그럼에도 불구하고 두 경우 모두에 해당되는 것은 바로 이것이 책임으로서 독촉될 수 없으며, 오히려 차이가 결정의 장소를 정하기 위해 전제되어야 한다는 사실이다. 차이 자체가 결정 고유의 자의성을 대신한다. 이것이 자기 준거의 역설을 탈(脫)역설화한다. 아울러 그런 연후에야 비로소 책임이 존재할 수 있다.

하지만 이로써 우리는 이미 체계 분석의 한가운데에 있다. 우리는 '원인과 책임'이라는 주제 아래 오직 전제 조건을 정제하는 일만 다루었다. 또 우리는 계속되는 분석에서 책임 문제를 배제했다. 이로 인해 책임 문제의 해명이 정치적 대표성이라는 관점에서 또는 법적 조치의 법적 정당성이라는 관점에서 중요할 수 있다는 점을 반박해서는 안 된다. 그렇지만 우리의 분석 차원에서 이러한 문제 제기는 사회 자체에 책임이 있다는 인식만을 초래할 것이다. 어차피 우리는 이러한 사실을 알고 있다.

03
복잡성과
진화

"우리는 정말 모든 것을 변화시킬 수 있다"는 말을 사람들은 불과 몇 년 전에 들을 수 있었다. 용기만 그리고 사이버네틱스적인 조언만 있었다면! 복잡성을 잘못 투입해서 체계의 산출에 각종 단점과 문제를 초래한다고들 말한다. 그 대신 체계는 다양성을 통제하기 위한 목적으로 다양성(=가능한 상태들의 수)을 투입해야 한다고들 한다. 이런 방식으로 "세계를 관리하기 위한 필수적인 다양성"을 성취하기 위해서 말이다.[1] 이러한 낙관주의는 그 효력이 사라진 것 같다. 그것은 이미 오랫동안 토론해온 구조화된 복잡성의 문제를 과소평가했다. 무엇보다도 복잡성의 개념이 차이와 연관되어, 그것도 체계와 환경의 차이와 연관되어 비로소 의미를 획득하는 하나의 통일성을 일컫는다는 점을 정말로 인식하지 못했다.[2]

따라서 사람들이 세계 또는 체계를 "복잡하다"고 묘사하는 것은 별 의미가 없다. 이 관점 아래서는 확정된 것으로 나타나는 모든 것이 복잡성의 축소이다. 사람들은 대신 이렇게도 말할 수 있다. 존재하는 모든 것은 세상에서만 생겨난다고. 여기에서 얻을 것은 거의 없다. 복잡성과 연관된 진술은 사람들이 그 진술을 통일성에서 차이로 전환하고, 이를 위해 체계와 환경의 구분을 사용할 때 비로소 효과를 갖는다. 그것은 우리가 앞으로 고찰할 진술, 즉 모든 체계에서 환경은 항상 체계 자체보다 더 복잡하다는 진술을 가능케 한다.[3] 그 때문에 체계는 하나의 고유 업무라 하더라도 그것을 자신의 환경에 속하는 어떤 구성 요소나 관계에도 귀속시킬 수 없다. 어떤 체계도 환경에 대해 점 대 점의 관계에 의존할 수 없다. 어떤 체계도 환경의 복잡성과 관련해 '필수적인 다양성(requisite variety)'을 제공할 수 없다. 모든 체계는 환경의 복잡성을 축소해야만 한다—무엇보다도 환경 자체를 단지 제한된 것으로서 그리고 범주적으로 사전(事前) 형성된 것으로서 인지함으로써 말이다. 다른 한편으로, 체계와 환경의 차이는 복잡성의 축소를 위한 필수적인 전제이다. 왜냐하면 축소는 오직 **체계 안에서**, 그것도 체계 자체 **및** 자신의 환경과 관련해서 이뤄질 수 있기 때문이다.

이런 문제 제기를 좀더 정확하게 표현하면, 관건은 제한적이고 복잡한 체계가 더욱더 복잡한 환경에서 도대체 어떻게 존속하고 _스스로를 재생산_할 수 있느냐 하는 데 있다. 발생학적 설명이 문제가 된다면 사람들은 이 문제를 진화 이론에 맡길 수 있다. 복잡성의 압박 아래 적합하다고 입증할 수 있는 체계 구조의 형성이 어떻게 이루어지느냐 하는 것은 진화적인 선택을 통해 설명할 수 있을 것이다.[4] 그러나 사람들이 진화 이론을 그 자체만을 위해 받아들인다면 이에 대해 어떤 만족스러운 설명도 존재하지 않는다. 왜냐하면 이 문제에는 분명 (그렇게 많지는 않지만) 몇몇 해결책들만이 있으며, 그것들 중의 선택은 환경 측의 선택에 의해서도, 체계의 적응 능력으로서도 만족스럽게 설명될 수 없기 때문이다.

여러 가능성 중 하나는 체계의 높은 무관심과 고립, 말하자면 거의 인과관계가 없는 상호 의존을 제한할 때 생기는 낮은 환경 의존성과 낮은 민감성일 수 있다. 그럼에도 거시 화학적, 유기적, 사회문화적 진화 등은 모두 이러한 가능성의 범위를 분명하게 넘어설 것이다. 따라서 왜 그것들이 환경 복잡성에 의해 그렇게 강요될 수 있었는지를 알아차리기는 어렵다. 그리하여 사람들은 어떤 다른 형태를 무관심과 고립에 대한 기능적 등가물로서 대체할 수 있는가라는 질문에 봉착한다. 또다시 총괄적인 방식으로만 여기에 대답할 수 있다. 체계의 좀더 높은 고유 복잡성이 바로 그것이다.[5]

'좀더 높은 고유 복잡성'은 결코 단순한 성질이 아니다. 그렇기 때문에 '증가'는 단 하나의 차원에서 파악될 수 없다.[6] 따라서 '더 많은' 또는 '더 적은' 복잡성에 대해 얘기하는 것은 애매모호하다. 그럼에도 사람들은 일반화할 의무가 있는 진술을 작성한다. 그렇다면 좀더 복잡한 체계들은 환경에 대한 많고도 다양한 종류의 관계를 보존할 수 있는 (예를 들면, 투입과 산출을 분리할 수 있는) 능력, 다시 말해 좀더 복잡한 환경에도 반응할 수 있는 능력을 일반적으로 가지고 있다. 동시에 그것들은 내적으로 모든 개별 확정을 좀더 분명하게 선별해야만 한다. 즉 그것들의 구조와 구성 요소가 매우 컨틴전트해진다는 것이다. 이와 관련해 또 한 가지 질문을 제기할 수 있다. 이와 같은 요구가 있을 때 어떤 구조를 여전히 적합하다고 입증할 수 있는가?

그 때문에 진화는 생존 가능한 체계의 특정한 환경에 의한 선별 또는 특정한 환경에 대한 체계의 적응 능력과 그에 따른 생존 능력을 무조건 의미하지 않는다.[7] 이는 환경이 지속적으로 변화에 대한 자극을 생산하지만 상당수의 체계들을 완전히 불변인 채로 존재하게끔 하는 이유를 설명하지 못한다. 그 때문에 진화 이론은 설명을 위해 체계이론을 함께 동원해야 한다. 자기준거적인 자기생산적 체계는 내생적으로 불안정하며 재생산할 준비를 갖추고 있다. 그것은 자기생산을 이어가기 위해 고유한 구조를 발전시킨다. 이때 환경은 가능성의 조건이자 한계로서 전제된다. 체계는 자신의 환경에 의해 유지되고 교란당하지만, 적응하도록 강제당하지 않으며 최선의 적응의 경우만 아니라면 재생산하도록 허용받는다. 이 역시 진화의 결과이면서 동시에 계속적인 진화의 전제 조건이다.

진화 이론에 대한 이러한 재구성을 받아들인다면, 사회체계의 생태적 상황은 필연적으로 적응에 의존하지 않으며 결국에는 자기 위험성에까지 이를 수 있다는 점을 설명할 수 있다. 환경에 의한 자극을 계기로 체계는 자기생산적 과정을 계속적으로 가능케 하기 위해 또는 존재하는 것을 멈추기 위해 특별한 구조를 만들어낸다. 이때 환경이 체계에 적응해야지 그 반대는 아니라는 (종종 덜 현실주의적인) 생각이 체계 내에서 형성된다. 고도의 복잡성과 양립할 수 있는 조직 형태를 발견할 수 있다면, 다시 말해 적절한 축소 작업이 가능하다면, 이런 방식으로 매우 복잡한 체계가 생겨날 수 있다. 복잡한 자기생산적 체계의 고유 역동성은 환원적-폐쇄적이면서 자기 재생산과 고유한 자기생산을 지속하기 위해 마련된 작동 관계를 형성한다. 그런데 이 작동 관계는 동시에 매우 개방적이다. 다시 말해, 변화하는 환경의 조건에 민감하다. 이런 과정에서 발전 방향이 존재한다면,[8] 그것은 두 측면에서 나타날 수 있다. 요컨대 하나는 높지만 축소 가능한(조작 가능한) 고유 복잡성을 가진 체계의 진화에서 나타나고, 다른 하나는 자기생산의 점증하는 시간화에서 나타난다. 이는 자기생산이 단지 존속하는 체계 상태의 유지나, 없어지는 작업 단위(예를 들어, 세포 또는 세포 내적인 거대 분자의 복제)의 지속적 대체와 더 이상 관련되어 있지 않고, 오히려 결국에는 부단한 중지가 체계의 자기생산을 위한 필수적 공동 원인이 되는 사건으로만 구성된 체계를 또한 생성한다는 것을 의미한다.

따라서 생태적 자기 위험성은 전적으로 진화 가능성의 틀 안에 있다. 위협적 상황은 환경이 변할 경우 고도의 특화가 오류로 입증되는 것에 의해서만 발생하지 않는다.[9] 사람들은 체계가 자신의 환경에 작용한 후에 그 환경 안에서 더 이상 존재할 수 없는 가능성도 최소한 함께 고려해야 한다. 자기생산적 체계의 첫 번째 목표 설정은 환경을 고려하지 않으면서 항상 자기생산을 지속하는 것인데, 이때 자기생산을 계속하지 못한다면 결코 도달될 수 없는 미래에 대한 고려보다 정말 더 중요한 것은 바로 다음의 한 걸음이다. 긴 안목에서 볼 때 진화는 '생태적 균형'에 이르기 위해 애쓴다. 하지만 이는 바로 생태적 자기 위험성의 추세를 좇아가는 체계는 소멸된다는 것을 의미한다.

  사회적 복잡성과 생태적 문제의 진화를 이렇게 평가하는 것이 적절하다면 '자연에 대한 지배'에 관한 물음은 새로운 모습을 띠어야 한다. 관건은 기술적인 자연 지배와 관련해 많고 적음이 아니며, 종교적 또는 윤리적 빗장은 더더욱 아니다. 관건은 자연을 보호하는 것이 아니며, 새로운 금기도 아니다. 기술적 간섭이 자연을 변화시킴으로써 사회에서 후속 문제를 초래하는 정도에 따라 **사람들은 오히려 더 많은 개입 능력을 발전시켜야 하지만, 자신이 또다시 관련될 수도 있다는 사실을 포함하는 기준 아래서 그것을 실천해야만 한다.** 문제는 인과성에 있는 것이 아니라 선택 기준에 있다. 그 결과 생기는 질문은 이중적이다. (1) 선택적 행동을 할 때 기술적 능력은 충분한가? 즉 기술적 능력은 자연에 대한 충분한 자유를 우리에게 주고 있는가? (2) 선택을 실용적으로 수행하기 위한 사회적, 곧 커뮤니케이션적 능력은 충분한가?

04

반향

복잡성과 축소, 자기준거와 자기생산, 환경 개방적인 혼선 가능성이라는 상황에서 환원적-폐쇄적인 재생산 같은 개념을 가지고 우리는 앞으로의 고찰에서 간간이 주시해야 할 복잡한 이론적 질문을 제기할 수 있다. 우리는 체계와 환경의 관계를 **반향**(反響)이라는 개념으로 기술함으로써 이에 대한 설명을 단순화할 것이다. 그럴 경우 근대 사회는 고도의 복잡성을 지닌 체계이기 때문에 그것을 공장에서처럼 투입의 산출로의 전환으로 기술하는 것이 가능하지 않다는 사실을 전제해야 한다. 오히려 체계가 내적으로 순환적인 구조에 의해 자기 재생산을 환경에 대항해 격리시키면서, 환경 요인에 의해 예외적으로만 그리고 현실의 다른 차원들에서만 혼선을 일으키고 요동치며 동요할 수 있다는 사실에 의해 체계와 환경의 관계는 생성된다. 바로 이 경우를 우리는 반향이라고 묘사한다. 사람들은 개념을 정의하기 위해 사용하는 (거의) 모든 개념을 적절한 장소에서 정의하고, 예외적으로만 정의 불가능한 개념에 대한 참조를 허용하는 사전(辭典)에 대해 생각해봄직 하다. 그렇다면 언어가 그런 정의 불가능한 개념의 의미를 바꾸는지, 아니면 개념을 새롭게 만듦으로써 사전적인 세계의 폐쇄성을 교란하는지 여부를 감시하는 편집위원회를 이 사전을 위해 구성할 수도 있다. 그런데 이러한 교란 때문에 기재 항목의 변경을 어떻게 다루어야 하는지를 확정할 수는 없다. 이러한 사전이 많으면 많을수록 그만큼 더 상황은 언어 발전에 의해 유동적인 것이 되고, 그만큼 더 많은 반향을 불러일으킬 것이다.

물리학은 이미 우리에게 분화독립화된 체계는 자신의 고유 주파수에 근거해서만 반향을 초래할 수 있다고 가르친다. 생물체계에 관한 생물학적 이론에서 사람들은 체계와 환경 사이 어디에도 완전한 점 대 점의 일치가 존재하지 않으며, 오히려 체계는 자신의 경계에 의해 늘 환경영향에 대항해 스스로를 격리하면서 매우 선택적인 관계만을 생성한다는 것을 묘사하기 위해 '연결고리'에 대해 언급한다.[1] 반향 또는 연결고리의 이러한 선택성이 없다면 체계는 스스로를 자신의 환경과 구분하지 못할 테고, 따라서 체계로서 존재하지 못할 것이다.

이는 사회체계의 커뮤니케이션 관계의 경우에서도 다르지 않게 적용된다. 따라서 사회적 환경의 실상과 변화가 사회에서 **반향을 얻는** 조건에 대해 묻는다면, 우리는 생태적 제약성과 사회적 삶의 생태적 위험에 대한 질문을 더 엄격하게 구성할 수 있다. 이는 많든 적든 결코 자명한 것이 아니라, 전체적으로 그리고 체계이론적으로 볼 때 오히려 비(非)개연적인 경우라고 할 수 있다. 더구나 진화 이론적으로 볼 때 사회문화적 진화는 **사회가 자신의 환경에 반응해서는 안 된다는 사실**과 사회는 다른 식으로는 지금 처해 있는 곳까지 우리를 데려다놓지 못했을 것이라는 사실에 근거한다고 할 수 있다. 농업은 이전에 그곳에서 자랐던 모든 것의 파괴와 더불어 시작된다.

환경과 선택적으로만 접촉하는 문제 그리고 경계에 의해 격리된다는 문제를 우리는 체계의 개별적 작동 차원에서도 재발견할 수 있다. 사회는, 이렇게 말해도 좋다면, 이례적으로 많은 주파수를 갖고 있는 체계이다. 사람들은 언어적으로 표현할 수 있는 모든 것에 대해 커뮤니케이션할 수 있다. 하지만 사람들은 언어에 구속되어 있다(그들이 보고 들을 수 있는 아주 좁은 스펙트럼에 구속되어 있는 것과 유사하게). 따라서 더 중요하고 더 결정적으로 작용하는 것은 사람들이 말과 문자를 순서대로 배열해야 한다는 것, 말하자면 모든 것을 한꺼번에 말할 수도, 모든 진술을 모든 다른 진술과 결합할 수도 없다는 사실이다. 언어의 일반적 구조, 어휘, 문법 및 부정(否定)을 배치하는 방식 등은 선택을 강요한다. 그리고 이는 모든 선택이 또다시 순서대로 배열되어 있어야 한다는 사실, 다시 말해 하나가 다른 하나는 이해시키지만 결코 전체를 이해시키지 못하는 순서 관계에서 나타난다는 사실에 더 많이 적용된다. 사회체계의 경계가 미리 정해져 있지 않다 하더라도, 말하자면 우리가 사회와 함께 새롭게 시작할 수 있다 하더라도, 커뮤니케이션의 작동 양식은 그 양식의 단순한 가동과 진행에 의해 경계를 그을 것이다. 커뮤니케이션이 존재한다면, 그것 하나만으로 사회체계를 분화 및 독립화시킨다—인간들이 이를 지금 원하고 인정하든 그렇지 않든.

사회체계의 반향 능력에 대한 이런 제한은 사회적 체계와 심리적 체계의 의식 등이 공동으로 사용하는 정보 처리 양식, 즉 의미의 특성과 일치한다. 의미적인 세계 이해의 가능성은 늘 오직 순간적인 세계 이해의 필연성—이때 가능성은 필연성을 강제한다—과 다시 일치한다. 현재적으로 주목의 중심에 서 있거나 당장 다루어지는 커뮤니케이션의 주제가 될 수 있는 것은 아주 적다. 궁극적으로 세계 전체라고 할 수 있는 나머지 모두는 지시에 의해 연상되고, 그다음에는 단지 순서대로 그리고 선택적으로만 접근 가능하다. 즉 사람들은 이 가능성 아니면 저 가능성만을 추구할 수 있으며, 매 시도는 바로 다음에 파악하는 것보다 더 많은 여타의 가능성을 창출한다는 것이다.[2] 이런 의미에서 에드문트 후설(Edmund Husserl)은 세계를 현재적 의도의 '지평'으로서 묘사했다. 즉 세계는 사물의 전체(universitas rerum)로서가 아니라 오직 지평으로서만 현재적인 것이 된다는 것이다. 사람들은 원한다면 이런 점에서 생태적 문제의 해결 불가능성에 대한 공식 같은 것을 볼 수 있다—모든 지시는 확정된 것 또는 확정 가능한 것으로 이끈다는,[3] 말하자면 어떤 역설도 존재하지 않는다는 가정에도 불구하고 말이다.

다른 말로 하면 의미는 매 순간마다 세계 복잡성을 현재화할 수 있게 대표하는 것이다. 하지만 실제 세계의 복잡성과 의식 또는 커뮤니케이션의 이해력 사이의 불일치는 오직 현재적인 의도의 공간이 작게 유지되고 모든 다른 것이 잠재화됨으로써만, 즉 단순한 가능성의 상태로 축소됨으로써만 극복될 수 있다. '자극의 넘침'은 전혀 문제가 되지 않는다. 왜냐하면 이미 신경생리학적 기관은 의식을 철저하게 차단하기 때문이다. 그리고 작동적인 매체인 의미는 그때마다 어떤 것이 잘 이해될 정도로 현재적인 것으로 되게끔 하기 위해 마지막 남은 조치를 취한다. 따라서 인류학의 옛 관점을 수정해야만 한다. 우리는 인류학을 의미에 기초해 작동적으로 폐쇄된 체계의 매우 제한적인 반향 능력이라는 논제로 대체한다.

　의미를 처리하는 체계 내부에서도 생명체계에서와 마찬가지로[4] 고유의 자기생산을 우선적으로 보장해야 한다. 다시 말하면, 체계는 정보의 의미적 처리가 지속될 때만, 오직 그럴 경우에만 존재한다. 이를 실현하는 구조 기법은 **차이 기법**으로 묘사될 수 있다.[5] 체계는 **고유의 구분**을 도입하며, 이 구분의 도움으로 체계 자체에서 **정보**로 나타나는 상황과 사건을 파악한다. 정보는 따라서 순수한 체계 내적인 성질을 갖는다. 환경에서 체계로의 정보 전달은 존재하지 않는다. 환경은 있는 그대로 존재한다. 기껏해야 자료를 보유하고 있을 뿐이다. 체계에서만 환경을 '보는' 것이 가능하다. 그런 다음 그 밖의 다른 가능성을 함께 보는 것이 필요하고, 차이 도식의 지침이 필요하다. 그리고 이 차이 도식에서 사안을 "이것이지 저것은 아니다"라고 정하는 것이 필요하다. 환경에서는 "……이고 저것은 아니다"라는 것과 아울러 다른 가능성으로부터의 선택으로서 "이것이다"라는 것은 결코 존재하지 않는다. 말하자면 구분 도식도, 정보도 존재하지 않는다. 다시 한 번 강조하자면[6] 세계가 자기 스스로를 관찰할 수 있는 가능성을 얻기 위해서는 체계 경계를 확정해야 한다. 그렇지 않을 경우 순수한 사실성만 존재할 것이다.

약간 다른 용어로 사람들은 또한 이렇게 말할 수 있다. 체계의 분화 독립화는 복잡성의 구축과 축소를 가능케 한다고 말이다. 체계는 가능성을 환경에 갖다놓은 다음 현존하는 것을 가능성으로부터의 선택으로서 파악할 수 있다. 그것은 부정적인 것을 투영하고, 그것에 의존해 긍정적인 것을 확정할 수 있다. 그것은 기대를 형성하면서 스스로 놀랄 수 있다. 하지만 이 모든 것은 단지 체계 자체의 작동을 위한 구조이다. 그리고 자기 스스로를 환경과 구분할 수 있는 가능성을 전제로 삼는다.

물리적인 체계에서 이미 분화독립화와 고도로 선택적인 반향만이 존재한다면, 이는 의미 체계들, 특히 사회에도 정확하게 적용된다. 이 체계들의 차이 기법은 구분, 부정, 가능성의 투영, 정보 등이 순수하게 내적인 구조와 사건이기 때문에 그리고 이런 측면에서 어떤 환경 접촉도 가능하지 않기 때문에 구축될 수 있다. 이런 점에서 체계는 자기생산에 의존하고 있으며, 자신의 구성 요소에 의한 자신의 구성 요소의 지속적인 자기 혁신에 의존한다. 하지만 정보와 정보의 기대, 즉 구조는 차이의 투영을 매개로 획득되기 때문에 이러한 폐쇄성은 동시에 개방성을 의미한다. 왜냐하면 체계는 바로 이 기법을 가지고 자신의 환경에 대한 차이 속에서 자기 스스로를 경험할 수 있기 때문이다.[7] 이는 고유한 작동 관계가 지닌 내적 폐쇄성에 대해서는 어떤 것도 바꾸지 않지만, 작동으로 하여금 **자신에게** 환경인 것에 대해 반응할 수 있는 능력을 갖추게끔 한다.

이러한 이론적 입장에 근거해 우리는 도대체 어떤 개념과 구분의 도움으로 생태적 위험이 사회적 커뮤니케이션에서 다루어지는가라는 질문에 도달하게 된다. 이런 시각은 그렇게 하지 않으면 손실이 발생하므로 반응하지 않으면 안 된다는 사실이 존재한다는 너무나도 단순한 일상의 생각을 배제한다. 사실마저도 사실의 확정으로서만 커뮤니케이션의 효과를 가진다. 그리고 이 사실의 확정은 차이의 확정이다.[8] 따라서 사람들은 어떤 차이 도식으로 사실을 파악하는지, 어떤 희망 상황이 상황을 부각시키는지 그리고 어떻게 기대들이 그것과 관련해 현실로서 나타나는 것에 접근하는지를 물어야만 한다.

오늘날 '구성주의적'이라고 부르는 이러한 관점 이외에도 사람들은 사회체계의 분화를 주목해야 한다. '그' 체계가 '그' 환경에 반응한다는 사실을 가정하는 것은 자명기기도 하고 헷갈리기도 한다. 그러니 '그' 환경이 그때마다 고유의 '그' 생각에 반응한다고만 해두자. 체계-환경의 차이는 환경을 관찰할 때마다 나타나는 전제 조건이긴 하지만, 그럼에도 이는 폐쇄적 통일성으로서 체계가 환경 자체에 반응할 수 있다는 것을 의미하지 않는다. 체계의 통일성은 자기생산적인 작동 양식의 폐쇄일 뿐이다. 작동마저도 필연적으로 체계 내에서 개별적인 작동, 그것도 많은 다른 작동들 속에서의 개별적인 작동일 뿐이다. 총체적 작동은 존재하지 않는다. 더구나 사회처럼 복잡한 체계는 다른 사회 영역들을 자신의 (사회 내적인) 환경으로 취급하는 부분 체계들로 분화되어 있다. 예를 들어 국가적으로 조직된 정치체계는 경제, 학문 등등을 환경으로 취급하고, 이를 통해 그것들의 작동에 대한 직접적인 정치적 책임으로부터 벗어날 수 있는 것으로 사회에서 분화독립화되어 있다.

이러한 분화의 공리(公理)는 다음과 같은 폭넓은 결과를 초래한다.

3. 사회체계의 까다로운 업무는 항상 **부분 체계**에 의해 이루어진다. 왜냐하면 오직 이런 식으로만 사회체계를 위한 충분한 복잡성의 수준을 획득할 수 있기 때문이다. 따라서 사회가 생태적 위험에 대해 어떻게 반응할 수 있는지 탐색하고자 하다면, 사람들은 사회 내 부분 체계들의 가능성의 한계를 조사해야만 한다. 아울러 이 한계는 사회적 분화의 형태에 의존한다.

4. 체계의 통일성은 체계에서 어쨌든 **대표**될 수 있다. 여기서 대표라는 개념은 대리(代理)라는 의미에서가 아니라 '동일성에 의한 대표(repraesentation identitatis)'라는 의미에서 도입된 것이다. 대표는 체계의 통일성이 체계로 재진입하는 것을 뜻한다. 사람들이 원하든 않든 이것은 체계에서 **차이**를 생성한다.[9] 이 때문에 체계에서 체계의 통일성을 서술하는 것은 체계분화의 도식에 순응해야 한다. 만일 체계가 위계적으로 분화되어 있다면, 즉 자신을 계층으로서 서술한다면, 체계의 통일성은 '정점'으로서 나타날 수 있다. 만일 체계가 도시/시골과 같은 중심/주변에 의해 분화되어 있다면, 체계의 통일성은 '중심'으로서 나타날 수 있다. 이러한 분화 형태 중 어떤 것도 존재하지 않는다면, 체계의 통일성은 이런 서술 형태 중 어떤 것도 선택할 수 없다. 다른 가능성이 존재하는지에 대해 그리고 생태적 위험이 바로 다른 가능성을 발전시키는 하나의 계기가 될 수 있는지에 대해 우리는 심사숙고해야 할 것이다.

5. 모든 작동은 다른 많은 것들 가운데 단지 하나의 작동이기 때문에, 체계에서 모든 작동은 다른 작동에 의해 관찰될 수 있다. 아주 공식적으로 관찰이란 것은 차이 도식에 근거한, 보통은 충족되거나 충족되지 않는 기

대들에 근거한 정보로서의 취급이라고 정의될 수 있다. 이런 의미에서 사회에서는 지속적으로 이 작동을 동반하는 자기관찰이 발생한다. 그리고 이 관찰은 작동이 의도한 효과 이외에 그리고 그 효과와 종종 상반되는 자신의 고유한 효과를 창출한다. 그리하여 한편으로는 시작한 계획이 즉각적으로 억제될 수 있고, 다른 한편으로는 작동이 자신이 의도한 목표의 달성을 기다리지도 못하고 그것에 의존하지도 못하는 효과 폭발에 이를 수 있다.

따라서 자기준거적-폐쇄적인 그리고 이를 통해 개방적이 된 사회체계의 이론은 더 엄밀하게 살펴볼 경우 엄청난 난제를 초래한다. 사회가 생태적 위험에 직면해 반향을 창출할 수 있는지, 있다면 어떻게 그럴 수 있는지 이해하고자 한다면, 체계분화, 대표 및 자기관찰 같은 용어는 무엇이 개별적으로 설명되어야 하는지를 알려준다. 이를 통해 이미 분명해진 것은 한편으론 더 많은 환경 의식을 가지라는 경고와 호소로는 이 문제를 직접 해결할 수 없다는 사실이며, 다른 한편으론 그럼에도 불구하고 모든 정치적, 경제적, 과학적 작동의 동시적 관찰이—바로 이런 관점에서 볼 때—사회를 변화시키는 바로 그 '효과 폭발' 중 하나를 촉발할지도 모른다는 사실이다. 사회체계의 환경에 대한 관계가 이를 통해 지금 정말로 개선되는지, 만약 그렇다면 어떤 기준에 의해 그렇게 되는지 여부와 전혀 별개로 말이다.

관찰의
관찰

한 체계의 반향은 체계가 자신의 환경에 의해 자극받는 한 항상 필요하다. 체계는 이 자극을 기록할 수 있고, 체계가 적절한 정보 처리 능력을 사용할 수 있다면 이로써 환경과 다시 연결될 수 있다. 이로부터 체계의 가능한 인식 틀 내에서 항상 또다시 하나의 자극이 일어난다면, 체계는 그 자신의 행동이 환경에 미친 작용도 적절하게 기록한다. 체계에서 환경은 자신의 타자준거적 정보 처리의 전체 지평이다. 따라서 환경은 체계에서 고유한 작동의 내적인 전제 조건이며, 체계가 자기준거와 타자준거(혹은 '내부'와 '외부')의 차이를 자신에게 고유한 작동 질서의 도식으로 사용한다면 환경은 체계 내에서만 구성된다.

내적인 전제 조건이라는 이러한 기능에 있어서 체계의 환경은 경계를 갖지 않으며, 어떤 경계도 필요로 하지 않는다. 그것은 체계에서 사용된 모든 타자준거의 상관 개념이며 현상적으로 지평으로서 주어져 있다. 이것이 의미하는 바는 필요성이 늘 존재한다면 지평은 모든 작동에 의해 팽창될 수 있다는 것이다. 지평은 사람들이 그것에 접근하면 할수록 뒤로 물러난다. 그러나 이는 오직 체계 고유의 작동에 비례해 일어난다. 지평은 결코 관통할 수도, 넘어갈 수도 없다. 그것은 경계가 아니다. 체계의 모든 작동이 체계 밖에 있는 어떤 것과 관계를 맺는 한 지평은 그 작동들을 수반한다. 그것은 의도한 커뮤니케이션의 대상이 될 가능성이 있는 것의 지평으로서 존재한다. 하지만 이는 체계가 환경을 통일성으로서(환경과의 차이라는 측면에서 자기 자신도 동시에 통일성으로서) 드러내 보여줄 능력을 사용할 수 있는 한에서만 그러하다.

조금 다른, 루트비히 비트겐슈타인(Ludwig Wittgenstein)에까지 소급되는 표현을 하자면 사람들은 또한 이렇게 말할 수 있다. 체계는 그것이 볼 수 있는 것만 볼 수 있을 뿐이라고. 그것은 그것이 볼 수 없는 것은 볼 수 없다. 그것은 또한 그것이 볼 수 없는 것을 볼 수 없다는 사실을 또한 볼 수 없다. 체계에서 이것은 체계를 위해 어떤 '그 뒤편'도 갖지 않는 지평의 '뒤편에' 숨어 있다. 사람들이 "인지된 모델"[1]이라고도 불렀던 것은 체계에서 절대적 현실이다. 체계는 존재로서의 성질 또는 논리적으로 말하면 단일 가치성을 지니고 있다. 그것은 그것이 존재하고 있는 채로 존재한다. 그것이 존재하고 있는 것처럼 보이는 것대로 존재하지 않는다는 사실이 밝혀진다면, 체계는 (!) 잘못을 범한 것이다. 내적으로 타자준거와 자기준거의 차이를 사용한다면 체계만이 양(兩)가치적으로 작동할 수 있다.

한 체계에서 환경으로 나타나는 것을 직접적으로 관찰할 경우 이 모든 것은 체계에 필연적으로 적용된다. 이에 반해 **다른** 체계를 관찰하는 체계는 다른 가능성을 가진다(그것 스스로 모든 체계와 마찬가지로 자신의 고유한 환경을 확실하게 설정함에도 불구하고). 다른 체계에 의한 체계의 관찰은—우리는 이를 움베르토 마투라나(Humberto Maturana)가 사용한 "2단계의 관찰"[2]이라고 부른다—관찰된 체계에 자신의 고유한 작동 양식에 의해 부과된 제한들도 관찰할 수 있다. 다른 체계를 관찰하는 체계는 관찰된 체계의 환경이 **경계들**에 의해서는 아니지만, 확실히 **제한들**에 의해 구성되어 있다는 사실을 인지할 수 있다. 그것은 관찰된 체계의 지평을 이런 식으로 관찰하기 때문에, 그것들이 배제하고 있는 것을 인식할 수 있다. 이런 관점에서 그것은 관찰된 체계-환경-관계의 작용 방식을 일종의 '2단계 사이버네틱스'로서 스스로에게 분명히 보여줄 수 있다.[3]

2단계 사이버네틱스는 오늘날 논리학 및 인식론의 근본 문제들이 '해결'될 수는 없지만 그래도 논의될 수는 있는 그러한 장소로서 점점 더 입증되고 있다. 학문을 사회의 부분으로서, 즉 학문이 취급하는 대상의 부분으로서 (마찬가지로 이 텍스트를 이 텍스트의 부분으로서) 취급한다면, 우리는 이 근본 문제에 얽혀들기 때문에 이에 대해 아주 짧게 논의해야 할 것이다.

일반적으로는 사회적 체계들 그리고 특수하게는 사회들이 자기생산적인 자기준거에 의해 구성되기 때문에 한 체계가 **오직** 자기준거에 근거해 작동한다면, 즉 **모든** 자신의 작동이 자기준거에 기초해야 한다면, 모든 관찰자는 필연적으로 발생하는 동어반복 또는 역설의 문제를 이 체계가 어떻게 잘 다루느냐는 질문에 봉착한다. 이 질문에 대한 버트런

드 러셀(Bertrand Russel), 앨프리드 화이트헤드(Alfred Whitehead), 알프레트 타르스키(Alfred Tarski) 같은 사람들의 고전적인 대답은 잘 알려져 있다. 요컨대 이런 종류의 체계는 유형 위계의 의미에서 다수의 수준들을 구분함으로써, 즉 대상 언어, 메타언어 그리고 필요한 경우 메타메타언어를 분리함으로써 자기준거를 중단하거나 '전개'해야만 한다는 것이다. 이 대답은 수준이라는 개념이 다수의 수준들을, 즉 다른 수준들에 대한 참조를 전제하기 때문에 이미 기능을 발휘하지 않는다. 따라서 "이상한 고리(strange loop)"를 실행할 때 이 위계를 와해시키는 작동은 제거될 수 없다.[4] 그렇기 때문에 수준들의 위계는 자의적 행위의 형태로만, 즉 역설의 회피라는 명령에 역행하는 작동은 무시하고 내버려두라는 지시로서 구제받을 수 있다. 이에 대한 질문을 제기하도록 허용해서는 안 된다. 그럼에도 이런 질문을 하게끔 하는 지속적인 유혹은 있다.

이 명령은 보편적 이론을 포기하도록 강요하기 때문에 (그리고 사회는 자신의 환경에 대해 단지 제한된 반향을 일으킬 수 있다는 것을 확인할 수 있게끔 하는 기준 장소를 정할 수 없다는 곤경에 우리를 빠뜨릴 수도 있기 때문에) 사람들은 타개책을 궁리해야만 한다. 역설의 회피라는 자의적인 목적에 의해서만 정당화되는 주제화 금지의 숙명은 자기준거의 자연적이며 인위적인 제한의 구분에 의해 다루어질 수 있다.[5] 한 체계에 자연적으로 또는 필연적으로 나타나는 것은 작동 가능성의 조건이 되기도 하는, 즉 자기준거의 실행에서 동어반복 또는 역설을 은폐하는 체계의 자기준거라는 바로 그 제한들이다. 여기에 해당하지 않는 제한은 인위적이거나 컨틴전트하다.

이 구분은 항상 체계와 관련해 취급되지 않으면 안 된다. 게다가 그것을 바뀔 수 있는 것으로 여겨야 한다. 그것은 먼저 필연적인 제한을 인위적인 제한의 영역으로 옮기는 학습 과정에 내맡겨질 수 있다. 이 필연적인 제한이 탈동어반복화 또는 탈역설화하는 자신의 기능에서 어떻게 대체될 수 있는지를 알 수 있게 된다면 말이다. 이런 맥락에서 2단계 사이버네틱스는 중요하다.

자신의 대상물이 자기준거적 체계라는 것을 깨닫는 관찰자는 이와 함께 이 대상물이 동어반복적으로 그리고 역설적으로 구성되어 있다는 것을, 즉 임의적이거나 아니면 전혀 작동할 수 없다는 것을, 요컨대 관찰될 수 없다는 것을 동시에 깨닫는다. 그리하여 자기준거적 체계의 관찰자는 관찰의 임의성과 불가능성이라는 고유의 역설을 발견한다. 그는 자연적 제한과 인위적 제한이라는 구분의 도움을 받아 이러한 곤경에서 벗어난다. 그것도 자신이 관찰하는 체계에 그것을 적용함으로써. 그렇다면 그는 이 체계는 그것이 볼 수 없는 것을 볼 수 없다는 것을 볼 수 있다. 관찰자에게 컨틴전트하게 나타나는 것은 체계 자체에서 필연적이고 대체 불가능한 어떤 것이다. 말하자면 그는 필연적이다. 그리고 컨틴전트하다는 초양태적이면서 관찰 필연적인 구분이라는 이러한 전제를 가지고 그의 관찰에 작동 가능한 대상물을 제공함으로써 자기 스스로를 탈역설화한다. 그리고 그는 이를 이 대상물에서 학습 가능성을 함축하는, 즉 최소한 완전한 자기준거의 자연적 제한과 인위적 제한 사이에 있는 경계선을 옮길 가능성을 함축하는 방식으로 수행할 수 있다.

이러한 2단계 사이버네틱스는 이미 반향이라는 우리의 개념에 전제되어 있다. 이 개념은 제한을 함축하고 있으며, 관찰된 체계에서는 어떤 반향도 유발하지 않지만, 2단계 관찰에서는 실제적 환경을 의미하는 하나의 현실을 전제한다. 이러한 관점에서 관찰된 체계는 자기 세계의 현실성을 자신의 계산을 환원적으로 계산함으로써 획득한다는 것을 관찰할 수 있다.[6] (그리고 이는 생물체계, 신경생리학적 체계, 의식 체계의 수준에서 이미 그렇기 때문에 사회체계에서도 결코 다를 수 없다.) 2단계 사이버네틱스는 이러한 사실이 그러하다고 확인할 수 있다. 그리고 그것은 이로부터 이러한 사실이 자신의 고유한 관찰에도 적용된다고 결론지을 수밖에 없다. 하지만 이때 그것은 최소한 이것만은 볼 수 있다. 즉 사람들은 그들이 볼 수 없는 것을 볼 수 없다는 사실을.[7]

이러한 생물학적-사이버네틱스적 연구 전통과는 완전히 별개로 사회심리학적 귀책 연구도 유사한 결과에 도달해 있다. 이러한 연구는 인과 귀책이라는 표제 아래 진행되고 있으며, 사람들은 행위자의 귀책 방식(=1단계 관찰)과 관찰자의 귀책 방식(=2단계 관찰)을 구분한다. 행위자는 자기 행위의 근거를 일차적으로 상황 자체에서 발견하는 반면, 관찰자는 상황에 처한 행위자를 보고, 다양한 행위자 사이의 상황 이해의 차이점에 대해 관심을 가지며, 그 결과로서 특히 행위자의 인물 특성에 그 책임을 돌린다.[8]

그리하여 사회학도 마찬가지로 항상 행위의 이유를 이미 알고 있는 행위자들과 관계하는데, 그 때문에 부가적이고 포괄적이며 '비판적인' 인식을 정당화하지 않으면 안 된다.[9] 이 모든 경우에 근거가 되는 것은—순박한 과학 신뢰성에 대한 혁신의 본질은 여기에 있다—2단계 관찰도 자신의 이론 장치를 포함해 구조화된 자기생산의 실행으로서만 가능하다는 사실이다. 말하자면 그것은 '객관적으로 더 나은' 지식이 아니라 스스로 더 나은 지식이라고 간주하는, 단지 다른 지식을 제공한다는 것이다.

생태적 위험의 문제를 필요한 정확성을 가지고 분석하려면 이 2단계 사이버네틱스를 근거로 삼아야 할 것이다. 만약 사람들이 당분간만이라도 여전히 난관과 미지의 성질로 충만한 '객관적으로' 주어진 현실에 근거한다면, 문제는 단지 학문을 강화해 그것이 현실을 더 잘 인식할 수 있도록 하는 데 달려 있을 것이다. 그렇지만 사람들은 이로써 다른 체계들의—사회 내부에조차도 많은 다른 체계들이 존재한다—환경에 대한 독특한 관계를 충분히 파악하지 못할 것이다. 그리고 학문조차도 무엇 때문에 자신이 '더 나은 인식'을 가지고도 사회에서 종종 전혀 반향을 발견하지 못하는지 파악할 수 없을 것이다. 왜냐하면 학문이 알수 있는 것이 무엇이든 이러한 인식은 많은 사회적 체계들의 환경에서 아무런 현실 가치도 갖지 못하거나, 아니면 다른 체계들에게는 기껏해야 하나의 학문적 이론일 뿐이기 때문이다.

현실성에 대한 존재론적 이론이 지니는 기대의 선상에서는(이는 1단계 환경 관찰에 상응한다) 이로써 그다지 많은 이득이 두드러지게 나타나지는 않는다. 한데 그 원인은 이 이론이 문제를 전혀 파악할 수 없다는 데 있다. 우리는 사람은 그들이 볼 수 없는 것을 볼 수 없다는 사실을 볼 수 있다는 2단계 사이버네틱스의 성찰 지점을 출발점으로 선택하지 않으면 안 된다. 그럴 경우에만 사람들은 왜 우리 사회가 다수의 기능체계들에도 불구하고, 아니 바로 그것들 때문에 생태적 자기 위험에 반응하는 것을 그토록 어려워하는지 적절히 파악할 수 있다.

사회가 구조적으로 관찰의 관찰을 분화독립화하고 이론을 제공할 수 있는 정도에 따라, 사회는 그것이 그때그때의 체계들을 가지고 이 체계들에게 있어서 환경이 무엇인지에 대해 어떤 조건 아래서 반응하는가를 확인하게 하는 것을 최소한 가능하게 할 수 있다. 여기서 관건은 결코 더 나은 행위 가능성에 대한 '논증'이 아니다. '지배로부터 자유로운 담론'의 준비 같은 것도 역시 아니다. 이러한 착상은 폭정의 피로 자유의 나무에 물을 대는 낡고 조야한 방식에 비해 하나의 진보이기는 하다. 하지만 문제의 본질은 논거의 부족에도, 강제와 자유의 도식에도 있지 않다. 그것은 이성적 합의와 조화로운 공동생활에 이르는 길에 놓여 있는 봉쇄의 탈봉쇄화에도 있지 않다. 관건은 다른 종류의 인식을 획득하는 데 있다.

근대 사회는 자신의 체계가 어떻게 작동하고 어떤 전제 조건 아래서 자신의 환경을 관찰하는지를 관찰하고 기술하는 가능성을 다양한 방식으로 분출했다. 이러한 관찰의 관찰은 자기관찰에 의해 충분히 훈련되지 않았을 뿐이다. 그것은 더 나은 지식으로 등장하지만, 진실을 말하자면 그것은 고유의 환경을 관찰하는 단지 하나의 특별한 종류일 뿐이다.[10]

사람들이 이성적 합의에 도달해야 한다는 생각은 이러한 조건 아래서 쉽게 진부한 것이 되어버린다. 상황을 잘 본다고 믿는 모든 사람은 자신을 위해 그것을 이용하고, 자신의 양보 의사를 자신의 인식에 의거해 검토한다. 그럼에도 불구하고 모든 작동과 모든 관찰의 구조적 한계가 존재하며, 바로 이 점에 대해 2단계 관찰은 주의를 환기시킨다. 이러한 인식의 획득을 자기 자신에게 적용할 때에만, 다시 말해 환원적으로 투입할 때에만 상황에 대한 더 나은 평가를 성취할 수 있다. 그럴 경우 관찰하는, 기술하는 그리고 통찰을 작동으로 전환시키는 능력의 제한이 최우선적으로 분석되고 비교되어야 한다. 그와 같은 제한에 대한 저항은 기이하게 순박한 행동일 것이며, 그러한 행동으로서 관찰될 수 있을 것이다―저항하는 사람 자신에 의해서는 아니라 하더라도, 적어도 그가 저항하면서 스쳐 지나가는 다른 사람들에 의해서.

사회적 작동으로서 커뮤니케이션

이어지는 논의에서 나는 개별적인 심리적 체계의 의식이 지니는 매우 제한된, 즉 늘 사회 의존적인 가능성을 논외로 하면서 사회라는 체계 준거에 국한해 설명을 전개할 것이다. 사회는 의미적인 커뮤니케이션의 포괄적 체계로 정의될 수 있다. 조직으로의 제한처럼[1] 모든 제한은 주제를 아주 심하게 축소할 것이다. 그렇다면 문제는 의미적인 커뮤니케이션으로 이루어진, 작동적으로 폐쇄된 체계로서 사회가 자신의 환경에 관해 어떻게 커뮤니케이션을 하느냐는 것이다. 좀더 엄밀히 말하면, 사회는 생태적 위험에 관해 커뮤니케이션할 수 있는 어떤 가능성을 갖고 있느냐는 것이다.

생태적 위험이라는 개념은 신중을 기하기 위해 (우리가 무엇에 관한 문제인지 정확하게 알지 못하는 한) 매우 넓은 뜻으로 규정되어 있다. 그것은 **사회라는 커뮤니케이션 체계의 구조를 변화시키고자 하는 환경에 대한 모든 커뮤니케**

이션을 일컫는다. 요컨대 전적으로 사회 내적인 현상에 관한 문제라는 것이다. 원유 매장량이 감소하고, 강물이 지나치게 따뜻해지고, 숲이 죽어가고, 하늘이 어두워지고, 바다가 오염되는 것 등과 같은 이른바 객관적인 사실에 관한 문제가 아니다. 이 모든 것은 그럴 경우도 있고 그렇지 않을 경우도 있지만, 그것에 관해 커뮤니케이션을 하지 않는 한, 단지 물리적인, 화학적인 또는 생물학적인 사실로서 어떠한 사회적 반향도 일으키지 않는다. 물고기나 인간이 죽을 수도 있고, 바다나 강에서 수영하는 것이 질병을 초래할 수도 있고, 펌프에서 더 이상 원유가 나오지 않을 수도 있고, 평균 기온이 내려가거나 올라갈 수도 있다. 그런데 그것들에 대해 커뮤니케이션을 하지 않는 한, 이는 어떠한 사회적 효과도 갖지 않을 것이다. 사회는 환경에 민감한 체계이기는 하지만 작동적으로 폐쇄적인 체계이다. 사회는 커뮤니케이션을 통해서만 관찰된다. 그것은 오직 의미적으로만 커뮤니케이션할 수 있고, 이러한 커뮤니케이션은 커뮤니케이션에 의해 스스로를 조정한다. **사회는 스스로에 의해서만 위험해질 수 있다.**

이처럼 중요한 출발점을 다른 표현으로 한 번 더 확고히 하기 위해 사회체계의 환경은 사회와 커뮤니케이션할 수 있는 어떤 가능성도 갖고 있지 않다고도 말할 수 있다. 커뮤니케이션은 전적으로 사회적인 작동이다. 이처럼 특수한 사회적 작동 양식의 수준에서는 투입도 산출도 존재하지 않는다. 환경은 커뮤니케이션의 혼선이나 교란에 의해서만 주목받을 수 있다. 그렇다면 커뮤니케이션은 자기 스스로에 대해 반응하지 않으면 안 된다. 육체 자체는 자신을 의식의 통로를 통해서가 아니라 혼선, 압박 및 부담감, 고통 등등에 의해서만, 즉 의식에서 반향 가능한 방식으로만 알릴 수 있는 것처럼 말이다.

프란시스코 바렐라(Francisco Varela)[2]가 도입한 개념을 가지고 사람들은 사회체계에 투입을 통한 연결은 존재하지 않으며, 오직 울타리를 통한 연결만이 존재할 뿐이라고 말할 수 있다.

이는—이것은 이 논제에 특히 결정적 의의를 부여한다—**의식과 커뮤니케이션의 관계**에서도 적용된다. 심리적 체계의 의식 역시 사회체계의 환경에 속한다. 그러한 것으로서 의식은 심리적 사실일 뿐이지 결코 사회적 사실이 아니다. 다른 많은 것과 마찬가지로 인간의 의식, 인간의 삶이 사회적 커뮤니케이션의 불가결한 전제 조건에 속한다는 것은 자명하다. 그러나 이것은 생각에 의한 생각의 생산으로서 의식의 과정 자체가 커뮤니케이션은 **아니다**라는 사실을 바꾸지 못한다.[3] (덧붙이자면 바로 이런 현상에서 후설은 의식의 초험성을 증명했다. 그러나 우리는 이로부터 다른 종류의 체계 준거를 추론할 뿐이다.) 따라서 의식 체계와 사회체계의 관계에서 매우 엄밀히 선별하고 있는 반향 문턱을 한 번 더 고려하지 않으면 안 된다. 의식에서 '생태적 의식'과 관련해 경험적으로 무엇이 일어나든 거기서부터 사회적으로 작용하는 커뮤니케이션에 이르기까지의 길은 멀다. 그렇다면 의식과 사회의 바로 이런 차이는 또다시 커뮤니케이션의 주제가 될 수 있다—하지만 사람들은 이때 '소외', '무관심', 청소년의 체념이나 저항에 관해, 또는 간접적으로만 생태적 위험과 관계있는 유사한 인위적 주제들에 관해 커뮤니케이션한다.

그 때문에 현실적으로 보면 '주체'는 의식적으로 커뮤니케이션할 것을 결심하고, 그런 다음에 커뮤니케이션적으로 행동할 수 있다는 통상적 관념을 먼저 뒤집어야만 한다.[4] 의식에 귀속될 수 없다는 이유로 생태적 커뮤니케이션이 작동하며, 사회적 커뮤니케이션의 자기생산이 공동으로 결정을 하기 시작할 때 비로소 이 커뮤니케이션이라는 주제가 점점 더 많이 의식의 내용이 되리라는 것을 기대할 수 있다. 그렇다면 이 또한 사회적 커뮤니케이션은 자신의 환경(여기서는 정신 상태)을 변화시킨다는 것을 뜻할 뿐이다. 여기에서 비롯된 사회에 대한 결과는 또다시 가능한 커뮤니케이션의 분석을 통해서만, 즉 사회체계의 반향 능력에 대한 분석을 통해서만 파악될 수 있다.

그리하여 원래부터 커뮤니케이션 가능성의 사회적 조건에 순응하지 않는다면, 의식 체계조차 사회적 커뮤니케이션에서 단지 혼선, 교란 또는 비켜가는 주제만을 생산할 수 있다. 여기서 사회적으로 커뮤니케이션 가능한 것의 명확한 경계가 의미하는 바는 이해할 수 있는 것이냐, 아니면 소음이냐 하는 것이다. 의식은 사회적 커뮤니케이션 과정이 발생할 때 (구조의 변화를 초래하는 구조적으로 주어진 가능성을 포함해) 여기에 적합한 구조에 순응하거나, 아니면 단지 사회적 커뮤니케이션의 가능성에 따라 제거되거나, 아니면 커뮤니케이션 가능한 것으로 전환되는 소음만을 생성한다. 이것을 정태적 체계를 가정하는 것으로 오해하지 말아야 한다. 정반대로 커뮤니케이션 체계의 구조는 매우 유연하며 사용하면서 바뀔 수 있고 심지어는 사리에 어긋나게, 예를 들면 아이러니컬하게 또는 일탈하는 행동의 정향으로 사용될 수도 있다. 그러나 이 모든 것은 가능하고 이해할 듯하며 성공할 수도 있는 커뮤니케이션의 문턱이 매우 선택적으로 작용한다는 점에서, 말하자면 어떠한 반향도 발견할 수 없는 것은 내쳐버린다는 점에서 어떤 것도 변화시키지 못한다.

특히 더불어 염두에 두어야 할 것은 의식 체계가 언어적 (즉 커뮤니케이션 가능한) 표현의 영역 바깥에서 인지 또는 명료한 표상에 의존하고 있으며, 그 때문에 생각의 연속을 시간화한 복잡성으로 거의 배열할 수 없다는 사실이다. 생태적 의식이 '이' 또는 '저' 의식 체계 또는 수많은 의식 체계들에서 생성된다 하더라도 그것은 사회가 거의 필요로 하지 않는 특성을 갖게 될 것이다. 여하튼 이 책의 토대인 체계이론은 이렇게 결론짓겠지만, 생태적 의식은 인지적으로나 구체적으로나 과잉 확정되어 있다. 그리고 그것은 생태학이라는 자신의 주제를 환경에 대한 긍정적 지식을 커뮤니케이션에 투입하는 것으로서가 아니라, 오히려 특정한 논제에 의거한 부정어법으로 서술할 것이다. 생태적 의식은 근심과 저항으로, 아니면 자신의 환경을 적절히 취급하지 못하는 사회 비판으로 기울 것이다. 생태적 의식은 부정의 형태로서만 일반화를 달성할 수 있다. 그리고 그것은 더 이상 알지 못하는 경우에 전형적으로 그러한 것처럼 감정적 자기 확신이 되는 경향이 있다. 말하자면 사회적으로 주어진 형태와 연계 능력에 의존하거나, 아니면 항상 있음직한 부정으로 머물면서 자신으로부터 거의 불필요한 것만을 산출할 수 있을 것이다.

생태적 지식과
사회적 커뮤니케이션

당혹스럽게 들릴지 모르지만 우리는 중간 결과로서 확인한다. 사회는 생태적으로 스스로만을 위험하게 할 수 있다는 사실을. 이것이 의미하는 바는 사회 스스로가 환경을 변화시켜서 이것이 지금의 진화적 수준에서 사회적 재생산을 계속하기 위해 어떤 결과들을 초래한다는 것만이 아니다. 사람들이 모든 인간의 생명이 급격하게 소멸한다는 전혀 있을 수 없는 경우를 무시한다면, 사회는 커뮤니케이션을 커뮤니케이션에 의해서만 위험하게 할 수 있다는 사실은 무엇보다도 결정적이다. 계속적인 작동을 위한 문제로서 사회의 고유한 작동과 환경 변화 사이의 상관관계도 어떻게든 어디서든 주제화되어야 한다. 사회적 커뮤니케이션의 맥락에서 반향을 찾기 위해 결과에만 근거하든 어떻든 말이다. 따라서 환경 정보에 대한 사회의 처리 능력은 도대체 어떻게 구조화되어 있는가 하는 것이 핵심 질문이다.

내가 아는 한 지금까지 그와 같은 질문은 상대적으로 단순하고 선사시대적인 수준에서 삶을 영위하는 사회체계에 대해서만 제기되고 토론되어왔다.[1] 이러한 사회는 천상의 사물을 지상의 그것보다 더 잘 상상할 수 있었다. 따라서 그 사회의 생태적 자기 조정은 신화적-마술적 관념, 금기 및 생존을 위한 환경 조건과 관련된 의식화에서 찾을 수 있었다. 저 유명한 (국민경제학자들이 아니라 뉴기니에 사는 마링족의[2]) 돼지 순환은 이러한 토론의 패러다임이다. 즉 돼지가 넘쳐나 정원을 황폐화시키면 그때마다 항상 균형을 재창출하고, 부족민의 단백질 결핍을 조정하는 대규모 학살 축제를 위한 엄격하게 의식화한 근거들이 생겨난다는 것이다. 매우 신성한 사실에 대한 지극히 실용적인 입장은 이러한 요구를 화제로 만들지 않으면서도 체계의 환경 관계에 균형을 잡아주는 가능성을 제공한다. 이는 무엇보다도 주기적인 불균형화의 문제를 위한 상이하면서도 기능적으로 등가적인 해결책 발견—주민이 늘어남에도 더 잘 가꾼 정원과 더 많은 돼지를 동시에 생산하는 것과 같은—을 전혀 시도조차 하지 않는다는 것을 의미한다. 제의(祭儀)적으로 조정된 사회는 자신의 고유한 구조에 의해 성장을 목표로 프로그램화되어 있지 않다.

이러한 옛 사회에서 생존 필수적인 전문 지식과 생산 기술적인 노하우는 당연히 부족하지 않았다. 사람들은 돼지가 정원을 황폐화시켰다는 것을 물론 알았다. 토양의 지나친 사용이 수확을 줄이고 마침내는 토지를 사용할 수 없게 만든다는 사실도 당연히 알았다. 그런데 이러한 지식의 의미론적 조직을 그 지식의 인간 행동에 대한 동기 유발적인 조정과 결합하는 것은 신성함이라는 의미론에 내맡겨져 있었다. 왜냐하면 바로 천국의 사물을 지상의 사물보다 더 쉽게 그리고 이른바 더 실용적으로 조직할 수 있기 때문이다. 이런 방식으로 적절한 사회적 반응에 대한 불확실성을 포착해 확실성으로 전환시켰을 뿐이다. 또 사람들은 환경 문제에 대한 반응이 사회 내부에서 차별적인 효과를 갖는 상황, 말하자면 다른 이보다 어떤 이를 더 유리하게 하거나 더 불리하게 하는 상황에 많든 적든 성공적으로 대처할 수 있었다.

옛날의 사회체계도 엄청나면서 돌이킬 수 없는 환경 변화를 초래했다. 단지 벌목과 불모지화를 떠올리기만 해도 된다. 문제 자체는 새롭지 않다. 그렇지만 가능성의 규모와 더불어 이 가능성을 이용하는 사회적 강제의 규모가 엄청나게 증대했다. 그 밖에도—더 중요하게는—근대로 이행하는 과정에서 사회에 대한 종교적 자기 조정의 잠재적 전제 조건이 사라져버렸다. 이 전제 조건은 늘 오직 신비화의 도움을 받아 기능했다. 사람들은 비밀을 유지하면서 일해야 하거나[3] 종교적 의미론에서 전략적으로 배치한 불확실성을 가지고 일해야만 했다. 무지 자체와 그로부터 발생하는 불안은 의미론적 수축 과정에 내맡겨졌고 (신의 의지 같은) 규명할 수 없는 불확실성이라는 조그마한 자투리 영역으로 줄어들었으며, 그 결과 사람들이 잠시 들렀다 지나치는 하나의 의례를 만들어낸다.

근대 사회가 생태적 문제를 더 이상 이런 방식으로 다루지 않으며, 더 이상 신성함이라는 의미론의 잠재적 기능을 통해 해결하거나 수정할 수 없다는 사실은 명백하다. 문자, 알파벳 및 인쇄의 결과로 생긴 문화적이고 종교적인 의미론의 변형만 보더라도 환경 문제를 금기와 제익를 갖고 대응하는 것은 거의 허용되지 않는다.[4]

강력한 반대 운동이 이를 시도했으며, 근대가 시작될 때조차 마지막 결론을 또다시 비밀스러운 것에서 찾았다. 그리하여 데시데리위스 에라스뮈스(Desiderius Erasmus)는 마르틴 루터(Martin Luhter)에 반대하면서 인간의 자유를 위해 종교적 텍스트의 자기 암호화를 옹호했다.[5] 그리고 해석학은 옛 전승에 근거해 비밀에 의해 본질적인 것이 되어버린 것에 모든 것을 건다.[6] 헛되게도 말이다! 단지 기술적 정보, 처방 지식 및 실용적 사용 지침의 설명과 전승 등만 하더라도 인쇄와 유포에 의해 구체적 적용 상황과는 별개로 완전히 새로운 형태를 취한다. 지식은 이제 자기 자신으로부터 이해되어야 하고 분화독립화되어 제공될 수 있어야 하며, 이를 통해 이전보다 훨씬 심하게 비교와 개선 가능성에 자신을 내맡긴다.[7] 원초적 비밀, 머나먼 권위 또는 경외심을 불러일으키는 신비에 대한 암시는 더 정확하게 알고자 하는 것에 자신을 내맡긴다. 거대하고 가시적이긴 하지만 규명할 수 없는 생물체로서 우주에 대한 플라톤적 전승에 근거해 부흥된 관념은 깨지고 있다. 문자에 의한 언어의 2차 코드화와 그것과 함께 변화하고 있는 중요하고 큰 파급 효과를 가진 커뮤니케이션에 대한 요구에 직면해 자연에 대한 지식과 동기를 신비와 비밀이라는 암시 아래 결합하는 것은 더 이상 불가능하다. 존경과 두려움을 환기시키는 의미의 형상은 더 이상 기능하지 못하며, 아무리 잘 다듬어지고 확증된 지식도 그것을 대체할 수 없다.[8] 성서만이 아직 비밀스러움을 허용하고 있는데, 덧붙이자면 사람들은 거기에서 커뮤니케이션 파트너에 대한 경멸을 본다.[9]

커뮤니케이션 체계인 사회에서 근본적 변화를 유발한 요인으로 문자,

알파벳 및 인쇄에 대한 이런 가설이 적절하더라도, 그것은 생태적 문제를 커뮤니케이션적으로 취급하는 현재의 상황과 그 가능성에 대한 적절한 묘사를 제공하지 않는다. 근대 사회를 묘사하기 위해 사람들은 좀 더 넓고, 좀더 복잡한 이론 수단을 필요로 한다. 커뮤니케이션을 위한 새로운 유포 기술은 본질적이긴 하지만 다른 요인들 중 하나일 뿐이다. 무엇보다도 사회체계의 기본적 분화 형태가 가정 및 가족의 계층화로부터 기능체계들의 분화독립화로 전환되었다는 사실을 덧붙일 수 있다. 바꾸어 말하면 사회의 가장 중요한 체계는 오늘날 각각 하나의 기능만을, 자신에게 특수한 그리고 자신이 우위에 있는 기능만을 목표로 삼고 있다는 것이다. 이러한 형태 원칙은 근대 사회의 엄청난 업무 및 복잡성의 증대를 설명해준다. 그리고 그것은 동시에 통합의 문제를, 다시 말해 사회의 부분 체계들 사이에서는 물론이거니와 사회체계와 그 환경의 관계에서도 나타나는 낮은 반향 능력의 문제를 설명해준다. 기능적 체계분화 이론은 근대 사회의 긍정적이고 부정적인 측면에 대한, 널리 영향을 미치고 우아하면서도 경제적인 설명 도구이다.[10] 그것이 실제로 옳은지 아닌지는 당연히 다른 질문이다.

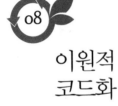

08
이원적
코드화

　　우리는 이제 더 정확하게 물을 수 있다. 사회체계가 기능체계들로 나뉘어져 있고, 환경 사건과 환경의 변화에 대해 기능체계들에 의해서만 반응될 수 있다면, 어떻게 환경 문제는 사회적 커뮤니케이션에서 반향을 일으킬 수 있는가? 물론 그와 같은 사회체계에는 이른바 거리의 커뮤니케이션이나 좀 과장하면 '생활 세계적' 커뮤니케이션처럼[1] 기능적으로 귀속되지 않거나 다의미적으로 귀속된 커뮤니케이션도 존재한다. 하지만 사회적으로 파급 효과가 큰 커뮤니케이션은 여전히 기능체계의 가능성에 의존한 채로 있다. 그 때문에 우리는 이를 먼저 탐구하지 않으면 안 된다. 이것과 연계해야 비로소 사람들은 우리 사회에서 저항하든지, 도덕화하든지, 탈분화하든지 간에 의식적으로 모든 기능체계들과 거리를 둔 커뮤니케이션이 어떤 가능성을 가지고 있는지 의미 있게 고찰할 수 있다.

가장 중요한 기능체계들은 자신의 커뮤니케이션을 해당 특수 기능의 관점에서 보편적 유효성을 요구하고 제3의 가능성을 배제하는 이원적, 곧 양가적 코드에 의해 구조화된다. 고전적 사례는 물론 학문체계의 작업 수단인 양가적 논리학의 코드이다. 마찬가지로 법체계는 합법과 불법이라는 코드 아래 작동한다. 경제에서는 재산 및 화폐와 관련해 소유 또는 비(非)소유가 분명히 구분되어 부동산이든 동산이든 대체(對替) 가능성을 장기적으로 조직화하고 계산할 수 있다는 점이 결정적이다. 마찬가지로 정치는 정부 권력과 더불어 주어져 있으며, 보수적 대 진보적 정치나 제한적 대 확장적 정치 같은 이데올로기적 코드에 의해 선택하도록 제공된 권력 문제의 차이를 표준으로 삼고 있다.[2] 근대 초기 사회체계의 근대화에서 이러한 기능 영역의 의미는 즉시 파악하기 쉬우므로 이원적 코드화에 의한 커뮤니케이션의 조종이라는 문제에 잠시 머무르는 것도 도움이 될 것이다.

사람들이 2단계 사이버네틱스의 시각에서 볼 수 있듯이, 즉 관찰을 관찰할 경우 볼 수 있듯이 모든 이원적 코드화는 이 코드 아래서 작동하는 체계를 동어반복과 역설로부터 구제하는 기능을 갖고 있다. ('법은 법이다'와 같은) 동어반복의 형태나 (사람은 자신의 권리를 주장할 권리를 갖지 않는다는) 역설의 형태로는 감내할 수 없는 (합법과 불법의 차이와 같은) **통일성**은 **차이**에 의해 대체된다. 그런 다음 체계는 자신의 작동을 이러한 차이에 정향시킬 수 있고, 이 차이 내부에서 이쪽과 저쪽을 왔다 갔다 할 수 있으며, **코드의 통일성에 대한 질문을 제기하지 않으면서도** 작동을 코드의 이쪽과 저쪽에 귀속시키는 것을 규정하는 프로그램을 개발할 수 있다. 그 결과 얻을 수 있는 것은 (모든 이쪽은 자기 자신을 저쪽과의 관계 속에서 동일시하기 때문에 자기준거는 코드에서 마치 변증법적으로 움직임에도 불구하고) 자기준거는 전개될 수 있으며, 직접적이고 빈틈없는 것은 아니지만 통일성으로서 사용되어야만 한다는 사실이다. 이때 기억해야 할 점은 관찰자가—우리는 지금 이런 입장에 있다—이러한 전체적 책략을 꿰뚫어볼 수 있다는 사실과, 그럼에도 불구하고 관찰자는 체계의 작동 기반인 동어반복 및 역설을 그에게 보여주는 자기준거의 바로 그 측면을 숨기기 위해 그것이 코드를 (또는 위계를, 또는 기능적으로 다른 등가적 문제 해결책을) 선택한다는 것을 통해서만 자신의 고유한 관찰 가능성을 획득할 수 있다는 사실이다.

이원적 코드는 복제 규칙이다. 그것은 정보가 커뮤니케이션 과정에서 평가되고 정확하게 그에 상응하는 반대 가치와의 비교에 내맡겨짐으로써 형성된다. 코드에 따라서 취급되는 현실은 한 번만 존재할 뿐이다. 그것은 동시에 허구적으로 복제되기 때문에 모든 평가는 스스로 자신의 상보물(相補物)을 찾을 수 있고 자신과 반대되는 것에서 스스로를 비추어볼 수 있다. 그 자체로 부정적인 사실은 존재하지 않는다. 세계는 그것이 있는 그대로 존재한다. 그런데 사람들은 현실에 대한 커뮤니케이션의 코드화를 통해서 파악한 모든 것을 컨틴전트한 것으로 취급할 수 있으며, 하나의 반대 가치에서 성찰할 수 있다는 사실에 도달한다. 따라서 이런 완전화의 경우 관건은 재고품의 증가 또는 감소에, '맥주 한 병 추가'에 있는 것이 아니라 긍정적/부정적이라는 구분의 투영에 있으며, 이 투영의 도움으로 반대의 가능성과 결과를 검토할 수 있다. 그리하여 순전히 커뮤니케이션 기법적인 장치가 문제되는 것이지, 사람들이 커뮤니케이션에서 모사(模寫)하기만 하면 되는 세계의 실상 같은 게 문제되는 것은 아니다.

이런 종류의 이원적 코드는 오랜 발전 과정을 거쳐 비로소 추상성과 기술적 수행 가능성에서 현재의 수준에 도달한 가장 성공적이고 가장 파장이 큰 진화적 업적으로 간주될 수 있다.[3] 이러한 구조의 가장 중요한 특징은 여기서 간략하게나마 열거할 필요가 있다.

1. 코드는 **총체적 구성**이며,[4] 보편성 요구를 지니면서 존재론적 한계가 없는 **세계의 구성**이다. 그것의 관련 영역에서 일어나는 모든 것은 제3의 가능성을 배제하면서 이 가치 아니면 저 가치에 귀속된다. 신이 하늘과 땅의 차이를 창조함으로써 창조로부터 자기 자신을 배제한 것처럼 코드화와 관련해 제3의 것은 기껏해야 기생물로서만 존재할 수 있다. 여기서 기생물이라 함은 미셸 세르(Michel Serres)가 비유한 것을 의미한다.[5]

2. 코드에서 정보로 취급할 수 있는 모든 것과 관련해 총체화는 **모든 현상에서 예외 없는 컨틴전시**를 초래한다. 현상으로 나타나는 모든 것은 반대 가치의 가능성이라는 관점에서, 즉 필연적이지도 않고 불가능하지도 않은 것으로 나타난다. 있을 수도 있는 필연성이나 불가능성은—가령 코드의 탈역설화를 위해(4를 보라)—반대 방향에서 재도입해야 하고, 그 때문에 의심할 수 있는 것으로 남아 있어야 한다.

3. 코드는 ……**하는 한의 추상**이다. 그것은 커뮤니케이션이 자신의 적용 범위를 선택하는 한(해야만 하는 것은 아니다) 유효하다. 그것은 어떤 상황에서

든 어디에서든 진리나 법이나 재산에 의존하지 않는다. 따라서 코드의 활성화는 전 사회적으로 컨틴전트한 현상이고, 바로 그렇기 때문에 단순한 이원적 틀을 총체화하는 것이 실제로 가능하다.[6] 이러한 방식으로 사회 진화 과정에서 코드화와 기능적 특화의 상관관계가 발생한다. 즉 특정한 이원적 코드는 코드화할 수 있는 작동이 바로 그 기능체계에서 일어날 때만 사용된다는 것이다. 반대로 사회의 기능체계는 자신에게 해당되는 모든 작동에 대한 보편적 관련성을 특정한 코드의 작동에 특화함으로써 획득한다.

4. 앞서 말한 대로 코드는 모든 자기준거적 관계의 근저에 깔려 있는 문제점을 **탈역설화한다**. 모든 코드화는 코드의 자기 적용 문제를 초래하고, 그로 인해 특정한 경우에 역설을 초래한다. 사람들은 "이 문장은 참이 아니다"라는 문장과 같은 논리적 이율배반을 알고 있다. 그런데 다른 코드에서도 유사한 문제가 발생한다. 이를테면 다음과 같은 것들이다. 어떤 법에 의거해 합법과 불법의 차이를 도입하고 정립하는가? 또는 권력 지위가 높으면 높을수록 자문에 대한 의존도도 높아지는가? 또는 정부와 야당의 코드에서 정부 여당은 야당이 될 가능성에 대항하면서 야당이 되는 경향성을 감지하고 있는가? 또는 자본은 투자 및 재투자에 대해 지속적으로 강요받고 있는가? 바꾸어 말하면, 타인의 소비를 실현시키도록 지속적으로 강요받고 있는가? 코드가 정향하는 작동에서 이러한 문제는 사람들이 그 문제를 모순의 형태로 전환함으로써 해결된다. "비(非)A가 되기 때문에 A이다"로부터 "A는 비A이다"가 되는 형태로 문제는 제거된다. 사람들은 이러한 모순을 특별 취급을 위해 제쳐놓은 특정한 잔여 부

분의 모호함을 가지고 피할 수 있다. 바로 이런 측면에서 코드는 사회적 납득 가능성이라는 조건의 변화에 여전히 민감한 채로 있다.[7]

5. 코드화는 **"정반대의 것은 서로 당긴다"**[8] 또는 라틴어 수사학의 어법으로 "반대의 것도 마찬가지로 지식이다(Contrariorum est eadem disciplina)"라는 옛날의 통찰을 사용하고 완성한다. 차이는 통합한다. 한쪽으로부터 다른 쪽으로의 이행은 차이 도식에서 사전 프로그램화되어 있고, 따라서 쉽게 이뤄진다. 논리적으로 기계화된 코드에서 그 이행을 완성하기 위해서는 단지 하나의 부정(否定)만이 필요하다. 가치와 반대 가치의 이러한 작동적 인접성은 거의 필연적으로 해당 기능체계의 분화독립화를 초래한다. 교환 또는 판매에 의해 재산을 비(非)재산으로 전환하는 것은 쉽다. 그것을 법적 조사에 내맡기거나 정치적으로 사용하는 것은 훨씬 더 어렵다.

6. 이원적 코드화에서 코드의 주도적 가치(진리, 합법, 소유 등)는 동시에 **선택의 기준**으로서 사용되는 것을 포기해야만 한다. 그것은 긍정과 부정의 형식적 등가에 모순된다. 확인된 비(非)진리는 확인된 진리보다 학문을 훨씬 더 촉진할 수 있는데, 이는 전적으로 이론의 맥락에 달려 있다.[9] 소유는 그것이 비용만을 초래하고 수입을 가져오지 않을 경우 부담이 될 수 있는데, 이는 전적으로 투자 여건에 달려 있다. 사람들은 특정한 정치적 결정에 대한 정부 책임을 종종 떠맡고 싶어 하지 않는데, 이는 전적으로 결정 프로그램(정책)의 종류에 달려 있다. 그 때문에 사람들은 기준을 코드의 가장 일반적인 추상적 상황에서 확정할 수 없다. 그리고 기준은 기능 특화적인 작동의 가능성을 조직하는 데 사용되는 것이 아니라, 훨씬

더 구체적으로 올바르고 사용 가능한 작동으로 정향시키는 데 사용된다. 그 때문에 코드는 기준(원칙적으로 모든 기준)이 바뀌는 것을 견뎌낼 수 있다. 모든 것을 동시에 교체할 수 있다는 점과 코드는 순수하게 새롭게 시작되는 순간에도 비어 있는 채로 유지될 수 있다는 걸 생각하기 어렵다 해도 말이다.

7. 올바른 작동에서 코드와 기준의 (또는 코드화와 프로그램화의) 이러한 차이는 **같은 체계에서 폐쇄성과 개방성**의 결합을 가능케 한다. 자신의 코드와 관련해 체계는 참/거짓처럼 모든 가치 평가가 다른 가치나 외부의 가치를 참조하는 것이 아니라, 그때마다 같은 코드의 반대 가치만을 참조하기 때문에 폐쇄된 체계로서 작동한다. 반면 체계의 프로그램화는 외부의 사실을 고려하는 것을, 바꾸어 말하면 이 가치 또는 저 가치가 설정되는 조건을 확정하는 것을 가능케 한다. 코드화가 추상화되면 될수록, 기계화되면 될수록 체계를 폐쇄적 및 개방적으로 동시에 작동하게 하는, 말하자면 내적 및 외적 조건에 대해 반응시킬 수 있는(물론 항상 내적인!) 작동의 다양성은 더욱더 풍부해진다. 사람들은 정확하게 이를 반향 가능성의 증가로 묘사하기도 한다. 그러나 체계가 아무리 '반응적으로' 구축되어 있고,[10] 그것의 고유 주파수가 아무리 풍부하다 하더라도 체계의 반응 능력은 그 코드의 폐쇄적 양가성에 근거하고 있으며, 따라서 엄격하게 제한되어 있다.

8. 코드화는 제3의 가치를 효과적으로 배제한다. 올바른 행동의 프로그램화 수준에서 제3의 가치는 체계로 재진입할 수 있는데, 이는 물론 이 수준에서 유효한 제한 아래에서만 그러하다. 새로운 주제가 엄청난 충격을

줄 때에도 사람들은 참/거짓/환경 또는 합법/불법/고통 같은 세 개의 가치를 지닌 코드로 넘어갈 수 없다. 하지만 사람들은 환경 문제를 연구 프로그램 대상으로, 또는 인간의 고통과 고통의 예방을 법적인 규제 대상으로 만들 수는 있다. 코드화와 프로그램화의 구별은 배제된 제3자의 체계 재진입을 가능케 한다. 하지만 이는 일차적으로 문제되는 코드 가치의 할당을 공동으로 조종하는 기능으로써만 그러하다.

9. 그 밖에도 코드화는 작동 및 잘 알려진 결과, 즉 **역사적으로 불가역적인 복잡성의 구축**이라는 잘 알려진 결과를 가진 작동에 의해 구축된 구조의 **가지치기**를 일컫는다. 코드에서 정립되고 성찰된 구분은 진리는 비진리가 아니라는 사실 또는 재산이나 정치권력은 교환이나 선거 같은 특정한 절차에 의해서만 정반대의 것으로 전환될 수 있다는 사실에 근거한 성과들을 알기 쉽게 정리한다. 이런 식으로 생겨난 구조화된 복잡성은 체계 고유의 통제에서 벗어난다. 복잡성은 통일성으로서 파악될 수 없으며 코드도 자기 자신에게 적용될 수 없다. 바꾸어 말하면 사람들은 체계에서 모든 비진리가 거짓인지 아닌지를, 모든 불법이 불법적인지 아닌지를 그리고 재산권 박탈이 혁명으로서만 생각할 수 있는지 없는지를(그렇다면 경제라는 체계에서는 부분적 양도로서만 실행이 가능하다) 결정할 수 없다는 것이다.

10. 코드화는 자신의 영역에서 모든 앞으로의 정보 처리를 유도한다. 그것은 주도적 차이로서 출발점이 되는 구분을 기초로 삼는다. 이런 식으로만 정보라는 것이 나타나 하나의 기능체계에 귀속될 수 있다. 모든 앞으로의 정보 처리의 본질은 차이의 차이로의 전환에 있다.[11] 예를 들면

특정한 자본 규모의 특정한 투자가 수익이 나는지 아닌지를 검토하는 데 있으며, 그런 다음 시장이 특정한 수요를 기대하도록 하는지 그리고 특정한 가격이 여기에서 어느 정도 차별화되는지라는 질문에 있다는 것이다.

11. 모든 이러한 특징을 지닌 코드화는 **기능체계의 분화독립화**의 기술적으로 가장 효과적이고 가장 파급 효과가 큰 형태이다. 이는 기능체계가 이처럼 명백한 코드화에 근거하기만 하면 형성될 수 있다는 것을 의미하지 않는다. 예를 들어 교육체계는 자신의 선택 필연성에 있어서 달갑지 않은 코드를 사용하고, 학교라는 조직과 상호 작용의 복합체에서 아주 다른 종류의 토대를 가지고 있다. 유사한 질문을 우리는 종교의 코드화에 제기할 수 있다. 그리고 이는 역사적 순서로 코드가 먼저 정립되고 그런 다음에야 체계 형성이 시작된다는 것을 의미하지도 않는다. 모든 진화는 진보함에 따라 고유의 전제 조건을 만들어내는데, 이것이 성공하지 못하면 진화도 멈춘다. 하지만 근대 사회를 서술할 때 사람들은 중요한 그리고 근대성을 표시하는 기능체계들이 특별히 자신에게만 유효한 이원적 코드에 의해 스스로를 동일시한다는 점을 확인해야만 한다. 기능체계는 어떤 경우든 자신의 주도적 차이가 무엇인지 알고 있으며, 그 차이가 체계 작동에서 어떻게 기능하는지도 알고 있다. 기능체계가 자신의 통일성의 의미가 무엇인지 진술할 수 있을지, 그것이 이 의미를 자기 스스로에 대한 이론으로 표명할 수 있을지, 그와 같은 자기 서술이 기능체계의 사회적 기능을 적절하게 파악할 수 있을지 등은 또 다른 질문이다. 게다가 기능체계의 분화독립화는 더 이상 이런 질문에 의존

하지 않는다. 성찰 이론은 이러한 체계에서 2차적으로 비로소, 체계의 자율성을 방어하기 위해 비로소, 체계가 구조적으로 이미 전제하고 있는 의미에 대한 질문에 근거해 비로소 생겨난다. 이는 18세기 후반 이래로 과학 이론에, 국가 이론에, 경제 이론에, 법 이론에 매우 동일하게 적용되고 있다.

12. 기능체계들이 존재 영역으로서가 아니라, 집합으로서가 아니라, 통일성의 관점에 의해서가 아니라, 오히려 차이에 의해서 분화독립화한다는 것은 매우 높은 정도의 상호 의존성을 가능케 한다. 그와 같은 의존성은 종종 자율성의 제한으로서 해석되는 것이지, 결코 탈분화의 징후로서 해석되지 않는다. 그 반대가 맞다. 기능적 분화야말로 상호 의존성을 증가시키고, 그 결과 전체 체계의 통합을 증가시킨다. 왜냐하면 실로 각각의 기능체계는 다른 기능이 다른 곳에서 이뤄지고 있다는 것을 전제해야만 하기 때문이다. 그리고 정확하게 이런 점에 고유의 컨틴전시 범위와 차이에 의해 차이를 생성하는 고유의 절차를 분화독립화하는 이원적 코드화의 기능이 맞추어져 있다—그 본질에 따라서 배타적인 태도를 취하는 존재 질서가 아니라. 작동의 사슬은 따라서 번개처럼 법 코드에서 정치 코드로, 학문 코드에서 경제 코드로 전환시킬 수 있다. 이런 가능성은 체계분화에 반대하지 않는다. 오히려 그것은 체계분화에 근거해서만 획득할 수 있다.

내 주장은 이원적 코드가 이러한 특징을 가지고 사회적 진화 과정에서 생겨난다는 것이며, 이원적 코드가 작동하기 시작하면 상응하는 체계를 분화독립화시키는 경향이 있다는 것이다. 이와 같은 발전의 첫 흔적은 이미 옛 그리스적 문화권에서 증명될 수 있다. 그것도 논리적-인식론적, 정치적-윤리적, 우정과 관련된, 경제적 의미론들의 뚜렷한 분화의 형태로 말이다.[12] 그럼에도 불구하고 도시와 시골에 따른, 계층에 따른 사회적 분화의 전통적 틀이 여전히 우세했으며, 따라서 사회는 자기 스스로를 종교적으로 논증된 도덕적 커뮤니케이션의 도식에서 표현했다. 도시적 삶과 나중의 귀족적 삶은 동시에 하나의 윤리적 요청이었다.[13] 근대로 이행함으로써 비로소 사회는 점점 더 기능적 분화의 우위로 전환되었으며, 18세기 중반 이래 그에 상응하는 문제의식이 형성되었다. 그 이후로 환경에 대한 반향은 다수의 기능 특화적인 코드에 의해 조종되는 것이지, 더 이상 사회 통일적인 또는 최소한 상층 계급적인 '에토스'에 의해 조종되지 않는다. 그리고 '참이다'와 같은 한 코드의 긍정적 평가가 '합법적이다' 또는 경제적으로 '유의미하다'와 같은 다른 코드의 긍정적 평가를 결코 초래하지 않는다는 의미에서 코드들은 서로 잘 통합되지 않는다.

코드, 기준,
프로그램

근대 사회의 작동이 기능별로 분화해 코드화되어 있다는 이러한 논제는 구체적 기술(記述)을 위한 첫걸음일 뿐이다. 우리는 체계의 커뮤니케이션 전체가 전혀 이런 식으로 정리되어 있지 않다는 것을, 바꾸어 말하면 이 코드 아니면 저 코드에 할당되어 있지 않다는 것을 늘 유념해야 한다. 분화는 주어진 양의 작동들의 분해로서가 아니라, 사회체계 내부에서 코드에 의해 실행되는 부분 체계들의 분화독립화로서 생겨난다.

게다가 이원적 코드들은 우선 서로서로 분화되어 있는 매우 추상적인 도식이긴 하지만, 이로써 아직은 사회의 작동이 실제로 어떻게 조정되는지 파악될 수는 없다. 첫눈에 코드는 선호하는 것의 코드화로서 나타난다. 이는 진리가 비진리보다 낫고, 합법이 불법보다 나으며, 어떤 것을 소유하는 것이 그것을 소유하지 않는 것보다 낫다는 것을 뜻한다.

그러나 사실적인 작동과 그 작동에서 관철되는 선호에 유의한다면 사람들은 바로 잘못을 바로잡을 수 있다. 쥐가 꼬리를 가지고 있다는 명제의 참은 중요한 물리적 이론의 비진리를 증명하는 것보다 중요하지 않은 것으로 평가될 것이다. 법체계에서는 특정한 법률이 위헌의 영역으로 넘어가는 것을 열정적으로 연구했다. (다르게 말하면, 법 **자체**에는 합헌에 대한 어떤 선호도 존재하지 않는다는 것이다.) 같은 것을 특히 경제에도 적용할 수 있다. 상당수의 기업들은 특정한 공장을 소유하지 않는다면 행복해할 것이며 더 나은 경영 성과를 보여줄 수 있을 것이다.

이론적으로 사람들은 이러한 객관적 상황에 대해 체계의 구조 분석에서 두 차원을 구분함으로써 대응해야 한다. 하나는 코드화의 차원이고, 다른 하나는 작동을 위한 적실성의 조건들이 확정되고 경우에 따라 변경되는 차원이다. 앞장의 논제를 반복하면 코드의 가치는 기준이 아니다. 가령 진리 자체는 진리의 기준이 아니라는 것이다.[1] 기준은 이원적 코드화와 **관련되어 있지만**—이는 kanon, kriterion, regula 등과 같은 개념의 옛 전통과 일치한다—그것이 이러한 코드의 한 극(極)의 가치 자체는 **아니다.**[2]

우리는 이런 차원의 차이를 **코드화와 프로그램화**의 구분을 사용해 간명하게 표현한다.[3] 이원적 도식에 의한 코드화의 차원에서 체계는 분화독립화한다. 이 차원에서 동시에 체계는 폐쇄된 체계로서 자리 잡는다. 바꾸어 말하면, 하나의 가치는 반대 가치의 방향으로만 버려질 수 있다. 사람들은 말할 수 있다. 참이 아니라 거짓이라고. 하지만 사람들은 말할 수 없다. 참이 아니라 추악하다고. 코드는 폐쇄된 "대조 집합"[4]이다. 이에 반해 프로그램은 작동 선택의 적실성을 위해 주어진 조건이다. 프로그램은 한편으로는 한 기능체계에 배정된 요구를 어느 정도 '구체화하는 것'(또는 '조작하는 것')을 가능케 하고, 다른 한편으로는 바로 그 때문에 일정한 범위 안에서 변경 가능하다. 프로그램의 차원에서 한 체계는 자신의 코드에 의해 확정된 정체성을 잃어버리지 않으면서 구조를 바꿀 수 있다. 따라서 프로그램의 차원에서는 어느 정도의 범위 안에서 학습 가능성을 조직할 수 있다. **코드화와 프로그램화의 분화에 의해 한 체계는 말하자면 폐쇄된 체계로서 그리고 개방된 체계로서 동시에 작동할 수 있는 가능성을 획득한다.** 그 때문에 이 분화는 그로 인해 획득한 표현력과 함께 **환경에 의해 초래된 위험에 대한 사회적 반향의 문제를 위한 열쇠**이다.

역사적으로 볼 때 이 분화는 매우 서서히 발전했으며, 기능체계가 충분히 분화독립화했을 때 비로소 필연성이 된다. 정치적 윤리학과 자연권의 과거 전통에서 사람들은 코드-가치(긍정적/부정적)와 행동의 올바름 또는 유용성의 조건을 위한 일반적 공식을 구분할 수 없었다. 그 대신 선함과 올바름의 통일성은 선과 악의 차이가 의미를 지녔던 영역, 곧 세계의 영역을 초월한 종교적 의미론에서 보장되었다. 선은 그로 인해 이중화되었다. 초월성에서는 반대 가치 없이 작용하는 것에 반해, 세상에서는 악이라는 반대 가치를 가지고 작용한다는 것이다.[5] 선은 논리적으로 모호해졌으며 다층적 위계질서 같은 다차원 이론을 구성하도록 강요받았다. 선이 이제 자연으로서 세속화했으며 논리적 모호성 속에서 때때로 나쁜 결과를 가진다는 것을 통해서만 스스로를 알아차릴 수 있게끔 된다손 치더라도, 계몽주의자들도 장 자크 루소도 여전히 이 도식을 따랐다. 프랑스 혁명은 이 점을 센세이셔널하게 보여주었고, 그와 함께 지혜의 역사에 종말을 고했다. 모든 성찰은 이제 이러한 사실을 고려해 새롭게 시작할 수밖에 없었다.

가장 중요한 코드의 일종인 탈도덕화는 이전에 이미 시작되었다. 무엇보다도 화폐 메커니즘에 의해 분화독립화된 경제에서 체계 경험이 이를 강요했다.[6] 그리하여 경제의 성찰 역사는 도덕에 대한 기능적 등가물을 찾는 것과 더불어 애덤 스미스(Adam Smith)의 국부론과 함께 시작된다. 훨씬 이전에 과학도 과학적 진보가 임박해 있으며 측정할 수 없는 선을 가져오리라는 것을 설명하기 위해 "보이지 않는 손"을 신봉했다.[7] 나쁘게 될 수 있으리라는, 오늘날 우리를 불안게 하는 두려움에 대한 어떠한 계기도 명백히 존재하지 않았다. 바로 그 때문에 세련화되었지만 이제는 '도그마'로서 거부된 초월성의 이론을 교체하기 위해서는 "보이지 않는 손"이라는 비유와 이미 달성된 진보에 대한 암시로 충분했다.

이념사적으로 볼 때 우리는 이행 시기에 준(準)형이상학을 지닌 진보 낙관주의를 발견한다. 기능적 분화라는 새로운 질서는 옛 사회의 계층 귀속에서는 개진될 수 없는 가능성을 열어놓는다. 자율성, 고유 가치 및 협력을 고려하지 않는 개별적 기능체계의 기능과 관련해 아주 새로운 종류의 성찰 이론이 가능하다. 동시에 그 결과 구조적으로 없어진 것이 의미론적으로는 서서히 사라져가고 있었다. 이는 아직까지 긴박한 것은 아니었으며, 19세기에 들어서야 먼저 단지 '사회적 문제'로서 긴박해졌다. 전체 사회적인 성찰은 바로 이 점에서 명백한 지도력도, 환경 문제에 대한 관심의 결핍으로 인해 어떤 외부 근거도 획득하지 못한다.

생태적 문제에 대한 이러한 질문을 우선 또 한 번 보류한다 하더라도, 사람들은 기능적 분화가 코드의 분화라는 항적을 따라 발전한다면 새로운 종류의 문제 제기와 새로운 종류의 성찰 이론을 강요한다는 것을 추측할 수 있다. 이때 유의해야 할 점은 이중성이다. 즉 한편으로 기능체계의 코드화와 프로그램화의 차원은 이제 더욱 선명하게 분리된다. 다른 한편으로—이러한 분화를 보정한다—적실성의 기준을 규정하는 프로그램은 이제 특정한 코드에 귀속되는 가운데 구성될 수 있지만 코드로부터 코드로 전달될 수는 없다.

이것이 체계의 통일성을 기술하고자 하는 성찰 이론에서 의미하는 바는 법체계의 예에서 첨부한 간략한 그림의 도움을 받아 파악할 수 있다. 규제적 의미론의 발전은 〈그림 1〉에서 '위계적으로' 계층화된 구성으로부터 〈그림 2〉에서 고도로 분화된 구성으로 진행한다. 지금 위계질서가 존재한다면, 그것의 본질은 단지 프로그램을 코드 아래 두는 것에서 드러난다. 마찬가지로 법 이론은 중세적인 (교회법, 로마법 그리고 영국 법에서도 지배적인) 견해를 포기하는데, 결정의 권위는 정의로운 집행을 위해서만 주어져 있었지, 정의롭지 못한 집행의 경우에는 어떠한 권위도 주어져 있지 않았다. 그 대신 사람들은—19세기에 결정적으로—공직이 갖는 권위의 단순한 사실성만을 고려했다. 그럼에도 불구하고 법체계는 자신의 고유한 기능을 고려하지 않으면서 정치적 체계에 연결되어 있었다. 그리하여 법체계의 통일성을 적절하게 성찰할 수 없었다. 초월적인, 자연권을 통해 매개된 외부 근거는 제거되었지만 (당장은) 대체

그림 1

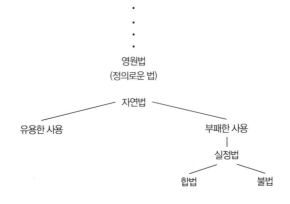

되지는 못했다. 그리하여 법체계에서 자연권을 법 이론으로서 적용하는 것을 포기해야 했다. 프로그램은 특별히 합법 또는 불법이라는 가치에 대한 올바른 처리에 사용되었다. 프로그램의 모든 적실성의 조건의 통일성은 전통적으로 정의(正義)라는 이름 아래 성찰되어왔다. (이는 사람들에게 하나의 미덕 또는 하나의 일반적 규범으로서도 해석될 수 있었다.) 작동을 주재하는 구조인 코드와 프로그램이 더욱 분명하게 분화될 때 법 이론은 자신의 정의 개념을 한층 엄밀하게 표현해야 하는데,[8] 그렇지 않을 경우 그것은 메타 규범으로서도, 이념으로서도, 이상으로서도 발견될 수 없는, 말하자면 정의의 의미론적 영역에서 발견될 수 없는 합법과 불법의 차이를 위한 통일성의 용어를 작성해야 하는 곤란에 처하게 된다. 체계분화 및 그 성찰에서 구조적 및 의미론적 차원에서 좀더 높은 컨틴전시의 허용은 체계의 만족할 만한 자기 서술이라는 아직도 미해결된 문제를 초래한다. 사회라는 포괄적 체계의 이론에 대해서는 더 말할 나위도 없다.

그림 2

	코드	프로그램
통일성	?	정의
작동	합법/불법	유효한 법규

사람들은 여기에 사회와 그 기능체계들의 반향 능력을 확대할 수 있는 기회가 숨어 있다는 것을 추측할 수 있다. 형이상학적-도덕적 비계(飛階)는 가능성을 위한 하나의 좁은 틀이었을지도 모른다. 사람들은 그것의 해체를 무조건 한탄해서는 안 되지만, '명예 회복'을 위한 모든 시도에 대해서는 어쨌든 신중해야 할 것이다. 이 모든 것은 계속적인 연구를 필요로 한다. 여하튼 우리는 오늘날 생태적 위험에 대한 반향이 본질적으로 이러한 기능체계들에 의해 생산되며, 그것은 도덕의 문제가 아니거나, 문제가 되더라도 단지 이차적일 수 있다는 사실로부터 출발한다. 좀더 분명하게 말하면 정치, 경제, 학문, 법 같은 기능체계는 고도의 자기 역동성과 민감성 때문에 환경에 의해 교란된다는 것이다. 이러한 현상은 일부는 직접적으로 일어나는데, 가령 자원이 고갈되거나 파국의 위협이 닥칠 경우가 그러하다. 그리고 일부는 사회적으로 매개된 상호 의존을 통해 간접적으로 일어나는데, 예를 들어 경제가 법규 없이도 자신의 고유 관념에 따라 더 나은 경제적 결과를 성취할 수 있음에도 불구하고 정치가 법에 강요한 법규에 반응하도록 강요되고 있다고 볼 경우가 그러하다.

기능적 분화는 한편으로 **중복에 대한 포기**에 의해서만 가능하다. 기능 체계는 상호 간에 서로를 대신할 수 없으며 서로서로 대체할 수도, 단지 짐을 덜어줄 수도 없다.[9] 모든 등가물은 각각의 기능이라는 관점에서, 즉 체계 내적으로 처리된다. 정치는 학문을 대신할 수 없다, 학문은 법을 대신할 수 없다 등등처럼 모든 체계 사이의 관계가 그러하다. 그로 인해 과거의 다(多)기능적 제도와 도덕은 해체되고, 그 대신 근대 사회를 모든 선행 사회와 구별해주는 특화된 코드의 특화된 체계로의 바로 그 귀속 현상이 발생한다.

다른 한편으로 기능적 분화는 이러한 중복의 상실을 벌충하기 위해 심한 저항을 혼선 및 교란과 관련한 매우 특별한 민감성과 결합할 수 있는 기능체계의 **높은 고유 역동성**을 산출한다. 이는 동시에 전체 사회적 체계를 이론적으로 기술하는 것을 어렵게 만든다. 사람들은 각각의 특별한 반향 능력의 관점에서 모든 기능체계들을 따로 분석해야만 한다. 그렇지만 이때 전체 사회적인 반향은 부분 체계들의 특수한 반향의 단순한 합이 아니다. 부분 체계들은 상호적으로 서로에게 환경이기도 하다. 따라서 하나의 부분 체계가 환경 변화에 반응하고 그 결과 다른 부분 체계의 사회 내적인 환경을 변화시킨다면, 교란이 요동치는 과정이 일어날 수 있다. 그 때문에 자원의 부족화 현상은 가격 상승 같은 경제적 문제의 출발점만 되는 것이 아니라, 정치적 문제의 출발점이 되거나 다른 연구를 희생한 특정한 학문적 연구를 강행하는 출발점이 되기도 한다. 또는 환경 문제에 대한 높은 정치적 민감성은 경제에 추가적 비용을 부과할지도 모르고, 다시금 정치에서 문제가 되는 일자리를 희생시킬지도 모른다. 그리고 동일한 정치적 반향 능력은 법률 문제를 취급하는 특수한 법률적 방식의 부담을 가중시키고, 그럴 경우 자가당착적으로 작동하기 시작하는, 즉 탈법제화를 요구하면서 법제화를 창출하는 정치적 체계로 다시금 파도쳐 돌아가게끔 하는 '규범의 범람'에 있어서 새로운 파도를 유발할지도 모른다.

그러나 교란만이 계속 전달되고 그로 인해 일부는 흡수되고 일부는 강화되는 것은 아니다. 기능체계들의 공동 작용 또한 거의 모든 경우에 불가피한 것이다. 원자력 발전소의 건설은 **학문적** 연구 결과에 근거해 우선 **법적** 책임 제한에 대한 **정치적** 결정에 의해 **경제적으로** 가능해진다. 이 세계는 원래부터 사건들이 대체로 특수한 기능의 그물에 떨어지게 할 정도로 그렇게 규정되어 있지 않다. 기능적 특화는 오히려 복잡한 체계의 효과 만점이고, 모험적이고, 진화상 비개연적인 성취물이다. 그리고 기능적 특화는 자기 편에서 볼 때 체계 경계에 의해 제어되는 고도의 내적 상호 의존으로 대가를 치른다. 그런데 이러한 상호 의존성으로부터 탈분화를 추론하는 것은 아주 잘못된 일이다.[10] 상호 의존성은 오히려 근대 사회가 자신의 주요한 부분 체계들을 특수한 기능의 관점에서 분화독립화시키고, 이를 통해 부분 체계들이 상호 서로를 기능적 등가물로서 대신할 수 없게끔 하며, 이를 통해 문제들을 다수 기능체계들의 공동 작용에서만 해결할 수 있다면 항상 부분 체계들을 서로서로 의존하게 만든다는 사실에 대한 하나의 증거이다.

그러므로 사람들은 생태적 문제에 대한 사회의 반향을 두 차원에서 동시에 분석해야 한다. (그리고 항상 그렇듯 여기서도 상이한 '차원들'에 대한 얘기는 체계이론적 역설을 숨기고 있다.) 곧 반향은 사회가 (가령 일차 당사자로서의 하층과 중심 책임자로서의 상층이라는 구조를 가진 계층으로서가 아니라) 기능체계들로 분화해 있다는 사실에 의해 이미 전제되어 있다는 것이다. 나아가 반향은 그것이 체계와 환경이라는 일반적 틀에 따라 서로서로 적응하는 이러한 하위 체계들이 가진 상이한 코드들과 프로그램들에 의해 구조화되어 있다는 것에 의해 전제되어 있다. 쉽게 알 수 있듯이 원래 이러한 방식으로 그 효과를 유발했으며, 그 효과 고유의 위험이라는 관점에서 관찰되면서 통제를 필요로 하는 환경의 변화와는 어떤 유사성도 더 이상 갖지 않는 체계 내적 효과가 생겨난다. 그런데 이 또한—만약 일어난다면—기능체계들의 오직 내부에서 각각의 특수한 코드와 프로그램에 따라 일어날 수 있다.

경제

　　사회의 많은 기능체계들 중 가장 먼저 경제는 더 자세한 고찰의 대상으로 삼을 가치가 있다. 여기에서 경제는 화폐 지불을 매개로 이뤄지는 작동의 총체로서 정의될 수 있다. 직접적이든 간접적이든 화폐가 포함되면 항상 경제가 포함되는데, 누구에 의해 지불이 일어나는지 그리고 누구의 욕구가 문제되는지는 상관이 없다—세금 징수의 경우가 그러하고, 공공 재화를 위한 지출의 경우가 그러하며, 석유를 땅속에서 추출하는 펌프질 과정의 경우는 아니라 하더라도 화폐로 표시할 수 있는 산출량을 고려한 펌프질 과정의 경제적 조절의 경우가 그러하다.

　　경제에 대한 이러한 정의는 근대적이며 화폐 메커니즘에 의해 분화 독립화된 경제에 맞추어져 있다.[1] 사람들이 이 경제를 중세의 그것처럼 과거의 화폐 체계와 비교하면, 무엇보다도 눈에 띄는 것은 화폐로 살 수 있는 것이 엄청나게 제한적이라는 것이다. 오늘날에는 가령 영혼의 구제도, 내세적 힘의 특별 은총도, 정치적 공직과 세금과 관청 수수료 및 그와 유사한 수입도 살 수 없다.[2] 이러한 **제한**이야말로 종교와 정치에 대한 경제 **분화**의 필수불가결한 요건, 즉 경제의 분화독립화 요건인 동시에 고유의 법칙에 따라 작동하는 사회의 기능체계로서 경제의 **자율적 폐쇄성**의 조건이다. 다르게 말하면, 제한에 의해서만 경제는 화폐적으로 통합된 체계의 높은 고유 복잡성을 획득한다는 것이다. 바로 이것을 통해 경제는 점점 더 큰 범위에서 욕구의 충족과 생산을 포괄하면서 전통적 가정경제적 영역을 주변화할 수 있는 능력을 갖게 된다. 제한은 경제 팽창의 조건이다. 이때 이 팽창은 사회체계의 환경에서 많은 비난을 받는 결과를 초래한다.

원래 경제는 **모든** 참여자에게 **모든** 소유 가능한 재화와 관련해 소유자가 될 것인지, 아니면 되지 않을 것인지 선택하도록 강요하는 소유권에 의해 코드화되어 있다. 한 사람의 소유권은 필연적으로 모든 다른 사람의 비(非)소유권이 된다. 이런 식으로만 소유권은 교환 가능하고, 이런 식으로만 어느 정도 생태적 기능을 수행할 수 있다. 소유권의 영역에서 자연과의 친화적 관계는 보상을 받는다. 왜냐하면 사람들은 타인을 보호할 수 있으며 필요할 때 손실 보상 행위를 하도록 단죄할 수 있기 때문이다.[3] 하지만 화폐 이전의 형태를 가진 소유권, 특히 토지에 대한 소유권은 충분히 분화독립화되지 못했다. 예를 들어, 소유권은 거의 강제적으로 정치적 권력의 토대에 머물러 있었다(봉건주의). 소유/비소유의 코드를 지불/비지불의 코드에 따라 보충하는 화폐에 의한 경제의 2차 코드화는 비로소 경제체계의 완전한 기능적 분화독립화를 초래한다.

화폐적 집중화에 근거해 오늘날 경제는 지불 능력(즉 화폐 획득)을 전제하고 지불 능력을 창출하는 지불을 완수하는 한에 있어서만 엄격하게 폐쇄되고 순환적이며 자기준거적으로 구성된 체계이다. 그럴 때에만 화폐는 완벽한 경제 고유의 매체이다. 그것은 환경으로부터 투입될 수도, 환경으로 산출될 수도 없다. 그것은 전적으로 체계 고유의 작동을 매개할 뿐이다. 이러한 작동의 본질은 결정들에 있는데, 왜냐하면 체계가 부정의 가능성을 사용할 수 있기 때문이다. 지불은 지불하지 않는 (또는 지불할 수 없는) 가능성이라는 배경 아래 자격을 얻는다. 지불이냐 비지불이냐. 이것이—아주 엄격하게 말하면—경제의 존재 물음이다.

이러한 기본 작동과 관련해 코드와 프로그램은 불가피하게 분리된다. 코드의 본질은 사람들이 (~에 대한 처분권으로서) 일정한 화폐 총액을 소유하느냐 소유하지 않느냐를 구분하도록 하는 데 있다. 어떤 금액을 가지면서 가질 수 없는 사람만이 지불할 수 있다. 왜냐하면 지불은 소유로부터 비소유로의 전환이기 때문이다. 정반대 시각, 즉 수령인의 관점에서 봤을 때 동일한 것이 적용된다. 코드는 체계의 운동이 시작되고 계속 유지될 수 있는 전제 조건이다. 코드는 체계가 사건으로서, 즉 지불 사건으로서 구성될 수 있는 전제 조건이다. 하지만 그와 같은 지불 사건은 그 자체로 볼 때 지불 수행의 동기가 된 이유를 제시할 수 없다면 의미가 없다. 사람들은 어떤 특정한 욕구를 충족하고자 하든가, 미래의 지불 가능성과 관련해 자신의 지위를 개선하고자 한다. 이런 측면에서 체계는 학습 가능하게 유지될 수 있는데, 이는 바꾸어 말하면 자기 자신과 환경의 변화에 반응할 수 있다는 것이다. 이를 위해 올바른 행동의 기준을 만들어야 하고, 프로그램을 만들어야 한다. 그러나 욕구는 직접적으로 프로그램화될 수 없다. 그것은 생겨나서 눈에 띄지만, 체계에서는 환경적 사실일 뿐이다. 체계는 체계 내적 작동의 조정에, 말하자면 지불의 프로그램화 자체에 의존한 채로 있다. 이는 **가격**을 통해 일어난다.

가격을 근거로 사람들은 지불이 올바른지 아닌지를 아주 빠르게 판단할 수 있다. 지불은 양적인 비교만을 요구한다. 이것이 이처럼 단순하다는 바로 그 이유 때문에 가격 자체가 올바른지에 대한 질문이 제기된다. 프로그램화는 프로그램화를 요구한다. 이를 사람들은 옛날의 질서에서는(76쪽 그림 1 참조) 정의로운 가격의 학설에서 찾았다. 그러나 정의롭다는 것은 그 당시에도 이미 시장 상황에 일치한다는 것을, 정의롭지 못하다는 것은 시장 상황에 의해 정당화되지 않은 이윤 획득의 금지를 의미했다.[4] 금지된 것은 자신의 지불 능력만을 개선하기 위한, 상인적인 영리함에만 근거한 가격의 책정이었다. 왜냐하면 이를—코드 가치와 프로그램을 구별하지 않았으므로—탐욕(Pleonexie)으로 간주했기 때문이다.

근대 사회로의 전환기에 자본주의 경제와 함께 이러한 제한은 없어졌으며, 경제 내적 제한으로 대체되었다. 가격의 근거를 계약을 통해 보는 법체계는 이러한 변화에 계약 자유의 제한을 철폐하는 것으로 반응했다.[5] 그러나 이는 지불의 소송 제기 가능성 같은 법체계 자체의 작동에만 직접적으로 해당된다. 경제적 계산에서 가격은 경제 동향 자체로부터 자기 규제적으로 생겨나고, 어떠한 외적(자연권적 또는 도덕적) 규제도 필요로 하지 않는다. 경제의 제한은 처분 가능한 화폐의 양에 의해 함께 전제된 시장에서의 관철 가능성에 그 본질이 있다. 따라서 정의로운 가격의 학설은 사람들이 경제체계 자체가 이윤 획득 충동과 상인적 영리함에 제한을 가했다는 사실을 깨달은 18세기에 와서야 폐기되었다. 체계의 코드화와 프로그램화는 이제 순수하게 체계 내적 업무가 되었는데, 이때 환경은 체계에서 가격과 가격 변동의 형태로만 표현할 수 있는 제한을 체계에 부과한다. 무역이 지니는 평화 애호성 및 평화를 위해 작용하는 기능은 17세기 들어 반복해서 강조되기는 했지만, 동시에 평화 보장은 국가나 국제적 세력 균형으로 이전되기도 했다. 그리고 경제는 가격을 설정할 때 평화의 유지에 대해 고려할 필요 없이 시장에서 관철 가능한 가격을 관철시킬 수 있었다. 정치와 경제는 기능적으로 분화된 체계였다. 따라서 정치가 가격 형성 과정에 간섭했다면(알려진 대로 이는 광범위하게 일어났다), 정치는 경제적 문제를 정치적 문제로 전환시킨 것이었다. 하지만 차이는 계속 유지된 채로 있었다.

이러한 체계와 그 반향 형태의 첫 번째이자 널리 미친 특이성은 보통 '시장'과 '경쟁'이라는 개념으로 묘사된다. 경제학에서조차도 시장에 대한 만족할 만한 이론은 결여되어 있었다. 그러나 사람들이 쉽게 알 수 있는 것은 경쟁, 교환 및 협동의 분화의 고도성인데, 이는 역사적으로 보나 사회학적으로 보나 지극히 이례적인 구조이다. 사람들은 교환하지만 오늘날 보통 **대항해서** 경쟁하는 이들**과는** 협력하지 **않는다**. 이는 경쟁을 경쟁자 사이의 상호 작용과 커뮤니케이션으로부터 벗어나게 해서 그것을 그때그때의 고유한 행동이 갖는 사회 차원의 단순한 계산으로 축소시키는 것을 가능케 한다. 경쟁을 고려해 자기 스스로 결정하는 한에 있어서, 체계는 상호 작용의 연결이 갖는 완만함과 세밀함을 절약할 수 있다. 물론 체계는 직접적인 커뮤니케이션을 통한 합의에 그 본질이 있는(이때 이는 긍정적 또는 부정적 결과를 낼지도 모른다) 통제 가능성과 안전을 함께 포기해야만 한다. 체계는 "사회적 전염"[6]을 매개로, 즉 타인의 기대의 처리라는 관점에서 기대의 거의 동시적인 처리를 매개로 반응한다. 이 점에 그 본질이 있는 '이중적 컨틴전시'는 체계 형성을 초래하는 것이 아니라, 타인의 결정에 의존하는 성공 조건에 대한 불확실성 속에서 결정을 위해 나타난 것이다.

주목할 만한 결과 중 하나는—이는 무엇보다도 경제체계의 반향 능력을 결정한다—대단한 속도의 획득이다. 체계는 매우 빠르게 작동하기 때문에 오직 사건들만 관찰할 수 있으며, 구조에 의해 거의 더 이상 통합될 수 없다.[7] 따라서 모든 간섭은 사건, 자극, 도발, 체계 자체에서 변화의 촉진 또는 지연이라는 성격을 가진다. 그리고 예상할 수 없는 효과는 이러한 종류의 새로운 자극을 지속적으로 강요한다.

이런 상황에서 시장의 조직화된 복잡성을 조종하면서 간섭하는 것이 도대체 어떻게 가능한지에 대한 상세한 연구가 필요하다. 문제는 특히 거의 변화의 상관관계가 없음에도 체계의 환경과 함께 변하면서 모든 다른 시장에 영향을 미치는 화폐 시장과 관련해 제기된다. 이 시장의 규모 하나만 하더라도—매일 수천억 달러에 이르는 변동의 폭을 가진다!—생각할 거리를 준다.[8] 이와 같은 현상에 직면해 계속 환경윤리학에 희망을 거는 사람은 따라서 이 윤리학의 재정 기술적인 수단에 대해 우선 한 번쯤 생각해봐야 할 것이다.

사람들은 물론 이처럼 혼란을 강조하는 서술이 근대적 경제의 체계를 아직까지는 완전하게 묘사하지 못한다는 것을 또한 인식해야 한다. 이를 위해 사람들은 어떻게 실제로 지불과 함께 체계의 작동적 자기생산이 활용되는지 더 정확하게 알아야만 한다. 사람들은 이러한 경제를 (그것이 지불을 지불자의 지불 능력을 재생산하는 데 결합시킬 경우에 한에서, 말하자면 수익성이라는 관점에서 특히 투자에 대해서도 결정할 경우에 한에서) '자본주의적'이라고 묘사할 수 있다. 자본이 필요한 것은 지불과 지불 능력의 재생산 사이에서 극복해야만 하는 시간이 흘러가기 때문이다. 사람들은 생산 수단을 사거나 팔지 않는다면(예를 들어 씨앗을 생각할 수 있다) 사전에 소득을 '소급해' 생각할 수 없다. 그 때문에 자본을 더 많이 사용할수록 경제에 포함될 수 있는 생산/소비 관계는 더욱더 커지며 더욱더 간접적인 것이 된다. 하지만 이는 결과적으로 자본 투자도 경제적으로 계산해야 한다는 것을, 즉 자본의 유지, 재획득, 또는 증식의 관점에서 합리화되어야 한다는 것을 의미한다.

　(근대 사회에서 포기할 수 없는) 화폐 경제의 '자본주의적' 자기 통제에 이러한 가능성이 있으며, 그것은 이미 가능성으로서 작용하고 있다. 사람들이 이를 무시하고, 가령 정치적 이유로 수익성 없는 투자를 결정한다면 이에 대한 책임을 바로 떠맡게 된다. 사람들은 자신의 지불 능력을 재창출하지 않으면서 지불한다. 사람들은 이른바 화폐 순환에 반해 지불 불능 상태를 계속 유지한다. 예를 들어 세금 같은 수익성 없는 지불을 수행하도록 타인에게 강요하고, 그런 다음 자신의 지불 능력을 상승된 가격 같은 다른 방식으로 재획득하도록 떠넘긴다. 같은 방식으로 사

적인 가계(家計)는 지불 능력의 재창출이 아니라 즉시 소비에 쓰이는 지불을 행하는 것을 피할 수 없다고 생각한다. 따라서 사적인 가계도 경제의 자본주의적 부문에서 예외로 되어 있다. 그리고 사적인 가계 역시 다른 방식으로—무엇보다도 노동을 통해—수입을 위해 애쓰지 않는다면 지불 불능의 상태가 된다.

지불 능력과 지불 불능의 '이중 순환'이라는 이러한 생각은 경제체계가 지불로 구성되어 있다는 명제로부터 직접적으로 생겨난다. 왜냐하면 지불 자체가 받는 이에게는 지불 능력의 생성, 주는 이에게는 지불 불능의 생성이라는 이중적 성격을 갖기 때문이다. 그러나 이와 같은 개별 사건들은 역동적인 체계에서만, 바꾸어 말하면 지불 능력과 지불 불능이 계속 이뤄지거나 폐기될 수 있는 조건 아래서만 가능하다. 이때 '순환'이라는 비유는 이러한 상황이 모든 개별적인 경우에서 '항상 계속'이라는 전망과 함께 발생해야만 한다는 것과 체계의 어떤 작동도 이러한 철칙으로부터 벗어날 수 없다는 것을 의미할 따름이다. 지불 능력의 '동일성'은 체계 차원에서만 생각할 수 있는 것이지, 동일한 양이 지불자에게 되돌아가게 된다(순환한다)는 식으로 생각될 수는 없다. 순환의 비유는 체계의 통일성을 표현하는데, 이는 체계의 자기생산의 자율성을 의미한다. 현실은 조건화된 작동 자체에 자리 잡고 있다.

그러한 조건 아래서 경제체계는 동시에 두 개의 상반된 방향에서 지불 능력의 유지와 재생산을 위해 애쓴다. 한 번은 왼쪽으로 또 한 번은 오른쪽으로 돌면서(이렇게 말해도 좋다면 말이다). 문제는 한편으론 수익성이며, 다른 한편으론 공적 과제의 수행을 위한 경제적 조건의 마련 및 고용 대책이다. 신용 메커니즘은 그것이 순환으로부터 저절로 생겨나지 않는 곳에서도 지불 능력을 만들 가능성과 더불어 일정한 활동 공간을 창출한다.[9] 이는 다시금 스스로 지불 불능이 될 수 없는 중앙은행에 의해 어느 정도 통제될 수 있다. 그러나 이에 대해 체계 자체에 어떠한 기준이 있는지는 의문스럽다—체계의 미래 전망을 정상화하는 단순한 의도를 도외시한다면 말이다.[10] 어쨌든 화폐에 대한 중앙 집권적 보장의 단순한 필요성(이는 중앙은행에 의해 지불 불능이 지불 능력으로 전환되는 임의성과 다를 바 없다)은 아직 그것을 실행하기 위한 어떤 기준도 아니다. 그리고 균형 이론에 의한, 다변수 최적화 모델에 의한 이론적 또는 정치적 지침도 경제적 자기준거의 탈동어반복화일 뿐이다. 즉 자기준거를 계속 기록하기 위한 체계 역사(=자료)의 해석일 뿐이라는 것이다.

순환성이라는 단지 구조적인 은유보다 더 중요한 것은 지불의 사건성과 그 가능성의 재생에 의해 **시간이 체계에 장착된다**는 점이다. 사람들은 심지어 경제는 지속적으로 시간 획득을 위해, 시간을 '언제나의' 형태로 사용하기 위해 자본을 형성한다고 말할 수 있다. 이런 식으로 체계는 고유의 미래/과거라는 관점을, 고유의 시간 지평을, 고유의 시간 압박을 발전시킨다. 사람들은 이 체계 시간이 체계의 생태적 또는 사회적 환경에서 일어나는 과정의 시간성과 일치한다고 전제할 수 없다. 이 점에서도 제한된 반향 능력이 존재한다. 예를 들어, 화석 연료가 급격히 줄어든다 하더라도 다른 에너지원으로 전환하는 것은 '지금은 여전히' 수익성이 없을 수 있다. 걱정에 싸인 생태학자는 무엇보다도 이러한 시간 손실을 한탄한다. 자연의 점진적 고갈이나 임박한 정치적 선거는 경제학적 계산에서 중요할 수 있다. 하지만 무엇을 할지 안 할지는 경제 고유의 조건에 따라 경제에서 결정된다.

지불 능력과 지불 불능의 연속이라는 시간을 요구하는 이중 순환을 유지하는 것이 이처럼 어려운 조건에서 사람들은 체계가 자기 자신과 관계할 일을 이미 충분히 갖고 있다고 가정해도 좋을 것이다. 따라서 환경 문제에 대한 반향은 생태적 위험이 이 이중 순환 속으로 들어올 때에만 가능하다―사람들이 환경 문제에서 돈벌이 가능성을 발견하고, 새로운 시장을 개척하고, 새롭거나 옮겨온 구매력을 생산하고, 특히 가격을 올려 시장에서 관철시키든, 사람들이 비생산적 지불을 수행하고 지불 불능을 높여 이를 다른 이에게 전달하든 간에. 경제는 이 두 가지 가능성 모두를 실현해야 한다. 경제는 더 많은 화폐를 유통함으로써 둘 모두를 나란히 증대시킬 수 있다. 그 밖에 경제가 균형을 성취한다거나 복지 기능을 최적화할 수 있다는 것과 같은 고유의 이론에 내포된 (허구적인 것으로서 판명된) 기대를 충족시킬지는 매우 의심스럽다. 사람들은 (1) 지불을 이익이 남게 선별하는 것, (2) 공적 지출에 자금을 대는 것, (3) 고용을 창출하는 것이 재화와 욕구의 매우 넓은 눈금판을 넘어 대규모로 계속 성공한다는 것에 놀라도 좋을 것이다.

그리하여 경제체계가 생태적 의미에서(말하자면 인간과도, 나머지 사회와도 구분되어) 환경에 대해 특별한 관심이 있다는 관념은 고유의 작동을 연계시킬 수 있는 가능성에 의해 제한되어 있다. 디터 벤더(Dieter Bender)는 환경을 이러한 의미에서 예컨대 "경제적 생산 및 소비 과정의 개별 참가자에게서 이익의 물결을 일으키는 모든 천연의 비생산적인 재화와 서비스의 총체"[11]라고 정의한다. 이러한 정의는—그것이 흐름의 방향을 암시함에도 불구하고—쓰레기의 수용을 포함한다. 왜냐하면 이를 통해서도 이익이 경제체계로 들어올 수 있기 때문이다. 하지만 이 정의는 처음부터 경제 내적 작동과의 호환성을 목표로 삼았지 환경의 특색과 같은 것을 목표로 삼지는 않았다. 그 밖에도 그것은 성급한 균등화를 통해 수준의 문제나 양의 문제 및 배당의 문제를 분리하고 따로따로 결정하는 환경 경제의 아주 전형적 어려움을 은폐한다.[12] 이 모든 것은 전혀 결점이 없으며, 비판받을 수 있는 어떤 협소함도 없다. 그것은 오히려 경제체계가 자기 스스로를 내적으로 자기 환경과의 차이에 정향시킬 수 있는 조건이다. 그럼에도 이런 점에서 있을 수 있는 반향의 한계가 나타남은 물론이다.

환경을 이러한 형태로 경제에 들여오는 것과 양 및 이익의 계산을 통해 내재화하는 것이 성공하는 한에서만 중농주의자의 재산 이론이 예견했던 것처럼 환경을 세심하게 다루는 경제적 모티브가 존재할 수 있다.

그렇다면 환경 사실과 환경 사건에 대한 반향은 가격과 가격에 대한 영향에 의해 조정된다. 한편으로 가격은 환경 기회의 발견을 위한 비판적 도구이다. 가격이 오르면, 환경으로부터 재료와 에너지의 추출을 포함한 생산 증가의 기회가 발생한다. 가격이 내리면, 사람들은 더 이상 이익이 나지 않는 활동을 중단한다. 그렇지만 낮은 이익도 생산을 촉진하는데, 희미하고 시장에 의해 인지되지 못한 파국적인 결과를 지닌 위험의 경우에도 그러하다. 그리고 그와 같은 결과에 대한 기업 책임이 존재한다 하더라도, 결과를 무시하는 것은 경제적으로 합리적일 것이다. 이는 많이 토의해왔던 내적 이익과 외적 비용의 비대칭에 속하지만, 문제를 비용을 내재화하도록 강요함으로써 해결하는 것이 항상 가능하지 않다는 것을 동시에 보여준다.

체계의 자기 조절이라는 시각을 대변하는 경제 이론은 생태적 적응의 가능성과 관련해 모델 이론적 고찰에 근거해 상대적으로 낙관적인 입장을 취한다.[13] 이 이론은 자기 조절이 오직 가격에 의해서 결정된다고 가정하고, 정보의 최선의 분배를 마찬가지로 환경을 통해 실현한다고 가정한다. 그렇다면 사람들은 말할 수 있다. 수요로부터 나오는 가격에 의해—좀더 도발적으로 말하면—시장에서 관철할 수 있는 가격에 의해서라고. 그렇지만 이것은 이미 언급했듯이 가격을 통해 표현되는 필요의 정도에 따라 생산을—어쨌든 지금까지는—단순하게 증가 가능한 것으로 간주하는 체계 내적 과정에 대한 체계 내적 이론이다. 이때 환경 조건은 지금 기술적으로 가능한 것과 경제적으로 수익성 있는 것의 한계로서만 고려된다.

사람들은 경제 이론의 개념상 환경보호의 한계 효용과 한계 비용은 상쇄되어야 한다고 간명하게 표현할 수 있으며,[14] 이러한 방식으로 경제체계의 반향 능력을 가능케 하고 제한하는 원칙을 정할 수도 있다. 그다음에는 여전히 가능할 수 없는 측정 문제와 책임 소재라는 실천적 문제가 남는다. 그러나 무엇보다도 유의해야 할 것은 경제체계의 결정 단위들은 결코 전체 체계에 대해 결정하지 않고, 그 대신 경제체계의 '내적' 환경, 즉 시장에 정향한다는 사실이다.[15] 이 내적 환경은 철저하게 사전에 여과되어 있어 전체 생태적이며 환경과 관련한 결정 규칙은 어디에서도 적용된 것을 발견할 수 없다. 그리고 정치적-법적인 것과 같은 외적인 데이터 규정에 의해 가격을 조작해서 부분 체계가 생산과 소비에 대해 마치 그것이 생태적-경제적 한계 효용에 정향하는 것처럼 결정하는 게 성공할 수 있을 거라고 생각하기는 어렵다. 사람들이 그와 같은 외적 규정의 필요에 근거한다면—이 필요는 오늘날 논란의 대상이 아닐 수도 있다—정치체계는 양(量)(수용 가능한 환경 오염의 양이나 수준, 나아가 경우에 따라서는 재생 불가능한 자원의 최종적 소비의 양이나 비용 형태의 부정적인 양)을 정하고 경제체계는 이 양의 최적의 분배와 이용에만 신경 쓰면 된다는 관념이 나타난다.[16] 만약 내가 옳게 보고 있다면, 이는 시장경제와 양립 가능한 것으로 여겨진다. 하지만 이게 옳을까?

이를 고려하고 경우에 따라 결정하기 위해 우리는 부족의 역설이라는 경제의 일반적 코드-역설로 되돌아간다. 그것의 본질은 부족한 재화를 사용해 부족을 해소하는 것은 부족을 증가시킨다는 데 있다. 이 역설은 시장 특유의 방식으로 전체 경제적인 성공, 특히 성장에 의해 보이지 않게 된다(보이지 않는 손). 사람들은 이를 위해 이른바 '외적인 비용'을 감수한다. 반대로 양(量) 결정과 배당 결정의 차이에 근거한다면, 사람들은 **그 대신** 탈역설화의 다르면서도 기능적으로 등가인 형태, 다시 말해 특유한 차이 곧 위계를 선택한다. 시장은 바로 양 결정과 배당 결정의 차이를 은폐하는 데 이용되었다. 위계화에 의해 이 차이는 분명해졌다. 또 이것이 뜻하는 바는 사람들이 위계적인 탈역설화가 지닌 전형적 문제를 책임지게 되고, 많은 장소에서 더글러스 호프스태터(Douglas Hofstadter)가 "엉킨 위계" 또는 "이상한 고리"라고 부르는 것을 상대해야 하는 책임을 갖게 된다는 것이다.[17] 사람들은 하나의 수준에서 작업한다고 생각하지만, 부지중에 다른 차원에 있는 자신을 발견한다. 사람들은 이미 양의 결정을 통해 배당 과정에 개입하거나, 아니면 배당의 종류를 통해 양의 지침을 바꿀 수밖에 없는 이유를 만들어낸다.[18] 이로써 말하고자 하는 바는 이것이 매우 나쁜 것이거나 해결 불가능한 난점을 초래하리라는 것이 아니다. 논리로 인해 좌절한 체계는 아직 없다. 그러나 사람들은 시장과 비교해 이제 탈역설화의 다른 전략을, 그것도 상당할 정도로 구조의 모순과 결정을 노출시키는 전략을 사용한 결과가 어떠할지 명확히 알아야 할 것이다.[19]

마지막으로, 외재화한 비용을 경제적 분석에 다시 관련시키고, 경제적 행위의 환경에 미친 결과를 가시화하고 결정하도록 하는 가능성을 발견하기 위해 투입/산출 모델에 정향하는 아주 다른 종류의 이론적 관점에도 눈길을 줄 필요가 있다. 그리하여 경제학적 문헌 일부에서는 경제체계의 목적을 경제적 행위의 생태적 부수 결과로까지 확장해야만 한다고 요구한다.[20] 그렇지만 이때 식별해야 할 것은 폐쇄된 자기생산적 체계로서 목적하는 산출에 정향하지 않기 때문에 경제체계 자체는 어떠한 목적도 가지고 있지 않다는 사실이다. 그러므로 생산 조직이 환경보호를 부수적 목적으로 고려한다는 점은 생각할 수 있다. 특히 생산 조직이 경영자에 의해 운영되면서 주주 친화적이며 주가에 정향한 배당금 정책에 대한 어떤 절박한 동인(動因)도 보지 않는다면 말이다. 마찬가지로 소비자도 믿을 수 있다면 다른 비누보다 환경 친화적인 비누를 위해 더 많이 지불할 용의가 있을 수 있다. 이러한 방식으로 경제적 행동은 생태적으로 바람직한 의미에서 바뀔 수 있다―경제 내부에서 생산 비용, 즉 세금(!) 또는 재화 선호에 영향을 미치지 않는다면 물론 바뀌지 않는다.[21] 이런 측면에서 생태적 계몽, 인과관계의 더 나은 명료성 및 '의식 변화' 또는 '가치 변화'를 계산하고 행동하는 것은 정말 의미 있을 수 있다. 하지만 그와 같은 변화가 경제에서 얼마나 작용할지 그리고 아직 알려지지 않은 어떤 부수 결과를 유발할지는 이로써 아직 결정된 것은 아니다.

정보의 경제적 진행 과정의 이러한 자기준거적 특성은 문제가 비용의 형태를 띠도록 만든다.[22] 따라서 문제는 적절한 지불을 행하느냐 아니냐는 것이 경제적으로 합리적인지 여부에 대해 결정하는 계산의 구성 요소가 된다. 이러한 형태로 체계는 해결 가능한 문제와 해결 불가능한(재정 지원을 할 수 없는 혹은 수익성 없이 재정 지원을 해야 하는) 문제를 구분한다. 이런 점에서 결과뿐만 아니라 전망 자체는 사회에서 전반적으로 문제인 채로 남아 있다.[23] 비용의 지불을 거절하는 것이 부도난 금액을 지불 불능의 연속적 순환으로 옮겨놓으면서 이에 과도한 부담을 줄 수 있기 때문에 결과는 문제인 채로 남아 있다. 문제에 대한 정의(定義)가 비용 개념 및 지불/비지불의 도식으로서는 문제가 지닌 문제성의 모든 측면을 포괄하지 못하기 때문에 전망은 문제인 채로 남아 있다. 법의 조건적 프로그램에서와 마찬가지로 관건은 고도로 구조화된 복잡성과 관계할 때의 독특한 기법, 곧 자신의 기준점을 매우 일면적으로 선택하는 데 근거한 상당히 효율적이며 더 나은 것을 생각할 수 없는 기법이다. 이때 다른 곳과 마찬가지로 여기서도 문제 해결은 결코 결과에 대해 중립적이지 않다. 그 때문에 경제의 의해 초래된 문제는 비(非)해결뿐만 아니라 해결도 사회의 다른 영역에서 문제가 된다.

이미 경제의 대상 영역이 이처럼 매우 선택적으로 반향하기 때문에 가격/비용/생산 관계의 이론도 우리 사회체계의 생태적 위험에 대한 평가를 위해서는 자격이 없으며, 이 문제에 대한 정치적 조언을 위해서도 전혀 자격이 없다. 그렇지만 그것은 경제체계의 자기 결정적 반향 능력과 그것의 자기준거적 폐쇄성이라는 좋은 인상을 전달한다. 원칙에 따르면, 그 이론의 정보는 경제적으로 가능하지 않는 것은 경제적으로 가능하지 않다는 내용을 항상 담고 있다. 이는 정말로 옳으며, 필요한 조건을 바꾸면 모든 체계에서, 정치에서조차 옳다고 할 수 있다. 경제에 관한 한 질문은 따라서 항상 다음과 같을 것이다. 어떤 가격으로 지불 능력이 계속 이어질 수 있는가? 그리고 동시에 지불 불능까지 전가되는 것을 어떻게 성취할 수 있는가? 이 메커니즘을 통해서만 경제의 자기생산과 반향과 이해 불가하고 소란스러운 환경의 자기생산과 회복의 지속이 이 과정으로 결합된다.

경제에 관한 한 생태적 문제점의 열쇠는 가격이라는 언어에 있다. 이 언어를 통해 가격이 변하거나 변하지 않거나 경제에서 일어나는 모든 게 미리 여과된다. 이 언어로 표현하지 못하는 교란에 대해 경제는 반응할 수 없다—사회의 분화독립화된 기능체계들이 온전한 구조를 가진다면 어떤 경우든 반응할 수 없다. 따라서 대안은 근대 사회의 체계에서 예상할 수 없는 결과를 초래할 화폐 경제의 파괴이다.

하지만 가격에 대한 이러한 구조적 제한은 단점만은 아니며, 다른 가능성에 대한 포기만도 아니다. 이 제한은 가격으로 표현할 수 있다면 문제를 **체계에서 처리하지 않으면 안 된다**는 것을 동시에 **보장한다**. 늘 그렇듯 복잡성의 축소와 증대는 함께 작동한다. 그리고 반향 능력에 대한 그와 같은 제한이 없다면, 환경 충격에 대한 반응이 지닌 폭넓고 대안 풍부한 가능성이 도대체 어떻게 구축될 수 있는지를 보는 것은 어려운 일이다. 그렇지 않다면 사람들은 어떤 나무도 더 이상 그곳에 있지 않다는 것을 확인해야 하는 벌목꾼의 단순한 상황에 처해 있는 것 아닐까?

II

법

오늘날 생태-정치적 토론에서 인상적이면서도 두드러진 것은 가격 언어에 규범 언어가 대립되어 있다는 사실이다.[1] 이는 사회와 국가라는 옛 구분에 상응하며, 생태적 위험에 대한 반응에 있어서 유일한 대안을 암시한다. 그렇다면 성급할지 모르지만 결론은 가격 언어로 표현할 수 없는 것은 규범 언어로 표현해야 한다는 것이다. 경제가 자발적으로 가져오지 못하는 것은 정치가 자체의 법적 수단을 사용해 관철하지 않으면 안 된다. 그렇다면 결국 생태적 문제는 정치적 부분 책임의 형태를 띠고, 이 부분 책임은 돌연 주경 및 야경 국가의 전체 책임이된다.

그런데 이 대안은 너무나 단순하게 작성되었고, 결과적으로 정치에게 실행할 수 있는 것보다 더 많은 것을 요구하게끔 만들었다. 이는 회피할 수 있는 실망을 가져올 뿐만 아니라 충족할 수 없는 요구로 인한 정치체계의 과잉 부담 및 주의력의 기능 장애를 초래한다. 그럴 경우 정치는 말뿐인 정치가 될 수밖에 없으며 성급한 사이비 해결책을 제공하거나, 문제를 연기하거나, 아니면 시간을 벌기 위해 노력하지 않으면 안 된다. 이는 오늘날 이미—다른 모든 체계와 마찬가지로 이 체계 역시 자체의 고유한 자기생산의 고유 주파수라는 틀 안에서만 반향 가능하다는 것을 이해하도록 하는 대신—정치에 대한 철저한 실망을 점점 더 많이 초래하고 있다.

우리는 과잉 정치화로 그리고 그 결과 정치적 대실패로의 경향을 띤 이러한 시각의 사고(思考) 전제를 이미 포기했으며, 그것을 기능적으로 분화된 사회체계라는 논제로 대체했다. 이것은 우선—이렇게 우리는 시작했다—정치는 경제와 마찬가지로 사회의 한 부분 체계에 불과한 것이지 결코 사회 그 자체가 아니라는 사실을 의미한다. 나아가 이것은 사람들이 법을 위한 기능체계와 정치를 위한 기능체계를 보통보다 더 분명하게 구분해야 한다는 사실을 의미한다. 법은—입법이 전형적으로 정치적 사전 타협을 요구하기 때문에—정치와 깊은 관계에 놓여 있기는 하다. 그것은 도처에서 정치적으로 민감한 체계이며 특히 이런 측면에서 반향 가능한 체계이지만, 그럼에도 법 특성에 근거해서만 법을, 규범에 근거해서만 규범을 만들어낼 수 있으며 재판 기관에서 자신의 자기생산 조건이 엄수되는 것을 감시하는, 자기준거적으로 폐쇄적인 체계이다.[2]

법체계는 합법과 불법의 차이에 의해 코드화되어 있으며, 어떤 다른 체계도 이 코드 아래서 작업하지 않는다는 사실을 통해 자신의 작동적 폐쇄성을 획득한다. 법체계의 양가치적 코드화에 의해 합법적이면 합법적이지 불법적이지 않다는 확실성이 생겨난다. 그렇다면 법의 불확실성은 원칙적으로 제거할 수 있는 형태로, 즉 법체계 자체에서 내려질 수 있는 결정과의 연관성 속에서 존재할 뿐이다. 그렇지만 이 확실성은 사회 내부에서 법체계만이 합법과 불법에 대해 판단하고, 아울러 이것이 신분이나 계층 그리고 재산이나 정치적 편의에 의해 좌우될 수 없을 때에만 성취될 수 있다. 그 밖에도 사회의 유일한 체계만이 이 코드의 사용을 허락받고 있다.[3] 어떤 다른 체계도 이 코드를 사용하지 않기 때문에 법체계는 합법도 불법도 투입하거나 산출할 수 없다. 그것은 매번 무엇이 합법이고 무엇이 불법인지를 나머지의 사회(자신의 사회적 환경)에게가 아니라 오직 자기 자신에게만 말한다. 의심의 여지 없는 법의 사회적 효과는 이것이 **법체계 내에서** 일어난다는 사실에 근거한다.[4]

법체계에서 그때그때마다 이 두 가능성 중 하나만이 존재하고 제3의 가능성은 배제되어 있기 때문에 이 도식은 완전한 세계 묘사를 포함한다.[5] 그렇다면 작동의 실행을 위해서, 사건마다의 규범적 특성의 재생산을 위해서 단지 필요한 것은 그때그때마다 합법에 관한 것인지, 아니면 불법에 관한 것인지에 대한 확정이다. 다르게 말하면 올바른 결정의 조건을 규정하는 법 규범적인 프로그램이 추가되어야 한다는 것이다. 이 프로그램은 법률이나 법령에서, 조례나 직무 규정에서, 재판의 판결이나 계약에서도 발견될 수 있다. 프로그램화라는 이 차원에서 체계는 동시에 폐쇄되어 있기도 하고 개방되어 있기도 하다. 그것은 규범 특성을 오직 규범으로부터만 획득할 수 있는 한(사람들이 추론 과정이나 논증의 논리적 성질을 어떻게 평가하든) 폐쇄적이며, 그것은 이때 인지적 관점이 역할을 수행하는 한 개방적이다. 인지는 환경 정향을 위해서는 물론 체계의 자기 정향을 위해서도 필요하며, 규범을 적용하기 위한 실제적 조건의 확인을 위해서는 물론 규범 자체의 적절성 또는 변경 필요성의 판단을 위해서도 필요하다. 말하자면 체계는 환경 조건과 그것의 있을 법한 변화에 대해 전적으로 '마음이 열린 상태로' 작동한다. 그것은 학습할 수 있다. 그럼에도 불구하고 체계의 자기생산은 항상 이전에 미리 사용되고 있어야 한다. 즉 체계의 자기생산은 합법과 불법의 차이에 따라서 그리고 법 프로그램에 의거해 처리되어야 한다는 것이다. 그렇지 않을 경우 문제가 정말로 법적 사건에 관한 것인지를 누구도 인식하지 못한다는 바로 그 이유 때문에 그러하다.

따라서 코드는 여기에서도 보완의 필요성 때문에 체계를 고도로 복잡한 프로그램 구조의 구축으로 몰아넣는 자동 촉매적 요인이다. 이러한 프로그램도 단지 내적 구조로서 체계의 내적 과정에 영향을 미친다. 오직 프로그램에 의거해 체계는 자체의 환경을 인식할 수 있다—프로그램의 변경에 의해서만 제거되는 교란적인 소란을 통해서든. 이는 법의 사회적 기능, 바꾸어 말하면 갈등의 예방책을 마련하고 실망의 경우에도 안정적 기대를 마련하기 위해 애쓰는 법의 사회 내적 기능과 상응한다. 이때 사회체계의 환경은 경우에 따라 갈등의 원인으로서 (그와 함께 갈등의 예방책의 원인으로서) 고려된다. 환경은 '소란'을 통해 순조롭고 익숙해진 기대 충족을 교란한다. 그리고 이러한 우발적 사태를 일부는 경제적 문제로, 일부는 법적 문제로 변형시키는 것은 많은 점에 있어서 재산의 기능이다.

그런 까닭에 법적 사고의 근본 표현은 법체계에서 **사회적** 질서의 염원을(그런데 이는 너무나 자명한 방식이어서 사람들은 이것이 구조의 선택이며, 다수의 가능한 질서 관념들로부터의 선별이라는 사실을 거의 알아차리지 못한다) 대표한다. 이는 상호성, 교환과 분배 및 이를 위해 필요한 조건의 일반화 그리고 정언적 명령에 이르기까지 모든 표현에도 적용된다. 마찬가지로 그것은 시민혁명 이래로 존재하는 자유와 자유 제한의 의미론에도 적용된다. 법의 질서 관념은 사회 **내적인** 관계와 관련이 있으며, 사람들이 이 점에 대해 법률가들에게 가르쳐주는 게 필요하다고 여긴다면 그들은 깜짝 놀랄 것이다.

그런데 생태적 토론이야말로 이에 대한 모든 원인을 제공한다. 요컨대 법 역시도 자체의 고유하고 체계 특수적인 방식으로 자신의 환경에 의해 초래된 사회의 위험에 반응하며, 어떤 것도 위험의 관점에서 적절한 균형이나 반응의 인과적 성공을 사전에 보장하지 않는다는 것이다. 법이 자체 코드를 프로그램화하는, 바꾸어 말해 올바른 행위의 조건으로 변형하는 형태는 미래 완료 시제(modo futuri exacti)로 시작된다. 그 형태는 스스로를 미래의 과거로서 생각한다. 이로부터 자유에 대한 법의 저 깊은 관계가 결과로서 나온다. 사람들은 사건이 일어나도록 하며, 그것이 일어나면 어떻게 처리되는지를 규정할 뿐이다. 법의 기본 형태는 따라서 아무리 사람들이 환경법에서조차 '목표'에 대해 말한다 해도 조건적 프로그램인 채로 남아 있다. 법이 모든 인과 요인을 통제하거나 진행 과정을 법적으로 미리 결정해버리는 것을 전혀 시도할 수 없다는 사실은 의미심장하다. 사람들은 목적의 관점에서 정치적으로 결정하고 법을 제정하며 법 제정을 목적에 대한 수단으로 정당화하기는 하지만, 여기에서 인과적 진술을 보는 것은 오류일 것이다. 어느 정도의 개연성을 가지고 법이 자체의 정치적 목적 달성에 기여하는지는 **다른** 요인들에 달려 있는 질문이다. 법적으로 볼 때 단지 문제는 갈등의 경우 일어나는 것이 무엇이냐는 질문에 대한 답변의 명료성과 분명함에 관한 것이며, 그와 관련해 예상되는 기대를 형성할 수 있는 가능성에 관한 것이다.

사람들은 법적 규정의 이러한 형태를 이데올로기적으로 볼 때 자유의 보호로서, 더 나아가 자유의 약속으로서 선언할 수 있다. 좀더 중립적으로 보면 관건은 고도로 구조화된 복잡성과 관계를 형성하는 독특한 기법이다. 실제적으로 이러한 기법은 끝이 없으며 순환적인 법의 새로운 편집을 요구한다. 요컨대 사람들은 행동하는 것과 어떻게 어떤 결과가 나타나는지 기다리는 것을 전제한다. 뚜렷이 나타난다면 이 결과를 문제로서 인지하고, 법에서는 물론 정치에서도 새로운 규정에 대한 계기를 부여할 수 있다. 결과가 그 규정으로 소급되는지, 된다면 얼마나 그러한지에 대해 대부분은 결코 확인할 수 없게끔 하는 의외의 결과가 또다시 존재할 것이다. 또다시 새로운 규정에 대한 계기, 또다시 기다림, 또다시 결과, 또다시 문제, 또다시 규정……. 이때 이른바 예견은 과정이 계속 유지되도록 하는 중요한 보조 동인이다. 그것의 결과는 법체계 자체에 내재하는 고도의, 역사적으로만 이해할 수 있는 복잡성이다.

생태적 문제들을 다룰 때에도 법은 자신의 고유 기능에, 걸맞은 복잡성 기술에, 무엇보다도 자신의 편에서 복잡성과의 이러한 관계를 프로그램화하는 고유의 구분에 속박되어 있다. 환경법이라는 장치를 이미 본격적으로 진행하면 할수록, 사람들은 이를 더욱더 분명하게 볼 수 있다.[6] 이때 문제는 법의 역사적 사실로부터는(이것이 없다면 법은 절대로 존재하지 않을 것이며, 따라서 반응할 수도 없을 것이다) 물론 그것의 사회적이고 기능적인 특화로부터도 발생한다.

생태적 문제 제기가 등장했을 때 새로운 규정의 망으로 설치하고 조형화할 수 있는, 아직 발견되지 않은 땅과 같은 무법의 공간은 존재하지 않았다. 사회의 한 법체계만이 존재하며 그것은 항상 이미 그곳에 있었다. 법 자체는 늘 이미 완성되어 있으며 단지 변경될 수 있을 뿐이다. 결과적으로 '환경법'은 새로운 종류의 (또는 단지 약간 수정한) 문제 제기를 가지고 공간질서법, 관할법, 경찰법, 영업법, 세법, 헌법 등과 같은 일상적 법 영역으로 파고들어간다.[7] 그와 같은 편입이 성공하지 않는 한 새롭게 바뀐 것은 추상적인 채로, 단순한 문제의식인 채로 남아 있다. 지금 토론하고 있는 '환경 감당 시험'은 새로운 개념 또는 사법적인 발명처럼 여겨지지만, 그렇다 하더라도 그것은 더 나은 조화라는 관념 및 여태까지의 체계화와는 반대로 파악하고 재조직화해야 하는 몇몇 법 영역에서 현존하는 규정의 있을 법한 적용이라는 생각과 다를 바 없다. 법의 모든 계속적 발전은 그에 상응하는 출발 위치에 구속되어 있으며 다른 규정이 존속하고 있다는 점을 염두에 두어야 한다. 그렇지 않다면 사람들은 법 코드를 비교적 일관되고 모순 없이 다룬다는 생각을 포기해야 할 것이다.

마찬가지로 불가항력적으로 눈길을 끄는 것은 법이 사회적 규정으로서만 발전할 수 있다는 사실이다. 이에 적합한 기준 표현은 변할 수도 있다—가령 상호성으로부터 시작해 계약을 거쳐서 이익 고려 및 신용 보호에 이르기까지 또는 자유권 및 자유 제한에 대한 수많은 새로운 정당화를 거쳐서(이때 자유가 자체의 제한 필연성을 감지할 수 있게끔 하는 것처럼 제한에 대한 필요는 자유의 안출을 초래할 수 있다). 그 결과 자유권과 강제 규정의 구분은—이 구분 자체가 결코 환경과 연관되어 있지 않음에도 불구하고[8]—법률적 환경 논의의 지배적 틀이 된다.[9] 우리는 '환경'에 사회에 대항하는 권리를 인정하고, 나무를 법적 자격이 있는 것으로 간주하거나 합법적 소각에 의해 발생한 다이옥신을 그 독성 때문에 처벌하자고 할 리 만무하다. 그 대신에 우리는 우리가 주체적 권리의 광범위한 체계를 가지고 특별 영역('자신의 집')에 대한 처분을 개인화할 뿐만 아니라, 동시에 달라진 조건 아래서 자신과의 연관성에 대한 평가 및 이 의향을 판매할 의향까지 포함한 리스크를 수용할 의향을 개인적 권리를 가진 소유자에게 떠넘기는 그러한 문제를 가지고 있다. 확실한 것은 법이 자유를 제한함으로써 예방책을 강구할 수 있다는 사실이다. 그렇지만 문제가 허용과 제한이라는 이러한 조직 방식이 사회에서 생태적 위험에 대한 반항을 생성하는 것에 관한 것이라면, 관건은 헌법 및 통상적 법률에 의한 통제 아래서 어떤 영향을 미치느냐 하는 것이다.

이처럼 내적 목적에 의거해 발전한 개념으로 환경 문제에 반응해야 한다면, 사법적 범주화가 원칙적으로 부적절하다는 것을 예상할 수 있다. 법체계와 그것의 법률 및 교의적 이론이 다방면으로 학습 가능성을 입증했음에도 불구하고 이러한 부조화는 제거되지 않을 것이다. 왜냐하면 체계에서의 커뮤니케이션의 규정은 환경에 있어서 변화에 대한 자체의 반응과는 별개의 것이기 때문이다. 모든 체계와 마찬가지로 법체계 역시 고유의 구조에 의거해서만 반향 가능하다.

이에 대한 사회학적으로 중요한 지표는 **자의성의 요소가 환경과 관련된 법적 결정에서 뚜렷하게 증가하고 있다**는 사실이다. 이는 적어도 세 측면에 있어서 유효하다.

1. 환경 자체가 어떤 결정도 제공하지 못하는 한계치, 임계 또는 측정 단위까지 규정할 필연성에 있어서.
2. 체계의 리스크 감수 또는 리스크 관용의 결정에 있어서. 이 결정 범위를 넘어설 경우 비용이나 심지어 금지까지 무시하면서 경우에 따라 안전장치를 사용한다.
3. 매우 이질적이고, 광범위한 영역에서 가격 메커니즘에 의해 잘못 조정되고, 흐트러져 있고, 숨겨져 있는 환경 변화의 결과와 연관된 선호의 확정에 있어서, 또는 인과관계의 간접성과 불투명성 때문에 즉각적으로 일치할 수 없는 관련 이익의 보호에 있어서도.

이 모두는 법체계에서 결코 완전히 새로운 문제 유형은 아니지만, 생태적 문제의식이 법을 압박하기 시작하는 정도에 따라 새로운 강도와 영향력을 획득한다. 자연이 문제가 되는 바로 그곳에서 자연권은 기능하지 않는다. 그리고 일종의 대체 자연권이라고 할 수 있는 합의도 성취될 수 없는 것으로 여겨진다. 이러한 종류의 문제를 보통의 사법적 사건 처리 방식에서 체계적으로 분해하고, 요인을 분석하고, 결국 만족스럽게 해결할 수 있을지도 마찬가지로 의심스럽다.

그리하여 자의성의 수위가 높아지는 것과 병행해 단지 외관상 모순적이며 모든 결정할 문제를 미해결인 채로 두면서 최소한 말의 차원에서 어떤 것이 일어날 것이라는 인상만을 불러일으키는 증명 불가능한 불명료성이 나타난다. 많은 다른 사례들에 비해 전형적이기 때문에 우리는 그 저자들을 비난하지 않으면서 두 가지 사례를 뽑아낼 것이다. 하나의 예: "개별적 계획 담당자에게 구체화의 여지가 주어져 있는 한에 있어서, 환경보호에 원칙적으로 어느 정도 우위를 인정하는 것은 권고할 만하다." 다른 예: "그들의(행정의) 과제는 일반적인 공적 이익과 개별적 관심사 사이의 균형을 추구하고, 환경보호의 요구와 일치시키는 것이다."[10] '균형', '신중한 검토', '적절성' 같은 상투어들은 자의적으로만 실행될 수 있다. 법이 그와 같은 상투어로 후퇴한다면, 기술적 정보에 의거한 자의성은 가장 나쁜 해결책은 아니지만 특별히 사법적인 어떤 해결책도 아니다.[11]

공허한 주장에서 자의적 편집에 이르기까지 이는 논증을 위한 모든 시각이 사법적 실천의 일상적 의미에서 문제를 히드라처럼 늘리고 증폭시켜 원점으로 되돌아가게끔 하는 것을 개연성 있게 만든다. 그와 같은 가능성은 무엇보다도 리스크와 관련된 문제에서 두드러지게 나타난다. 예상된 유용성을 최대화하려는 일상적 결정 규칙은 리스크를 최소화하는 가운데[12] 좌절된다. 그것은 어차피 개연성과 관련해 어떠한 불확실성도 존재하지 않는 드문 경우에서만 적합했다. 일반적 원칙으로서 그것은 너무나 리스크가 높다.[13] 그리하여 경험적 연구는 리스크 감수 용의가 매우 개별적인 인물 특징에, 사회적 체계에, 상황적 조건에 그리고 방금 진행한 경험에 의존하기 때문에[14] 관용의 경계를 확정할 때마다 자의적으로만 실행될 수 있다는 사실도 분명하게 보여준다. 드물지 않게 리스크는 그 자체로서 평가받고 추구된다.[15] 그 밖에 높은 비개연성의 경우 주관적 요소도 역시 비개연성의 평가에서 늘어난다.[16] 여기에서도 문제는 복잡성이다. 상이한 리스크 감수 용의는 합산되지 않는다. 그리고 그것은 상당한 정도로 자발성에 근거하고 있다. 그 때문에 그것은 법의 형태를 띤 요구에 의해 지양되지는 않는다 하더라도 변화한다. 사람들은 조정할 수는 있지만 자의적으로만 그럴 수 있다. 그런데 비용 상황이 조정 자체에 의해 변하지 않는다면 조정할 수 없다. 바꾸어 말하면 중앙집중적으로 조사하고 확정된 리스크 평가와 리스크 관용은 불가피하며,[17] 합의에 근거할 수 있는 것이 아니라 오히려 그럴 경우 리스크를 감수하는 용의를 자동적으로 줄이는 어떤 것을 기대해야 한다는 것이다.

물론 법률가는 사람들이 어떻게 리스크 평가에 이르게 되는지 질문조차 제기하지 않는다. 그에게 경험적 리스크 연구는 얼마나 합리적인 결정 모델인지와 마찬가지로 중요하지 않다. 그는 스스로 발견한 준칙에 따라 스스로 결정해야 한다. 그 때문에 어떤 생각할 수 있는 잔여 리스크는 회피할 수 없다는 것, 다시 말해 용인해야 한다는 것을 실제에서나 이론에서나 인정한다. 이에 대한 증명은 물론 영향을 미치기는 하지만 별 도움이 되지 않는다. 사람들은 '불가피성'으로부터 '사회적 적절성'을 적절히 추론할 수 없다. 하지만 실천적으로 역시 어찌할 바 모르는 '윤리학'에 대한 주의 환기도 더 이상 도움이 되지 않는다. 왜냐하면 윤리학은 스스로 이성에 의지해야 하는데, 그렇다면 이성은 '자기 스스로를 돕지' 않으면 안 되기 때문이다.[18]

윤리적 책임성이 나타나는 규칙으로서 '재화 형평성' 원칙에 대한 다른 고찰도 마찬가지로 미해결인 채로 끝난다.[19] 그 결과 갈등 사안에서 예상된 기대를 보장하는 법의 기능을 여전히 완수하지 못한다. 규칙은 개별 사안에서 결정을 참조한다. 말하자면 법원이 사태에 대한 신중한 검토 후 결정하리라고 예상할 뿐이라는 것이다. 따라서 논증의 진행 과정은 결국 사법적 결정의 자기 타당화를 다수의 단계들로 나누는 것에 불과하다.

사람들은 의도하거나 의도하지 않은 결과가 나타나는 확률을 결정하려 할 수 있다. 이때 법적인 규정은 실험 방법과 긍정적 또는 부정적 오차 확정의 확률에 대한 통계적 통제를 선택하는 데 이르기까지 범위를 넓힐 수 있다.[20] 확률에 대한 충분한 결정이 성공한다면, 결정 이론의 언어에서는 더 이상 불확실성이 아니라 좀더 엄밀한 의미에서 리스크만이 존재할 것이다.[21] 하지만 리스크 수용의 문제는 이로써 결코 해결되지 못하며, 오히려 더욱더 격렬하게 제기된다. 모두가 확률에 대한 상이한 평가에 근거한다는 사실, 또는 전체 문제가 미확정된 것에 달려 있다는 사실에 그 본질이 있는 합의의 장점은 없어진다. 그럴 경우 밝혀낼 수 있는 것은 긍정적 또는 부정적 리스크가 특정한 확률 아래서 수용될 수 있는지 여부에 대해 사람들이 합의할 수 없다는 사실밖에 없다.

사람들이 이 질문을 '거래'나 기대된 수익 또는 손실의 액수에 의존하게끔 만든다 하더라도, 이것 역시 도움이 되지 않는다. 왜냐하면 첫째, 그것들을 평가할 때 어떠한 합의에도 도달할 수 없을 것이며 둘째, 수익과 손실은 사회에서 차등적으로 분배될 것이기 때문이다.

사람들은 의향을 시장 형식으로 시험할지 숙고할지도 모른다. 현재 이 길을 가는 분명한 경향이 존재한다.[22] 예를 들어 불에 대한 높은 저항력을 보여주는 어린이 잠옷이 최고의 안전성을 가지면서도 발암 작용을 한다는 걸 배제할 수 없을 때처럼, 이는 수익과 가능한 손실의 장소를 충분히 확인할 수 있는 상관관계를 보일 경우 가능하다. 그렇다면 리스크를 공개하는 의무로 충분할지도 모른다. 하지만 분산되어 있고 환경을 통해 간접적으로 매개된 리스크의 경우, 생산자의 경제적 결정을 목표로 삼는 다른 형태를 추구해야 한다. 일관되게 실행된다면 이는 사람들이 타인에게 리스크를 생성하는 자로 하여금 그것에 대해 지불하도록 하거나, 그를 의무적으로 보험에 가입하도록 한다는 것을 의미할 뿐 아니라, 위험 속에서 사는 사람들이 그것에 대한 보상을 전적으로 이미 받고 있어야 한다는 것을 또한 의미할 것이다―비행장의 진입로나 원자력 발전소 근처의 토지 가격이 내려가는 것이 아니라, 일정하게 유지되거나 근심에 찬 지속적인 삶에 대한 보상으로 오르는 결과를 보이는 것처럼 말이다.[23]

이미 눈에 띄는 것은 **타인을 위한** 죽음의 리스크에 대비한 예방책이 지닌 경제적 한계가 일반적으로 받아들여지고 있다는 사실과 자기 죽음의 리스크가 돈으로 떠넘겨지는 것을 인정하는 게 어렵다는 사실이다. 여기에서 윤리적으로, 경우에 따라 법적으로 다르게 판결된다면 이는 전적으로 법적 판결의 경우 죽음의 위험을 떠맡는 이에게 결정이—즉 자유(!)가—요구되기 때문이다. 더욱이 그와 같은 자유는 수동적으로 내버려두는 것에 비해 경제적 목적으로 이용될 수 있을 것이다. 사람들은 거래할 수 있으며 가격을 올릴 수 있다. 리스크 감수 용의를 보상받는 정도에 따라 리스크에 대한 두려움은—적어도 거래 태도로서—벌이가 될 것이다. 그 밖에도 이러한 해결책은 만일의 승자 또는 패자를 (자기 자신을 위해 그리고 타인을 위해) 사전에 확인할 수 있다는 것을 전제한다. 그런데 이는 대개의 생태적 리스크의 경우 그것이 너무 넓고 너무 막연하게 퍼져 있기 때문에 보장받지 못한다. 마지막으로 법체계에서 리스크에 동의한 자가 재앙을 받았을 경우 그가 사전에 동의한 것에 대해 "그것은 당신 자신의 과오입니다, 조르주 당댕 씨"라고 하면서 속박하는 것을 용인할 수 있는지에 대한 질문이 제기된다. 만약 용인할 수 없다면, 이 계약 해지에 대한 전망은 미리 계산에 넣지 못할까?

　문제 처리의 첫 단계에서 이미 나타나는 이 문제에 덧붙여 문제의 체계적 분해, 조작화 및 요인화와 결부되어 있는 문제가 추가된다. 사람들은 측정법의 적합성에 대해서, 실험의 표현력에 대해서, 시뮬레이션 모델의 필수적인 변수에 대해서 다툴 것이다. 사람들은 리스크 평가라는 바로 그 문제에서 지속적으로 새로운 지식이나 선호의 변화를 예상해야 할 것이다. 아직은 그렇게 해롭지 않은 원자력 사고와 함께 모든 것을 새롭게 결정해야 한다.[24] 앞으로의 모든 연구는 엄격한 척도를 세운다면 우리가 생각했던 것보다 더 적은 것을 알게 된다는 결과가 나타날지도 모른다. 더군다나 이는 사실일 확률이 매우 높다.

마지막으로 우리의 주제와 부차적으로만 관련이 있지만 큰 실천적 의미를 지닌 문제를 언급해야 한다. 요컨대 새로운 기술을 도입하거나 사용하고 있는 기술을 금지할 때 항상 직접적인 사회적 리스크가 존재한다는 사실, 즉 환경의 인과관계의 연쇄에 의해서가 아니라 사회 내적으로 유발되는 정확하게 평가할 수 없는 직접적인 사회적 결과와의 관련성이 또한 존재한다는 사실이 그것이다.[25] 이런 부수적인 리스크에서조차도 평가주관주의가─이렇게 말해도 좋다면─비개연적 반응의 개연성이 반복된다.

이와 같은 문제에 직면해 '이성적인' 것이 어차피 합의 가능한 것 또는 합의 의무적인 것만을 뜻하는 곳에서 '이성적인' 해결책은 무엇을 의미하는가? 이성의 구조는 사회 **내적인** 문제와 연관되어 있었고, **사회적인 타협**이라는 문제를 향해 발전해왔다. 사회적 반응이 관건이라면, 사람들은 이런 점을 생태적 문제에서도 도외시할 수 없다. **하지만 문제성 자체의 본질은 타협에 있는 것이 아니라**, 그것만으로는 통제할 수 없는 체계/환경-관계에 있다. 그리하여 정치적 합의 찾기라는 고전적 전형은 무너진다. 해결책을 사적인 결정의 논쟁 종식적인 기능으로 보고자 하는 자유주의적 이론도, 인민이 원하는 것을 항상 이미 알고 있을 것이라는 점을 알고 있는 집단주의적 이론도 납득할 만한 대답을 내놓지 못하고 있다.

그럼에도 전형적인 법률가는 그와 같은 문제들을 어쨌든 "정치적으로 결정해야만 한다"는 묘책으로 위안을 삼고자 할 것이다. 마찬가지로 그들이 추천하는 '실천 규정'은 이러한 묘책의 단지 한 변형일 뿐이다. 합법과 불법의 코드에 의해 배제된 제3의 가치는, 다시 말해 어떤 순간 합법도 불법도 아닌 것은 법체계에서 이제 정치로서 나타난다. 그리하여 정치적 결정의 사법적 정당화는 배제된 3자가 체계로 재진입하는 결과를 초래한다. 법체계는 이런 방식으로 헌법 및 민주적 정당화를 매개로 정치가 법보다 문제를 더 잘 해결할 수 있다는 환상, 요컨대 객관적 처리를 위해 모든 자의성을 정치에 전가한 다음 법 규범으로서 재수입할 수 있다는 환상에 스스로를 빠뜨린다. 사람들은 '포함 및 배제된 3자'라는 이러한 논리적 기교에 감탄할지도 모른다.[26] 그러나 이는 한편으로 정치체계가 법을 여전히 자신의 실행 도구로서만 간주하는[27] 결과를 초래한다. 다른 한편으로 이는 법체계에서 특별히 사법적인 방식으로 결정해야 하는 그런 결정이 아니라, 도로교통에서 단지 좌측통행이냐 우측통행이냐를 확정하는 그런 결정을 점점 더 많이 내리는 결과를 초래한다.

꼭 환경법에서만은 아니지만, 이처럼 특별히 환경법에서 나타나는 자의성의 요소를 더 정확하게 분석하는 것은 이 경우 '사물의 본성'으로도, 이성적이며 정의롭게 생각하는 모든 사람의 일종의 기본 합의로도 되돌아갈 수 없다는 것을 매우 신속하게 보여줄 것이다. 이는 위에서 언급한 세 가지 결정 문제 모두에 적용된다. 확정해야만 하는 임계 가치는 자연에서조차 확실한 근거를 발견하지 못한다. 게다가 생태적 문제는 너무나 복잡하게, 너무나 상호 의존적으로, 너무나 상황 의존적으로, 너무나 예측 불가능하게, 열역학적으로 심하게 개방된 체계의 '분산적 구조'에 의해, 급작스러운 안정성 변화('대참사')와 유사한 형태 변화에 의해 결정된다. 리스크에 대한 수용 용의는—결정이론적 연구는 이러한 결과에 도달했다—주관적으로 극히 다양하기 때문에 일치하는 평가에도 불구하고 단 한 번의 합의에도 이르지 못했다. 결국 환경에 의해 매개된 인과관계의 광범위성과 불투명성은 모든 가치 합의의 속을 뻔히 들여다보이게 할 것이다. 일반화된 호혜성이라는 옛 규칙, "네가 나에게 하는 만큼 나도 너에게"라는 원칙, 정언적 명령 등은 무너지고 역사적으로 되돌아볼 때 순수한 사회 내적인 준칙으로 인식될 수 있다. 동일한 것이 최소한 가언적 합의를 위한 규칙을 발전시키는 후기 이성법적 시도에, 절차적 합의에, 사람들이 이런 규범의 인정을 함의하는 방식으로 강제 없이 행동한다면 합의를 부여할 수 있는 규범에 적용된다.[28] 이 모든 것은 그 문제성의 뿌리가 바로 사회 속에 있으며, 그렇기 때문에 사회 차원에서 해결할 수 있다는 것을 전제한다. 그런데 사회적 문제의 발생에 사회적 환경을 연관시키는 것은 이러한 문제를 근본적으로 변화시킨다. 성취할 수 있는 것은 일종의 방어에 대한 합의밖에 없다. 요컨대 사람들이 방어 비용을 스스로 감당할 필요가 없는 한 모든 가능한 손실로부터 멀리 떨어져 있고자 하는 것에 대한 추상적 의견 일치가 그것이다. 그러는 사이에도 자동차는 도로 위를 달리고, 허파는 담배 연기로 채워지고, 사람들은 돈을 빌리고, 결혼을 감행하고, 탈세라는 양식 또는 지옥의 천사[29]라는 양식으로 범죄를 무릅쓴다—리스크가 없으며 지극히 개인적인 선호를 관철하지 않는 삶은 아무런 가치가 없다는 것을 증명하려는 것처럼.

정치적 활동, 사회적 연대, 정의로운 문제 해결을 독촉하는 것은 이런 상황에서 추상적이면서도 성과가 없는 채로 있다. 환경을 고려해야 한다는 명령의 법적 범주화는 할 수만 있다면 이것들을 다른 개념을 가지고서만 법에 끼워 넣을 수 있다. 법 교의적인 학습 과정은 느리며, 사건 경험을 개념과 준칙으로 응축시키면서 법을 이에 걸맞게 개조하기 위해서는 수백 년은 아니더라도 수십 년이 필요하다. 더욱이 이런 학습 과정은 환경법에서는 규정의 세밀함과 문헌의 양에 비추어볼 때, 비교적 작은 규모밖에 되지 않는 사건처럼 보이는 것이라도 동기가 무엇이든 재판이 필요하다는 것을 전제한다.[30] 법은 관료적 집행을 위해 제정되며, 자의적 규정과 불분명한 증명 불가능한 주장을 뒤섞어놓음으로써 정확하게 이를 목표로 삼고 있는 것 같다. 그리하여 매우 이질적인 분야와 연결되어 판결이 이뤄지는데, 이것이 총괄적인 범주화에까지 또는 심지어 특별히 사법적인 논의 및 논증어법의 발전에까지 이르게 될지 여부는 아직 알 수 없다. 당분간 사람들은 법체계가 환경법이 절실히 요구하는 것에 대해 명령 기구의 엄청난 증가와 복잡화를 가지고 반응하는 것을 관찰할 수 있을 뿐이다. 정치체계와 법체계의 경계에서 둘이 상호 작용할 때 규범의 새로운 큰 물결이 일어난다. 그렇다면 정치체계는 탈(脫)법제화와 법제화를 동시에 원한다는 것을 내세우고 이겨내야 하는 필연적인 상황에 처한다.

마지막 문제는 결국 법의 관철, 실행, 범법의 효과적인 저지 등과 관련이 있다. 이 경우 연구는 일면적으로 실행 결함에 대한 일반적 불평을 정말로 사소하고 알기 쉬운 어려움으로 해소시키는 데 전념한다.[31] 더 중요한 것은 환경 문제에 대한 늘어나는 관심의 결과, 법에 첨가하기 어려운, 여태까지의 견해와 경험의 재평가를 초래할 수 있는, 당분간 여태까지의 관행을 뒤트는 경향에서만 인식할 수 있는 새로운 종류의 실행 형태들이 마련되고 있다는 사실이다. 한편으로 이는 안전장치 없이 개인적인 권리들 속에서 작동해야 하고, 공공 기관이 개입하도록 강요하는 정보를 창출하는 데 주의를 기울여야 한다고 생각하는 공법의 관철을 위한 '사적인' 노력들이라는 형태에도 적용된다.[32] 다른 한편으로 오늘날 행정은 부분적으로는 비강제적인 양보를 달성할 수 있고, 부분적으로는 강제의 통렬함을 포기할 수 있으며, 적법성의 회색지대 내부에서 목표를 완화할 수 있는 협상 장소로서 강제적인 법을 광범위하게 사용한다.[33] 사적인 법 추적자가 조정을 다시 청산하거나 그와 같은 합의의 법적으로 문제시되는 측면을 분명하게 밝힌다면, 전통적인 법 문화로부터 이 두 가지 일탈이 서로 충돌하리라는 것은 명백하다. 새로운 종류의 강제 기법에 대한 이 두 가지 형태가 '견제와 균형'이라는 평형에 도달할 가능성과 재판이 이에 대한 기준을 발전시킬 가능성은 어느 정도 존재한다. 우선은 행정에 상당한 정도의 판단 여지를 허용하는 하나의 경향만을 인식할 수 있다.[34] 사람들은 여기에서 단지 규범 내용의 수준을 넘어서서 생태적 커뮤니케이션이 법체계의 고전적 구조를 변형시킨다는 사실과 그 방법을 관찰할 수 있다.

학문

우리는 아마도 잘못된 주소를 적었을 수도 있다. 사회라는 분화된 전체 체계에서 환경 문제에 대해 권한이 있는 것은 경제나 법이 아니라 학문이나 정치일지도 모른다. 정치는 항상 다시 학문에 희망을 걸면서 연구와 기술 발전을 위한 지원 프로그램을 입안하기 때문에 우리는 지금부터 학문체계의 반향 능력을 검토하기 위해 이 체계로 방향을 돌릴 것이다.

여기에서 관건은 자연과학의 수행 능력을 문제 삼아 비판적으로 검토하거나 통틀어서 평가하는 데 있지 않다. 오히려 우리는—그것이 특수 코드에 근거해 분화독립화해 있고, 그에 따라 코드화와 프로그램화를 구분한다면—기능체계의 반향 능력에 대해 무엇이 결정적인가라는 체계이론적 질문을 여전히 고수한다.

학문의 코드에서 관건은 참과 거짓의 구분이다.[1] 사람들은 연구 프로그램을 보통 이론이라고 부른다. 여기에서도 코드화와 프로그램화의, 진리 가치의, 이론의 분화는 예상 가능한 결과를 갖는다. 통일성이나 합리적 연관성이라는 형태로서 위계는 포기되고, 지식의 옛 위계는 학문체계의 학문 분야와 하위 학문 분야로 분화해 대체된다.[2] 그리하여 지식의 지위를 체계의 통일성과 관련해 정하고자 하는 모든 가능성은 포기되었다. 학문 분야들은 좀더 느슨하고 확장 가능하며 이론적으로(즉 연구 프로그램적으로) 통합할 수 없는 결합으로 협력하는데, 이 결합은 필요할 경우 분열, 세분화 또는 개조를 통해 계속 넓혀질 수 있다. 통일성 및 지식의 가능성의 조건들의 성찰로도 충족되지 못한 욕구는 학문체계의 새로운 종류의 성찰 이론에, 인식론에 합류한다. 이때 일상적 지식과 학문적 인식 사이를 구분하는 필연성이 관철되면 될수록, 학문체계의 통일성은 그만큼 더 이러한 체계 경계에서 성찰될 수 있으며, 학문체계의 성찰 이론은 학문 이론으로서 자신을 그만큼 더 분명하게 표현한다. 참과 거짓의 차이의 통일성이 지닌 의미에 대한 정보를 얻을 수 있다면(77쪽 그림 2의 물음표 위치를 보라), 바로 여기에서이다.

보통의 인문주의적 학문 비판은 오히려 프로그램의 차원을 목표로 삼는데, 인상적인 후설의 후기 저작들을 예로 들면 수학적 이상화를, 생활 세계로부터 격리를, 의식의 주체적 및 의미 생성적 작업과의 접촉 상실을 목표로 삼고 있다.[3] 그 후 학문의 역사적-유럽적 특수화는 의미 상실로 귀결된다. 코드의 통일성에 대한, 진리와 비(非)진리의 차이의 통일성에 대한 질문은 따라서 제기되지도 답을 얻지도 못하고 있다. 그런데 사람들은 (그렇지 않다면 그렇게 많은 책이 그것에 대해 쓸 수 없기 때문에 정말로 의심할 여지 없이 의미를 갖고 있는) '의미 상실'을 기능체계의 분화독립화로, 여기서는 특별히 학문적 연구를 위한 기능체계의 분화독립화로 번역할 수 있다. 그리하여 사람들은 코드의 통일성을 결국 그것을 사용하는 체계의 통일성과 관련시킬 것을 종용하는 처지에 이른다.[4] 특수 코드화는 체계의 분화독립화를 가능케 하고, 그렇게 하자마자 동시에 체계는 코드를 확인할 수 있고 제도화할 수 있으며 실천적 증명에 내맡길 수 있다.

그럼에도 학문 코드의 특별한 특성이라는 측면에서 구체화되지 않는다면 이러한 정보는 매우 형식적이다. 이 점에 대해 우선 두 가지 논제를 살펴보자.

1. 학문적 진리/비진리 코드는 체험의, 바꾸어 말하면 커뮤니케이션하는 사람들 자체에 귀속되지 않는 선택의 커뮤니케이션적 진행 과정에 특화되어 있다. 인물의 특성과 삶의 상황의 작용은 교란하는 소음으로 취급되며, 그것들이 다른 '우연'과 마찬가지로 진리 또는 비진리의 귀중한 발견을 초래하지 않는 한 소멸된다.[5] 역사적으로 보면 이는 무엇보다도 옛 지식론의 중요한 부분이었던 오류의 원인에 대한 설명이 탈인간화되었으며 원죄, 제한된 인식 능력, 이데올로기적 현혹 관계로부터 해방되었고, 학문체계 자체의 구조, 즉 이론과 방법으로 옮아갔다는 것을 의미한다. 지금에 와서는 오류가 커뮤니케이션의 프로그래밍에서 실수(그것도 종종 엄청난 실수)를 의미하는데, 코드화된 작동에 의해 발견되고 제거될 수 있다.[6] 코드는 보편적으로 존재하고, 모든 체험 가능한 것과 관계

할 수 있으며, 행위와도 관계할 수 있다. 하지만 그것은 행위를 관철하고 초래하고자 하거나 권고하려고만 하는 커뮤니케이션에는 사용되지 않는다. 요컨대 행위의 선택에는 사용되지 않는다는 것이다. 이러한 관점에서 진리/비진리는 동일한 의미를 지닌 체험의 비개연성을 재생산하며, 행위의 조종을 다른 매체에 넘겨주는 데 특별히 사용되는 상징적으로 일반화한 커뮤니케이션 매체로서도 파악될 수 있다.[7] 학문 코드를 도덕이나 종교에 맞서 분화시키는 것은 무엇보다도 일치된 체험으로의 이러한 축소이다. 종교는 단지 신의 체험뿐 아니라 바로 이런 측면에서 항상 의심 속에서 자신의 길을 발견한다. 사람들은 기적을 간구하지 않으면 안 된다.[8]

2. 학문의 진리/비진리 코드는 새로운 학문적 지식의 **습득**에 특화되어 있다.[9] 단순히 지식을 확인하는 것, 보존하는 것 그리고 발견하는 것은 인쇄가 존재한 이래 인간의 노력을 거의 필요로 하지 않는다. 어쨌든 그것은 특별한 커뮤니케이션 매체의 코드가 함께 떠맡아야 하는 이례적이고 비개연적인 일은 아니다. 일탈되었기 때문에 잘못된 만큼 새로운 것은 더욱더 의심으로부터 해방되지 않으면 안 된다. 이는 이후 당연히 조건화되고 조직화되어야 하는, 다시 말해 그것의 한계를 더 이상 그것의 대상에서가 아니라 자기 자신에서(반향!) 발견하는 새로움, 아니 호기심에 대한 문화사적으로 이례적인 선호에 의해 발생한다.[10] 모든 것을 참작할 수 있다. 따라서 학문적 분석은 문제를 해결하는 데 사용되는 것이 아니라 그것을 증폭하는 데 사용된다. 그것은 해결된 문제 또는 해결 전망을 지닌 문제에 근거하면서 계속 질문한다.

근대적 학문의 중요한 특징은 이 두 가지 특화의 도움으로 다음과 같이 설명되고 정리될 수 있다.

3. 학문의 작업 양식은 **이론과 방법의 분화**에 근거하고 있다. 이때 이론은 (더 정확히 말하면 연구 프로그램의 결과로서의 연구 프로그램은) 내적인 작업 결과를 외재화하는데, 이는 모든 사람이 체험할 수 있는 실제적인 세계에 연관시킨다는 것을 의미한다. 그리고 방법은 코드를 사용하도록 만드는데, 이는 결과를 참과 거짓의 가치로 할당할 수 있도록 조처한다는 것을 의미한다.[11] 이때 결정 이론적으로, 게임 이론적으로, 통계적으로 매우 합리적인 실험 방법은 항상 임시적 확실성만을 창출하는데,[12] 이 역시 이론과 방법의 차이에 대한 성찰의 결과이다. 그리하여 이론이 개방성을 대표하는 반면, 방법은 제3의 가치를 배제함으로써 체계의 폐쇄성을 대표한다. 이때 이 구분 자체는 항상 체계 내적인 의미만을 지닌다. 즉 자신을 체계 고유의 작동에만 연관시킨다.

4. 체계가 몇백 년 동안 이러한 조건 아래서 작업해온 후, 그로부터 무슨 결과가 나왔는지도 드러나고 있다. 이상화, 수학화, 추상화 등등으로써는 충분히 묘사한 것이 아니다. **문제는 분해 및 재결합 능력의 증가에 관한 것**이며, 분석과 종합의 산물로서 지식의 새로운 형성에 관한 것이다. 이 경우 가시적 세계를 그때그때마다 이어서 분석할 수 있는 분자와 원자로, 생명의 발생적 구조로, 또한 인간/역할/행위/행위구성 요소의 순서로 폭넓게 분해하는 게 학문이 스스로에게 지나친 부담을 주는 엄청난 재결합 잠재성을 드러내는 한에 있어서, 분석은 지배력을 가진다.[13] 탤컷 파

슨스(Talcott Parsons)의 일반적 행위 체계이론은 사회과학에서 이러한 실상을 잘 보여준다.

5. 이러한 발전은—고전적 인식론의 아주 바깥에서—**구조화된 복잡성**을 지닌 사실적 내용의 관찰, 기술 및 설명의 문제를 방법적-이론적 진보를 위한 노력의 중심으로 밀어놓는다.[14] '블랙박스'라는 개념으로부터 시작해 작동과 관찰의 엄격한 구분, 자기준거적 및 폐쇄적 체계의 이론, 자기관찰/자기 기술이라는 고유 논리학 그리고 이에 상응하는 간섭 이론에 이르기까지 연구는 자기 성찰을 강요하는 현실 저항을 구조화된 복잡성에서 발견한다. 그럴 경우 복잡성이 체계에 대한 무지의 척도나 많으면서 이론적으로 통합할 수 없는 기술(記述)들의 필요조건으로서도 이해된다는 것은 필연적일 수밖에 없다.[15] 그렇다면 학문 자체는 관찰하는 체계를 관찰하는(5장 참조) 하나의 체계로서 파악되지 않으면 안 된다. 그리하여 학문은 자신도 마찬가지로 고유의 구조에 의존하는 관찰하는 체계일 뿐이라는 사실을 동시에 알게 된다. 그렇다면 학문은 환경에 의해 자체적으로 유발된 교란의 관점에서 고유의 평가를 새롭게 평가하는 복잡한 체계로서 스스로를 발견한다.[16]

6. 구조화된 복잡성의 문제는—해결될 수 있다면—전지(全知)로 가는 길을 자유롭게 하는 마지막 문제가 아니다. 전지는 사실적으로 불가능할 뿐만 아니라 논리적으로도 불가능하다. (나는 신학적으로 불가능하다고 말하지 않는다!) 왜냐하면 그것은 자기 자신을 포함하지 않으면 안 되기 때문이다. 따라서 자기 고유의 복잡성에 정향하고자 하는 체계는 복잡성이 과도하게 높아질 수밖에 없다. 체계는 '복잡성을 줄이기' 위한 작동과 이것이

발생하고 있으며 또 어떻게 발생하고 있는가 하는 것을 관찰하고 기술하는 데 도움을 주는 여타의 작동을 가동시킨다. 그 결과 학문체계는 원래의 복잡성과 다른 복잡성을 포괄하는 폭넓은 복잡성을 생성한다. 생태적 위험에 대한 사회적 반항이라는 우리의 주제를 학문적 연구 주제로 삼아야 한다면 이러한 상황은 불가피하다. 왜냐하면 학문은 전체 사회를 기술하도록, 다시 말해 자기 자신도 사회의 부분 체계로서 기술하도록 요구받기 때문이다. 기술의 기술의 기술……. 끝이 없다. 학문 스스로가 모든 체계에 요구하는 것에, 즉 고유 주파수에 따른, 경우에 따라서는 이원적 코드화에 따른 제한된 반항에 자기 스스로를 순응시키는 학문의 자기 기술에서가 아니라면 말이다. 수렁에 빠진 허풍선이—하지만 그는 타인이 그것을 어떻게 하는지를 볼 수 있는 가능성은 가지고 있다!

이러한 코드와 적절한 축소를 가지고 주제를, 그중에서도 환경이란 주제를 얻기 위해 노력하는 학문체계도 체계의 개방성과 학습 능력을 자신의 자기생산적 자기 재생산의 폐쇄성에 신세지고 있다. 학문체계도 스스로 구조화된 반항을 향해 축소되어 있다고 느낀다. 그렇지 않다면 그것은 정보를 학문적으로 관련된 것으로서 인식할 수 없고, 정보를 참 또는 거짓으로서 분류할 수 없으며, 이론 관계로 정리함으로써 정보에 자기 스스로를 넘어 뜻할 수 있는 관련성을 부여할 수 없다.

이러한 한계를 인식하는 하나의 가능성은 그것을 역설로, 즉 결정할 수 없는 것으로 되돌리는 데 있다. 이를테면 모든 이론은 비교를 위한 지침이 된다는 것이다. 비교할 수 있는 것이 다양하면 할수록 이론은 더욱더 많은 것을 수행할 수 있다. 그러는 한 학문의 본질은 같지 않은 것을 같은 것으로 취급하는 가능성을 찾는 데 있다. 학문의 이론은 역설을 가지고 작업함에도 불구하고 그것을 해결하며, 역설을 정상적인 연구로 변화시킨다.

다르게 말하면, 학문은 현실의 분해와 재결합을 수행한다는 것이다. 분해를 계속해서 행하면 할수록 재결합은 더욱더 어려워지고 더욱더 파급 효과가 커지며 더욱더 '파국적인' 것이 된다. 사람들은 원자 내부적인 관계를 다루는 물리학에 대해, 근대적 유전학에 대해, 인간의 행동이 계층적 준거점을 제거해야 하는 사회화 과정의 산물이라는 가정에 대해 생각해보면 된다. 분해와 재결합은 통일성으로서 이뤄지고, 이 통일성은 비교와 똑같이 **새로운** 지식의 등장, 즉 지식 획득의 조건이다. 그럴 경우 마찬가지로 원하지 않는 것을 원하지 않으면 안 된다. 통제할 수 없는 재결합의 확률이 높아지는 것처럼.

그리고 무엇보다도 고전적 스타일이라고까지 할 수 있는 것은 '다른 조건이 같을 경우에는(ceteris paribus)'의 역설이다. 다른 조건이 같을 경우라는 가정은 연구 대상을 격리할 수 있는 조건이긴 하지만, 모델 형성의 전제 조건과 똑같이 의도적인 틀린 가정이다.[17] 틀린 가정에 의해서만 참된 결과를 달성할 수 있다.[18]

마지막으로 거론한 바로 이 문제가 생태적 연구에서 중심적 의미를 가지고 있기 때문에 우리는 이곳에 잠시 머물고자 한다. 생태적 연구는 보통 생태-**체계**에 대해 말한다. 그러나 이 개념은 외부 경계를 진술할 수 있을 경우에만 적절할 것이다. 그런데 이는 그런 경우가 아니다.[19]

이 경우 체계를 경계 대신 자기 조절에 의해 정의하는 것 역시 도움이 되지 않는다.[20] 왜냐하면 자기 조절은 체계 경계를 전제하기 때문이다. 사람들이 체계 가설을 포기하면서 생태적 문제를 그것이 하나의 포괄적 체계의 내적 문제가 아니라는 바로 그 점에 의거해 정의한다면, (거의 완전한) **분해 가능성이라는 허버트 사이먼**(Herbert Simon)/**앨버트 안도**(Albert Ando)의 정리(定理)를 가지고 작업하는 해결책은 아직 남아 있다.[21]

그리하여 사람들은 제한에 대한 좀더 분명한 전망을 갖게 된다. 그렇다면 사람들은 비교적 짧은 기간일 때 연구의 일부분에 대한 환경 영향력을 등한시할 수 있고, 좀더 긴 기간일 때 연구의 부분 통일성의 내적 관계에 대한 환경 영향력을 등한시할 수 있지만, 그럼에도 부분 통일성의 증가 또는 그것의 다른 환경 관계의 관점에서의 영향력을 등한시할 수는 없다. 사람들이 거의 완전한 분해 가능성에 근거할 때조차도, 다시 말해 사람들이 학문체계의 내적 문제에서 벗어나기 위해 명료한 환경의 분화를 가정할 때조차도, 사이먼/안도 정리는 여전히 연구의 지평이 지닌 사실적이고 시간적인 제한에 유의하도록 강요한다. 방법론적으로 보면 그 정리는 구조화한 복잡성의 불투명성이라는 문제의 상관 개념이고, 학문 이론적으로 보면 사람들이 참을 오직 거짓과 관련시킴으로써만 획득할 수 있다는 역설의 변형이다. 그리고 이는 어떻게 그처럼 추상적으로 구성된 문제가 구체적인 연구 디자인으로 전환하고, 그 다음 학문에서 반향을 생성할 수 있는지 잘 보여준다.

이처럼 매우 추상적인 견해는 우리의 목적에 부합해 학문적 연구의 반향 능력의 종류와 그 한계를 이미 충분히 분명하게 보여준다. 유례가 없을 정도로 학문적 연구는 거의 무한한 분해 능력을 통해 무한한 가능성의 여지를 사회에 똑똑히 보여주었다. 어디에서 형상화하든 학문은 자기 모습을 자신 속에서 비추어보고, 그 투명성을 타자의 관점에서 변형시키는 유리와 같은 세계를 만들어낸다. 공상은 나래를 펴고, 새로운 종류의 결합을 상상할 수 있다—기술적인 제품으로서든, 그 제품의 뜻하지 않게 파국을 불러올지 모를 부작용으로서든 말이다. 있을 수 있는 모든 것과 있는 모든 것은 선택이다. 하지만 이 선택이야말로 합리적일 수 있다. 그렇다면 문제는—천문학적인 수의 다른 결합 가능성 중 하나를 골라야만 한다면—어떻게 이러한 합리성이 합리적일 수 있느냐 하는 것이다. 이는 후설이 한탄한 이상화되고 양적인 수학의 세계상도, 위르겐 하버마스(Jürgen Habermas)가 한탄한 기술적 도구성의 세계상도 아니다. 그것은 안으로 향하든 밖으로 향하든 공허로 추락하는 세계, 즉 자기 자신에게만 매달릴 수 있는 세계이긴 하지만, 사회적 정향을 위해 쓸모없는 모든 근거들을 쉽게 바꿀 수 있는 그러한 세계이다. 지금까지의 연구 발전으로부터 추론해도 좋다면 앞으로의 연구는 이러한 세계상을 점점 더 확고한 것과 조작할 수 있는 것으로, 예컨대 자연 법칙으로 축소되지 않는다. 오히려 앞으로의 연구는 세계상을 그것이 만들어지기 시작한 모든 장소에서 새롭게 만들어낼 것이다. 이는 사람들을 최종적으로 논증된 합리성에 도달할 수 없게끔 만든다.[22] 사람들은 기껏해야 합리성의 개념을 수정하고, 그것을 이런 상황에 적응할 수 있을 뿐이다.

반대 철학들은 충분하게 존재한다. 사람들은 부수적 결과에 대한 도덕적 책임을 독촉할 수 있다. 사람들은 무엇인가 해야 할 필연성을 강조할 수 있다. 사람들은 우리가 '생활 세계적으로' 그래도 여전히 제 발로 서 있다는 점을 지적할 수 있다. 하지만 반대 철학들은 이를테면 반항적인 반응이다. 즉 그것들이 커뮤니케이션적으로 통용된다면 그 자체로서 관찰될 수 있지만 거기서 부서져버리는 방어의 의미론이라는 것이다.

전체로서 사회가 학문적 세계상을 넘겨받을 의지도, 가능성도 없다는 것은 분명하다. 전체는 연구의 단순한 포괄성이며 그런 채로 있다. 학문이 실제로 전파하는 것은 선택 의식과 기법인데, 이는 아직 결정되지 않은 재결합 가능성의 관점에 있어서 선택 의식이며, 이미 결정되고 실현 가능한 재결합 가능성으로서의 기법이다. 그 결과 다른 기능체계들에게는 필요한 것과 불필요한 것을 분류하는 과제가 부여된다. 학문적으로 가능한 것의 일부만이 실현된다. 대부분은 경제적으로도 법적으로도 정치적으로도 실행될 수 없다. 컨틴전시의 자극은 계속 증식한다. 그리고 다른 체계들은 자생적인 문제에 덧붙여 기술적으로 가능한 것을 원할 수 없어야만 한다는 문제도 지금 갖고 있다. 기술적으로 가능한 것을 거부하는 능력은 이런 상황에서 점점 더 중요해진다. 그것은 생태적 위험을 초래하는 것에 대항하기 위해서는 물론, 구제책을 선택하는 데도 투입될 수 있다. 그 능력은 경제에서는 수익성이라는 경제적 관점에서, 법에서는 유효한 법의 기준에 따라, 정치에서는 정치적 기회의 관점에서 실천될 확률이 더 높다.

정치

경제, 법, 학문 등 세 개의 기능체계에 대한 분석은 이 모든 경우에서 코드에 의해 폐쇄된 자기생산적 자기 재생산이 체계 개방성의 조건, 즉 반향 능력과 그 한계의 조건이라는 결과를 보여주었다. 이러한 기능체계의 사회적 분화독립화는―이 역시 의견이 일치해 통용된다― 가능성의 지평을 넓혔다. 하지만 그것은 동시에 개별적 기능체계에서 가능한 반향의 한계가 어디에 있는지에 대해서도 좀더 분명하게 규정했다. 똑같은 것을 정치체계에도 적용할 수 있다.

옛 전통에 따라 오늘날에도 여전히 정치는 하나의 예외적 지위를 요구받고 있다. 사회 자체는 플라톤과 아리스토텔레스가 제창한 이래 정치적으로 구성된 체계, 즉 시민 공동체로서 파악될 수 있다. 이런 의미에서 정치적 통솔은 완전한 공동체의 필수 불가결한 구조 조건이었다. 정치의 **기능**은 사회적 분화의 구조에서 특정하고 유일무이한 체계 지위에 연결되었다. 신체에 비유하면 머리나 영혼과 동일시되었다. 다르게 비유하면 체계의 정점이나 중심의 위치를 차지했다. 오늘날에도 여전히 사회적 통합이나 모든 다른 곳에서 해결할 수 없는 문제의 해결은 중앙 집권적 정치로부터 기대할 수 있다. 한 가지 예만 들자면, 장 배쉴러(Jean Baechler)는 정치를 예나 지금이나 사회의 중심에 있다고 본다. 하지만 이미 이 중심에 대한 그 자신의 정의(定義)는 이런 가정을 의심하기에 충분하다. "사회적 체계의 중심은 최대의 권력을 최대의 감성에 결합하는 행위이다."[1]

이와 같은 자리매김은 사회체계의 구조적 분화의 우세한 형태에 근거해 타당했었다. '정점'에 대해 사람들은 계층적 분화의 관점에서, 중심에 대해 부분적으로는 도시와 농촌의 구분에서 또 부분적으로는 유럽과 그 식민지라는 지역적 분화에서 분명해진 중심과 주변에 따른 동시 진행적 분화의 관점에서 말할 수 있었다. 이러한 전제 조건은 변했다. 사회적 분화의 일차적 구조는 오늘날 기능체계들 간의 차이와 연계되어 있으며, 지금의 세계 사회가 아직도 계층에 따라 또는 중심/주변에 따라 분화해 있는 정도는 기능체계의 기능 수행에 의해 결정된다. 세계 사회의 정치체계가 국가들로 지역적으로 나뉘어 있는 것이 항구적 전쟁 위험에도 불구하고 유지되는 정치적 이유들이 있다. 그런데 중심과 주변에 따른, 고도로 발전한 지역과 발전이 필요한 지역에 따른 분화를 가속화하는 것은 경제적 이유들이다.

기능적 분화라는 이러한 현실에 순응하지 않는 정치 이론은 정치의 가능성과 관련해 과대평가와 체념 사이를 오락가락하고 있으며, 따라

.

서 약속과 실망으로 정치를 행하려고 한다. 어떤 것을 할 수 없다는 사실을 고백하지 않는 정치 자체도 이 딜레마에 빠져 있다. 관계에 질서를 부여하는 소명된 힘으로서 정치는 주로 정치에 대한 호소에 어떠한 한계도 짓지 않음으로써 효과를 발휘한다. 이런 식으로 정치는 희망과 실망을 재생산하며, 이를 발생시키는 주제들을 충분히 빠르게 교체할 수 있다는 사실로 인해 존속한다. 생태적 문제를 정치로 가져오는 것은 이러한 오락가락 효과를 더욱 강화할지도 모른다. 왜냐하면 그 문제를 두고 정치는 많은 것을 할 수 있어야 하지만 적은 것만을 할 수 있다는 것이 이제 정말로 분명해졌기 때문이다. 그리하여 정치체계는 정부를 바꾸어, 정당을 바꾸어, 경우에 따라 헌법을 개정해 시험해보려는 지속적인 유혹에 자기 자신을 빠뜨린다. 그럼에도 불구하고 우리는 이러한 관찰과 더불어 이미 정치의 특수한 반향 능력과 그 한계에 대한 분석의 한가운데에 있다.

실제로 정치체계도 특수한 코드 아래 분화독립화했으며, 그 결과 고유한 작동 양식의 폐쇄성 및 환경 준거와 정치적 프로그램의 변경을 통해 개방성을 성취했다. 코드는 정치적 권력이 국가에 의해 집중화하는 것과 더불어 생겨난다. 권력은 이제 그것이 집단적으로 구속하는 결정을 확보하기 위해 투입할 수 있는 한에서만 정치적이며, 그런 권한을 누가 가지냐의 문제는 누가 관직을 차지하느냐에 따라 결정된다. 경제에서 화폐 경제 및 화폐 사용의 경우와 유사하게 이것은 옛날의 언어 관용(慣用)에 비해 정치적인 것에 대한 의미론의 엄청난 제한을 가져온다.[2] 결정이 관직에서 첨예화되는 것은 정치를 통일체로서가 아니라 차이로서 확립시킨다. 관건은 공적인 강제력을 행사할 수 있으며, 누가 어떤 사안에 대해 얼마나 많은 정치적 영향력을 갖느냐를 규정하는 지위의 차지 여부에 달려 있다. 이는 국가에 귀속된 결정만이 정치라는 것을 결코 의미하지 않는다. 정치의 전체 영역은 그것이 이러한 결정의 임의적인 전제 조건에 대해—프로그램, 조직 형태, 직책의 인사에 대해서든 하위 부서의 개별 결정에 대해서든—영향력을 얻고자 하는 정도에 비례해 정치적이다. 국가의 직책 구조는 정치의 코드로서, 그것도 **전체** 정치의 통일적 코드로서 사용된다. 그것은 총량 불변 원칙과 사람들이 직책을 의회, 행정부에서 차지할 수 있느냐 없느냐는 양자택일의 원칙을 결정한다. 이를 통해 정치는 정치적 집단이 의회 다수를 차지하느냐, 대통령의 지위 및 정부의 요직을 장악하느냐 여부에 따라 정부와 야당에 의해 코드화한다.

'녹색당' 같은 정치적 운동이 이 양자택일에 순응하지 않고 정부에 참여하면서 야당으로 머무르는 것을 동시에 선택하고자 하는 한 이는 구조적 체계 조건에 대한 이해력 없이 행동하는 것이고, 그럴 경우 난제들만 만들어내는 데 성공할지 모른다.

이러한 기능 영역에서도 코드의 추상화는 프로그램의 활성화와 적응에 사용된다. 관직은 영원히 올바르게 담당될 수 없다. 가령 세습 왕조로서 그리고 이런 의미에서 정당하게 담당될 수 있을 뿐이다. 관직의 담당은 컨틴전트하며 인물과 프로그램을 선택하는 과정이라는 게 지속적으로 입증되고 있다. 정치적 선거와 정부 구성은 일정 기간 동안 코드와 프로그램을 일치시키는, 즉 개인적으로 그리고 객관적으로 선호하는 정치적 프로그램의 실행을 보장할 것 같은 자들에게 정부를 맡기려는 목적을 갖고 있다. 그러나 이는 코드와 프로그램의 구조적 연결고리를 다시 분리시키는, 즉 다른 프로그램에도 접근할 기회를 주는 가능성을 전제한다.

이렇게 성취한 정치적 복잡성은 역사적 비교를 목적으로 국가 이성에 대한 이론을 소급해볼 때 가장 잘 인식될 수 있다. 1600년경에도 사람들은 이미 '국가의 정부'에 대해 말할 수 있었다.[3] 하지만 국가 개념에서 국가 조직과 관직의 소유, 특히 군주에 의한 통솔적 관직의 차지는 뚜렷이 구분될 수 없었다. 따라서 국가 이성은 정부에 계속 머무르는 방법을 목표로 삼았다. 반면 그와 같은 국가 이성의 필요성은 정부의 필요성으로 인해 전반적으로 정당화되었다. 다른 말로 표현하면, 지배 개념과 국가 개념이 아직 분리되지 않아 사람들은 "국가는 나다"라고 말할 수 있었다. 통솔적 관직의 코드 기능은, 즉 한 사람에 의한 관직의 장악은 타인들에 의한 비(非)장악을 의미한다는 사실은 아직까지 프로그램 기능에 대항해 분화되지 않았다. 말하자면 누구에 의해 그리고 어떤 업무 프로그램에 따라 올바르게 지배하느냐의 문제와 구분될 수 없었다는 것이다. 이러한 문제의 분리야말로 정치적 선거에서 표현하는 그때마다의 국민 의지에 기준(基準)의 기능을 부여한다. 반면 관직 담당의 코드 가치는 진리라는 코드 가치나 재산 또는 화폐 소유라는 코드 가치와 마찬가지로 더 이상 기준이 아니다. 그런 까닭에 개념적으로 정확한 의미에서 사람들은 정부 관직의 차지는 **오늘날 더 이상 권위를 지니지 못한다**라고 말할 수 있다. 즉 관직 담당자로서 올바르게 행동한다는 기대를 더 이상 요구할 수 없다는 것이다.

공식적인 표현으로—막스 베버도 이를 인정했다—이것은 마치 정치적 강제력과 관료 '기구'를 국민의 의지가 미리 결정한 바로 그 목적을 달성하기 위한 수단으로서 관직 담당자에게 위임하고 있는 것처럼 보인다. 중세에도 그렇게 생각했는데, 차이가 있다면 당시에 있어서 관건은 컨틴전트한 국민의 의지를 실행하는 데 있는 게 아니라 완전한 공동체를 실현하는 데 있었다는 점이다. 예를 들어 헌법학자들은 오늘날에도 여전히 "위임한 권력은 더 이상 위임될 수 없다"는 것과 같은 이론의 결과에 전념하고 있다. 그럼에도 불구하고 목적/수단의 틀은 위임의 틀과 마찬가지로 구조를 지나치리만큼 단순하게 기술한 것이다. (그것이 특정한 관찰자에게 그렇게 단순할 수 있거나 그렇게 단순해야만 한다는 것을 배제하지는 않는다.) 그 때문에 우리는 그것을 코드화와 프로그램화의 분화라는 논제로 대체한다. 정치적 강제력을 관직의 형태로 행사하는 코드는 이 정치적 강제력이 그때마다 늘 특정 인물의 손안에 있다는 것을, 말하자면 분화독립화한 정치체계의 자기생산은 정치적 권력을 고유의 조건에 따라 모든 사회적 권력에 사용할 수 있다는 것을 보증한다. 이를 통해 모든 상황에서 누가 정치적 권력을 차지하고 있으며 (혹은 누가 그것의 이름으로 행동하고 있으며), 누가 차지하지 못하고 있는가 하는 것이 동시에 분명해진다. 이 차이와 관련해 야당이—다른 정부 프로그램의 공급과 결합해—조직된다. 이 조건을 실현하지 못한다면, 즉 야당을 허용하지 않는다면 (또는 단지 겉으로만 허용한다면), 사회체계의 **정치적 계층화**가 생겨나는 것으로 대가를 지불해야 한다. 이는 정치의 분화독립화를 제한하는데,

그럴 경우 정치는 생태적 정치를 위한 더 나은 출발점을 제공하지 않으면서 코드화 대신 조직을 매개로 작동한다.

코드화와 프로그램화의 분화는 당연히 어떤 연관성도 없다는 것을 의미하지 않는다. 연관성은 이미 관직 담당, 즉 긍정적으로 평가된 코드 지위를 그 자신을 위해서나 그것과 결합된 소득을 위해 추구할 수 없다는 사실을 통해서 생겨난다.[4] 사람들은 어떻게 정치적 강제력을 사용하고자 하는지 그리고 이때 무엇을 올바른 행동으로 간주하는지 말할 수 있어야 한다. 코드와 프로그램의 차이의 이와 같은 연결을 위해 이차적 코드화가 통용되고 있다. 프랑스 혁명 이래로 매우 다양한 내용으로 채울 수 있는 복고적(보수적) 정치와 진보적 정치의 구분이 존재한다. 하지만 이런 코드화는 사회적 변화의 현실적 원동력에 대한 연관성을 거의 획득할 수 없었고, 그 때문에 '이데올로기적으로' 머문다는 것을 보여주었다. 따라서 최근에는 그것을 좀더 제한적이거나 좀더 확장적인 국가 이해의 구분으로 대체하는 경향이 눈길을 끌고 있다.[5] 이러한 방식으로 한편으로는 코드의 이원적 구조를 복사하고, 동시에 다른 한편으로는 사람들이 옳다고 여기는 것에 대한 선택의 관점이 드러난다.

이 모든 것은 우리의 주제인 정치체계의 반향 능력에 대한 머리말에 불과하다. 그것은 정치체계의 작동도 분화독립화한 기능체계의 일반적 특징에 따른다는 것을 보여준다.[6] 그러므로 정치체계에 사회적인 특별 지위를, 즉 일종의 지도적 역할 또는 생태적 문제 해결을 위한 총체적 책임을 부여하는 것은 별로 바람직하지 않다. 정치체계 역시 고유의 자기생산 밖에서, 고유의 코드 밖에서, 고유의 프로그램 없이 움직일 수 없다. 이런 일이 일어난다면 그런 행위는 결코 정치로서 인식되지 않으며, 정치와 연계될 수도 없을 것이다. 사람들은 그것을 부득이하게 다른 어떤 것으로서, 어쩌면 사회 운동으로서, 범죄로서, 청소년 같은 미성숙으로서, 유행하거나 구태의연한 유별스러움으로서 인지할 것이다. 그러므로 정치체계도—그렇지 않다면 체계가 아닐 것이다—오직 고유 주파수의 틀 안에서만 반향 가능하다. 그것은 실행할 수 있는 정치만을 할 수 있으며, 실행 조건을 체계 자체에서 규정하고 경우에 따라 변경하지 않으면 안 된다. 주의할 것은 모든 다른 경우에서와 마찬가지로 이때도 문제는 자연법칙적 제한과 선험적으로 확정된 불가능성의 조건에 관한 것이 아니라, 자기생산적 자율성과 기능 연관적 분화독립화의 결과에 관한 것이라는 점이다.

정치적 반향은 무엇보다도 실제적 주권자인 '여론'이 재선(再選)이라는 차별적 기회를 암시함으로써 생겨난다. 범법, 추문 등도 이런 방식으로 정치와 다시 연결된다.[7] 하지만 그 밖에도 잊지 말아야 할 것은 정치의 주제에 대한 민감성이 인물의 선택에 의해서도 영향을 받을 수 있다는 점이다. 생태적으로 덜하거나 더 마음이 열린, 덜하거나 더 참여적인 정치가와 기능 관료가 있을 수 있다—이는 모든 정당을 가로질러 관료 기구에 이르기까지 그러하다. 정치체계가 지닌 반향 능력의 확장 가능성을 추구하는 것은 체계의 이러한 센서의 관점에서 정치적 강령의 의미 있는 지침일 수 있다. 그런데 사람들은 다만 반향을 분별과 혼동해서는 안 된다. 그렇지 않다면 '녹색의' 정당들과 더불어 나타난 효과가 생겨난다. 녹색당은 그 원칙에 있어서는 완전히 옳은데, 사람들이 단지 그들의 말에 귀를 기울일 수 없다는 것이 문제다.

정치적 반향이 지닌 불변의 제한의 본질은 무엇보다도 물리적 강제력에 의해 보증된 정치적 권력이라는 체계 고유의 매체가[8] 고도로 복잡한 사회에서는 적은 적용 가능성밖에 가지고 있지 않다는 데 있다. 원래 상태로는 이런 권력은 생태적 문제를 조정하기 위해 거의 사용될 수 없다. 왜냐하면 사람들이 사회 전체의 환경에 대한 관계를 개선하기 위해 누구로 하여금 어떤 행동을 하도록 직접 강제해야 하는가라는 문제가 발생하기 때문이다. 더욱이 정치적 권력은 궁극적으로 물리적 강제력을 지닌 협박, 즉 공포에 근거하고 있기 때문에 **두려움을 금지할 수도 저지할 수도 없다**는 특유의 제한을 가지고 있다.[9] 사람들은 강제력을 강제력으로써 물리칠 수 있기는 하지만, 두려움을 두려움으로써 물리칠 수는 없다. 두려움을 두려움에 환원적으로 적용할 때 특유의 강제 상황은 정치 자체에서 생겨난다. 정치보다 더 나쁜 것에 대한 두려움은 정치적 요소로서 정치로 되돌아온다. 이는 결코 반향을 위한 여지가 넓어졌다는 것을 의미하지 않는다. 반대로 두려움을 취급할 수 있는 가능성이 적어졌을 뿐이다. 그 때문에 '녹색의' 정치가—그것이 이러한 토대에서 작동하는 한—생태적 문제에 대한 합리적 입장을 추구하는 것이 아니라, 오히려 자신의 근심거리에 대해 직접적으로 공격하는 것은 우연이 아니다. 이는 어떤 원자력 발전도 안 된다, 어떤 콘크리트 도로도 안 된다, 어떤 나무도 베어서는 안 된다, 어떤 집도 철거해서는 안 된다 등등의 저지 정책으로 귀결된다. 그럴 경우 정치체계가 행하는 제한은 봉쇄를 제한하는 것으로서 확고한 지반을 얻고, 이는 결과에 대한 책임에 의해서가 아니라 오직 '원칙'에 의해서만 보장받을 수 있다. 이는 무엇보다도 환경 정당들이 정치적 코드화의 맥락에서 정부의 책임을 묻는 자격을 획득하는 노력을 경주하게 되리라는 것을 의미한다. 왜냐하면 그것들은 정치체계의 보편성과 개방성의 요구에 따를 수 있어야 하기 때문이다. 다시 말해 체계에서 등장하는 모든 문제를 위한 프로그램적 기본 노선을 발전시킬 수 있기 때문이다.

보편적 권한을 지닌 정치는 본질상 법체계에 대한 개입과 경제체계에 대한 개입을 요구하는 두 수단에 제한되어 있다는 것을 알고 있다. 정치는 법질서에 순응할 수 있다는 조건 아래서 법을 제정할 수 있으며, 지출함으로써 발생하는 지불 불능을 타인에게 전가할 수 있다는 조건 아래서 돈을 지출할 수 있다. 다르게 말하면 정치는 새로운 법도 인정하도록 만들기 위해 권력을 투입할 수 있으며, 반대급부 없이 돈을 조달하기 위해 권력을 투입할 수 있다는 것이다. 이 두 가지 가능성은 법체계 또는 경제체계가 자연스럽게 가져올 수 있는 질서의 가능성을 확대한다. 하지만 두 가지 가능성은 법체계와 경제체계가 계속 기능할 수 있는 것과 각각의 매체를 재생시킬 수 있는 것에 의존한다. 법 제정 또는 돈의 박탈을 이겨내기 위해 법체계는 충분히 사법적인 구성 요소를, 경제체계는 충분히 자본주의적인 구성 요소를 제시해야 한다. 이 경우든 저 경우든 관건은 제로섬 게임도, 권력 행사와 저항의 문제도 아니다. 관건은 오히려 체계 수행 능력의 증대 가능성이다. 법체계는 그것이 법과 관련한 커뮤니케이션을 조정하고 상호관계에 의해 정당화할 수 있을 경우에만 체계이다. 왜냐하면 즉각적으로만 등장하고 상황과 더불어 다시 사라진다면 그와 같은 커뮤니케이션은 법으로서가 아니라 단지 이익의 인지로서 인식될 수 있기 때문이다. 경제체계는 지불로 지불을 생산할 수 있는 경우에만 체계이다. 왜냐하면 그렇지 않을 경우 화폐의 수용이 멈추고, 그 결과 경제의 자기생산이 끝나기 때문이다. 정치의 수단으로서 법 또는 화폐를 사용하는 모든 경우는 이러한 한계에 봉착한다. 그런데 그 한계가 어디서 초월되는지 인식하는 것은 어려우며 대개 회고할 때만 인식할 수 있을 뿐이다. 법이나 화폐의 정치적 사용은 권력을 투입하고 강제력으로 협박할 수 있기 때문에 이 한계를 돌파할 수 있다. 그리고 이런 일이 일어나고 있다는 실례는 충분히 존재한다. 하지만 장기적으로 볼 때 이는 정치 자체의 도구화라는 비용을 지불하는데, 환경 정치야말로 장기적 관점을 필요로 할 것이다.[10]

그 밖의 제한은 정치적 권력 코드화의 영토 국가적 경계로부터,[11] 당분간은 어쨌든 생태적 문제를 국가 정책으로 전환시키는 효과적인 국제법적 규정의 결여로부터 생겨난다. 이 제한은 비판받을 수 없다. 그 이유는 생태적 정치는 항상 다른 이익과 관점에 대한 신중한 검토를 요구하기 때문에 정치적 책임을 표명하고 정치적 선거에서 평가받는 메커니즘에 그에 대한 결정을 결부시키는 것이 합당하다는 데 있다. 사회가 그 환경에 끼치는 효과는 여러 측면에서 지역적으로 한정될 수 없기 때문에 단점도 분명하게 존재한다. 그것을 감당할 수 있는 미국에서 에너지를 지나치게 사용하는 것, 원자력 쓰레기를 가능한 한 고유 영토의 변방에 최종 저장하는 것, 생태적 정치를 포기함으로써 '소재지의 이점'을 제공하는 국가로 생산을 옮겨 엄격한 법적 의무를 피하는 것, 배기가스 규정에 대한 의견 불일치 등등은 사회의 정치적 반향이 영토 주권에 의해 얼마나 제한받는지를 보여주는 몇 가지 사례에 불과하다.

그런데 공간적 관점뿐만 아니라 시간적 관점에서도 정치적 반향은 고유 논리에 따르고, 정치에서 매우 중요한 제한은 시간과의 자기만의 관계에서 나타난다. 정치는 한편으론 선거로 인해 정치적 노선이 단기적으로 교체되는 것을 각오해야 하며, 정치 강령의 생태적-경제적 강조는—이는 유권자를 참여시키기 때문에 매우 바람직하다—그러한 교체의 효과를 더욱 강화할 수 있을 것이다. 이는 거듭 요구되는 장기적인 생태적 정치와 대립한다. 최소한 실제로 주어진 출발 상황에 근거해 사람들은 경제 우선적인 선호와 생태 우선적인 선호 사이의 교체를 번번이 고려하지 않으면 안 된다. 다른 한편으론 정치적으로 관철된 규정은 한 번 효력을 발휘할 경우 좋다기보다 종종 더 안정적이다. 그 규정의 전제는 오래전부터 의심을 받고 있으며, 그 결과를 오래전부터 인식할 수 있다 하더라도 통용되고 있는 것을 다시 문제 삼고 타협을 다시 파기하는 것은 어려우며 정치적으로 종종 유익하지 않다. 사람들은 동일한 가치를 지닌 것을 다시 성취할 수 있을지 결코 미리 알지 못한다. 이런 관점에서 사람들은 환경 재화의 '정치적 가격'에 대해 조언할 수 없을 것이다. 이런 방식으로 생겨난 주택 시장 또는 농산물 시장의 잘못된 할당이 우리에게 경고를 하는 것은 마땅하다.

이런 식으로 많은 것은 지나치게 빠른 교체에, 다른 것은 지나치게 느린 교체에 예속되어 있다. 어떤 경우든—이는 하나의 위안이다—정치의 개별 주제는 집합될 수 없는 매우 다른 시간 지평을 가지고 있다.

이때 정치의 시간 구조는 다른 체계의 요구에 맞추어져 있지 않다. 생태적 환경에서의 변화에 맞추어져 있지 않다는 것은 두말할 나위도 없다. '숲의 죽음'이라는 관점에서 사람들은 자동차에 대한 새로운 배출가스 기준을 가지고 정치적으로 서둘러 처리할 수도 있다. 하지만 이는 정치적 업무에서 다른 것들 가운데 하나의 주장일 뿐이다. 정치가 협력과 합의 추구에 더 강하게 의존하면 할수록 지연될 확률, 의외의 새로운 자극을 받을 확률 그리고 오래전부터 진부해진 규정이 존속될 확률은 그만큼 더 커진다.

그리하여 사람들은 이 점에서 특징화된 유형의 경쟁민주주의가 환경 주제를 논쟁적으로 정치에 반입할 수 있는지에 대한 질문을 올바르게 제기했다.[12] 지지를 선언하고 의도를 천명하고자 하는 의향에도, 주제 자체의 화려한 경력에도 불구하고 그중에서 눈에 띄는 것은 지금까지 많지 않다. 사람들은 즉시 어떤 일이 일어나야 한다는 것에 대해 의견 일치를 만들어냈다. 그리고 문제가 너무나 절박해 그들이 지지표의 상실을 걱정하지 않고 열성적으로 일하길 이제 공공연하게 기다리고 있다. 지금까지 어려움을 초래한 것은 환경 주제를 정당 경쟁 자체에 도입한 것이다. 다시 말해 경제를 희생해서라도(일자리의 희생도 포함할 수 있다) 한 정당이 다른 정당보다 장기적 환경 프로그램을 위해 더 많이 노력하며, 이 차이를 가지고 정치적 선거에 임한다는 의미에서 차이를 만들어낸 것이다. 이러한 행태는 몇 퍼센트에 불과한 선거에서의 성공 편차를 벌써부터 재앙으로 느끼는 자칭 '국민 정당'에는 여전히 너무 리스크가 높은 것으로 나타난다. 하지만 이것을 변화시키는 것 그리고 자신에게 고유한 재해 보상 요구를 지닌 생태적 주제가 오래된 사회정치적 주제를 차츰 몰아내는 것은 전적으로 가능한 일이다. 사람들은 제한된 반향을 늘 고려해야 하지만, 경쟁민주주의와 정부에의 참여의 개방성에 의한 정치의 코드화가 생태적 주제에서 실패할 것인지의 여부는 결코 확정된 것이 아니다.

종교

신학자들도 환경 문제를 다루는 논의에 초대를 받는다. 그들은 동기나 이익에서도 의심받을 위치에 있지 않고, 논거상의 전문 지식을 제공하며 이론의 여지 없이 좋은 뜻을 가지고 있다. 그럼에도 불구하고 생태적 토론에 대한 그들의 기여는 초라한 것을 간신히 면할 뿐이다. 그들은 특별히 종교와 무관하게 사람들이 어차피 생각하고 말하는 것만을 대체로 반복한다. 실제 문제에 대응하지 못하는 빈말이 구체적 생각과 말, 경고와 호소에 은폐되어 있다. 사람들은 가령 기술, 과학 및 경제적 관계 자체가 단독으로 지배하는 것이 아니라, 자연적 여건 안에서 인간 문화의 형성을 위한 보조 수단이어야 한다고 말한다.[1] 이렇게 표현하는 사람은 상황을 마찬가지로 잘 방치할 수 있다. 이는 충분치 못하다. 그리고 사람들이 이런 진술을 다시 신학적으로 재구성해 신과 연관시킨다 하더라도 아무런 도움이 되지 않는다.

이러한 진단에 직면해 종교체계의 반향 능력은 어떤 형편인가? 이 체계의 작동은 어떤 코드를, 어떤 프로그램을 표준으로 삼는가? 어떤 구조를 통해서 이 체계의 반향은 실현, 다시 말해서 제한되는가?

다른 영역에서보다 훨씬 먼저 (그 때문에 또한 더 불안정하게) 종교 문제에서 코드화와 프로그램화의 분화는 잘 기능했던 것 같다. 아주 초기의 종교에서 신성한 것은 직접적으로 역설적이었다. 즉 환희와 공포, 매력과 혐오가 동시에 존재했다. 그리고 신성한 것과의 관계는 의식(儀式), 금기화, 상징적-가시적 복제, 신화 이야기 등 경직된 (하지만 실용적으로 사용할 수 있는) 형태로 마법화되었다. 오직 이러한 배후 관계에서만 사람들은 기쁨과 두려움의 이중성을 선하고 악한 행동이라는 도덕 코드와 관련시키고, 그 결과 탈역설화하는 종교의 도덕적 코드화의 성과를 파악할 수 있다. 이제 사람들은 좋은 행동을 할 때 신 옆에서 편안함을 느낄 수 있고, 나쁜 행동을 할 때만 신을 두려워하면 된다. 이에 따라 구원과 저주가 갈린다. 신 자체는 악이 이해할 수 없는 방식으로 사라져버린 존재이거나, 불가해한 목적에 사용되는 선한 신이다. 이에 따라 우주는 좋고 나쁨의 차이를 면제받은 선한 원칙이다.

그러는 사이 탈역설화의 이러한 위계적 형태는 이미 초기에 의문과 의심의 대상이 되었다—욥(Hiob) 같은 종교 관찰자가 종교체계에서 필연적으로 나타나는 것을 갑자기 컨틴전트한 것으로 보면서 왜냐고 물을 수 있을 때 바로 그러했다. 초기의 종교적 성찰은 이미 역설에 대한 통찰을 괴롭혔으며, 종교체계의 지도적인 성찰은 종교가 홀로 도덕적 이원화에, 선하고 악한 행동의 구분을 지속적으로 증명하는 데 쓰이지 않는다는 것을 시인해야 했다. 그 때문에 종교의 코드화는 도덕 저편에 있어야 한다. 도덕적 문제가 어떤 역할도 수행하지 않는다는 것은 아니다! 그 반대가 옳을 것이다. 하지만 바로 그 때문에 종교는 결코 혼자서 좋고 나쁜 행동의 차이를 만들어낼 수 없었다. 종교가 가령 천국과 지옥 같은 도덕우주론에 의해 이따금 매우 번성한 적이 있었다 해도 인물의 도덕적 분류는 그 본래적 관심사가 결코 아니었으며, 특히 중세 후기에는 오히려 신을 마리아의 기도를 가지고 대항해 싸워야 하는 악마의 작품으로 여겼다. 좋고 나쁜 것에 대한 판단과 관련된 월권은 참으로 악마의 작품으로서 죄악을 통해 생겨났다. 즉 어디에선가 이미 도덕은 악마로부터 나왔다는 인식이 늘 존재했다는 것이다.

따라서 종교의 코드화는 도덕과 동일시될 수도 없고, 도덕으로부터 벗어날 수도 없다. (왜냐하면 악마 역시 종교에 의해 조건 지워진 힘이기 때문이다.) 하지만 종교의 최종 단계의 차이는 **내재성**과 **초월성**의 구분에 있다.[2] 이 때 초월성은 오늘날 더 이상 도달할 수 없는 높이와 깊이에 위치한 다른 세계나 세계의 다른 지역으로 여겨져서는 안 될 것 같다. 오히려 일종의 제2의 의미로, 즉 자기준거가 타자준거로서, 복잡성이 단순성으로서(발레리), 가역성이 비가역성으로서 의미를 갖는 어떤 것도 빠뜨리지 않는 완전한 세계에 대한 제2의 이해로 여겨져야 한다.

모든 코드화에서 특징적인 것처럼 여기에서도 항상 미리 주어져 있으며 사회에서 스스로 규정하는 현실은 배후 관계라는 가정을 통해 복제된다. 현실은 구분에 의해 정체성을 확인할 수 있다. 즉 이 구분의 틀 내에서 묘사 가능하다. 이 차이의 통일성이(초월성 그 자체가 아니라) 종교

그림 3

	코드	프로그램
통일성	신	계시
작동	내재성/초월성	성경의 규칙

의 코드이다. 이에 대해 매우 다른 의미론이 있는데, 이를 통해 종교체계는 상이한 종교들로 분화된다. 예를 들어, 하늘과 땅의 차이를 창조함으로써 신이 자기 스스로를 세계로부터 배제하는 창조 신화가 있다. 또는 자연의 탈신성화를 종교의 **특화** 조건으로 만들어 종교적으로 파기할수 없게 영원히 확정된 세속/신성의 차이를 만드는 것이 있다. 또는 예수는 구세주라는 역사적 믿음에 근거해 증언된 가정도 있다. 또는 중세후기/초기 근대의 도덕적 선언 명제의 2차적 코드화가 있는데, 이에 따르면 죄인은 참회와 은총에 의해 구원받을 수 있는 반면 정의로운 자는그가 자신을 정의롭다고 여기는 바로 그 점에 대해 판결을 받는다.[3] 내재성과 초월성의 순수한 차이는 매우 다양한 방식으로 그 의미를 풍부하게 할 수 있으며, 이런 점에서 타당성 조건의 진화에 내맡겨져 있다.사회가 오늘날처럼 분명하게 새로운 상황에 처한다 해도 사람들은 그때문에 즉시 종교의 코드화를 의심해서는 안 되며, 오히려 우선은 우주론과 신학을 통해 코드를 의미론적으로 치장하는 것을 비판적으로 검토해야 할 것이다. 그럼으로써 코드화와 프로그램화 사이를 상징적으로 매개해주는 것들이 동시에 의심스럽게 된다.

문제의 개관에 대해 〈그림 3〉이 분명하게 보여주듯이(77쪽 그림 2 참조)

공개적인 질문이 여기서는 다른 기능체계들에 있어서와는 다른 데 놓여 있다.

근대적이고 기능체계로 분화된 사회가 코드화와 프로그램화의 더 강력한 분화를 강요한다는 것이 옳다면 종교에서 문제는 코드의 통일성을 성찰하는 데서가 아니라 체계의 프로그램적 통일성, 체계의 목적과 올바름의 조건을 성찰하는 데서 발생한다. 여기에서 종교체계는 기능적으로 이미 분화독립화한 정의, 복지, 지식 같은 올바름을 표현하는 문구와 경쟁한다. 사람들이 이런 관점에서 진보에 희망을 걸기 시작함에 따라, 그러니까 17세기 및 18세기에 종교의 올바름에 대한 프로그램 자체가 문제시된다. 여전히 도덕적으로 고착된 구원과 저주의, 천국과 지옥의, 신의 사랑과 공포의 차이는 뒤로 물러선다. 지옥은 완전히 신빙성을 상실한다. 한편으론 '신'으로부터 '계시받은 종교'에로 사유가 발전하고, 아울러 성경의 원칙에 입각한 초월성에 접근하기 위한 수행은 사람들이 믿을 때만 믿는 교의적인 규정이라는 인식이 늘어난다.[4] 다른 한편으론 코드의 도덕적 공고화와 교의학의 컨틴전시 의식 강화 사이에서 탈분화가 일어나는데, 이 둘은 서로를 조건 지우고 서로를 필요로 한다. 체계의 통일성, 곧 코드화와 프로그램화의 결합은 교의학으로서 더 이상 당연시할 수 없는 방식으로만 보장받을 수 있다.

그리하여 종교적으로 공고화된 우주론 역시 작별을 고한다. 이미 아주 오래된 전통은 자연을 더 이상 직접적으로 종교적 성질을 가진 것으로 규정하지 않았다. 왜냐하면 이를 포기함으로써만 사회에서 자신을 그 밖의 세계와 구분하는 종교적 특수 형태가 나올 수 있었기 때문이다—즉 이미 말했듯이 자연의 탈신성화는 종교적인 것의 특화 조건이었다. 그렇다면 근대 초기에 자연의 이런 탈신성화는 그것의 기본 틀만 바꿀 뿐이다. 즉 그것은 더 이상 일차적으로 종교적 요구가 아니라, 일차적으로 과학적이거나 경제적인 요구이다. 그런데 종교는 자신도 같은 텍스트를 설교해야 하기 때문에 이러한 과정에 개입할 수 없다.

사람들은 우선 차이 자체를 미화하며, 너저분하고 비통하고 불쾌한 질서의 역설을 해결하고자 한다. 질서는 암호화와 미화를 포기함으로써 역설로서 나타난다. "세계의 무질서는 겉보기일 뿐이며, 그것이 가장 심한 것처럼 보이는 곳에서 참된 질서는 훨씬 더 멋지지만 우리에게 더 많이 숨겨져 있을 뿐이다."[5] 내재성/초월성의 차이는 '현저한/잠재적인'의 차이로 약화된다. 신의 '지침'(섭리)은 '보이지 않는 손'이 된다. 이때 드러난 구조는 숨은 구조보다 더 이탈에 민감하다는 사실이 이용될 수 있다. 즉 사람들은 코드의 이러한 변형으로 이탈 가능성과 이탈 민감성을 처리하면서 종교를 이렇게 당분간 구해낸다는 것이다.

낙관적으로 발전을 추구하는 사회는 이런 방식으로 자신에 고유한 후속 문제와 관련해 안정을 찾을 수 있었다.[6] 하지만 현재의 미래 불확실성에 직면해 이는 세계 질서가 갖는 멋진 모습을 볼 수 없기에 기대하는 것을 충족하지 못할 것이다. 어떻게 신은 이 모든 것을 허용할 수 있는가—왜 그는 원자를 완전히 제어할 수 없게 창조했고, 화학 비료를 용인했고, 재벌을 마음대로 행동하도록 했는가—라는 신정론(神正論)의 문제 역시 그렇게 많은 도움이 되지 못한다. 현재적인 문제는 이미 신을 정당화하는 질문에 가로막혀 있거나, 여하튼 이르지 못하고 있다. 문제는 **코드로부터의 프로그램의 파생 불가능성**에 있다. 모든 코드화의 경우 이를 위해 가령 이론 형성의 이론(학문 이론) 또는 법 제정의 정당성 이론 또는 자본주의 및 사회주의의 경제적 우월성 이론 등과 같은 주도적 의미론이 필요하다. 오늘날 종교체계는 이에 상응하는 어떤 것도 제공하지 못하며, 모든 이러한 주도적 의미론에서 털어놓았고 또 털어놓게 될 의심은 시도할 때마다 자제를 명한다.

이것이 바뀌지 않는 한—그런데 어떻게 바뀔 수 있겠는가?—종교 또는 종교라는 이름으로 말하고 있는 신학은 환경 위험에 대한 사회적 반향에 도움이 될 만한 것을 줄 수 없다. 일반 사람들처럼 그것은 문제가 어느 정도의 증거를 획득한 후에나 숲의 죽음, 공기 오염, 원자력의 위험, 인간 신체에 대한 과잉 치료 등에 반대해 말할 수 있을 것이다. 그렇지만 진짜 자기 식의 문제화를 가지고는 거의 개입할 수 없을 것이다. 그것은 선행된 사회적 문제의식에 의존하고 있다. 그리고 의미의 확실화가 절박한 곳, 생태적 문제의 관점에서 다르게는 가능하지 않기 때문에 장기적으로 전망할 수 없는 결과와 함께 환경 리스크를 실험하며 취급해야 하는 곳, 그곳에서 신학은 경고하고 불안을 조성한다—아니면 침묵한다. 신학은—가혹하게 말하면—보여줄 어떤 종교도 가지고 있지 않다.[7] 대체로 사람들은 마치 종교가 오늘날 사회적 문제 상황에서 일종의 기생물로 발전하고 있는 것과 같은 인상을 받는다—이는 미셸 세르의 용어에서 빌려온 것으로,[8] 체계에서 배제된 제3자의 귀환을 의미한다. 다르게 말하면, 종교는 이원적 구조와 모든 다른 코드에서 제3자가 배제되어 있는 것을 통해 이득을 본다. 즉 자신의 코드에 통일성의 양식을 제공하고, 이를 통해 배제된 제3자를 포함하도록 준비할 수 있기 때문에 이득을 보는 것이다. 그렇다면 이는 종교가 올바름이라는 문제를 다른 사회적 기능체계에 넘겨줘야 하며 고유의 프로그램을 근본주의적으로, 구체적으로, 기적적으로, 종말론적으로, '새로운 신화'의 형태로 등과 같이 기껏해야 수준 이하로 제공할 수 있다는 것을 의미하는 것일까?

사람들은 여기서 마치 거울처럼 다시 한 번 생태적 위험에 대한 사회적 반향의 문제점 전체를 본다. 반향은 오직 구조적 제한을 통해, 복잡성의 축소를 통해, 선택적 코드화 및 프로그램화를 통해, 말하자면 불완전하게만 일어날 수 있다. 종교는—당분간은 어쨌든—고유의 축소를 포기함으로써, 그 결과 고유의 반향을 포기함으로써 상황이 이렇다는 것을 단지 증명하는 것처럼 보인다. 하지만 항상 그러했듯이 이것이 지금 인간 세계의 유한성에 대한 종교의 표현이라면, 기독교에서 문제는 무엇보다도 예수의 삶에 의해 나타나고 증언된 신에 의해 수반되었다는 확실성을 고수하는 데 달려 있지 않을까?

사람들은 이 점으로부터 하나의 환경윤리학에 이르지 못하며, 환경정치적 요구의 신학적 증폭에도 역시 이르지 못한다. 하지만 사람들은 사회적 관점에서나 환경적 관점에서 믿음의 확실성을 경험하고 구원에 희망을 거는 것이 인간에게 불가능해지는 한계 상황이 있다는 점을 생각할 수 있다. 적어도 이 희망은, 이 희망이 가능한 채로 있어야 한다는 사실은 종교로 입증될 수 있을 것이다.

15

교육

사람들은 큰 희망을 교육체계에 걸 수 있다. 사람들은 젊은이들 사이에서 생태적 문제에 대한 관심이 우위를 차지하는 것을 본다. 교육 제도는—특히 학교와 대학에서—이러한 관심을 포착해 환경 의식과 태도를 차츰 사회 전체에 걸쳐 변화시키는 방향으로 확장할 수 있을까? 우리는 교육 제도로부터 2~3세대 뒤 인간성의 철저한 변화를 기대할 만큼 18세기의 교육학적 낙관주의를 더 이상 가지고 있지 않다. 우리는 이러한 생태적 관심이 가난, 불의, 전쟁이라는 원래의 중요한 문제로부터 관심을 돌리기 위해 계급정치적으로 내건 책략이라고 생각하는 목소리도 듣는다.[1] 이 모든 걸 적절히 고려한다면 사람들은 그럼에도 사회가 그 환경과의 만남을 준비할 장소 어딘가 있다면 그건 바로 학교라고 생각할 수 있다.

그렇지만 교육체계도 다른 기능체계들 가운데 하나일 뿐이다. 그것은 교육자의 교육에 관한 것이 아닌 한 다른 기능체계에서 실천해야 하는 태도와 능력을 개발한다. 교육체계는 여론의 근본적 변화와 비슷하게 작용한다. 즉 더 느릴 것 같고 더 지속적일 것 같지만, 다른 체계의 실천에 연계될 가능성을 보장하지 않으면서 우선 작용한다. 큰 문제가 규범적으로 가능한 필터에 의해 걸러진 후 얼마나 작은 형태로 나타나고, 상황이 수많은 개별적 경우에서 환경 결과에 주목하는 것에 얼마나 많이 달려 있는지 염두에 둔다면, 교육의 의미는 그럼에도 높이 평가될 수 있다. 기능체계들 중 어느 것도 지속적으로 유일하게 옳은 결정을 만들지 못한다. 그러면 다수의 사용 가능한 해결책 가운데 사람들이 생태적 작용 관계를 유의하는지, 유의한다면 어떻게 그러는지가 매우 중요할 수 있다. 하지만 어떻게 이러한 문제를 교육체계 내부에서 커뮤니케이션적으로 취급할 수 있는가? 이 체계도—다른 모든 체계와 마찬가지로—실로 엄격한 제한에 근거해서만 반향 가능하다.

교육체계가 기본적으로 커뮤니케이션을 진행하는 기능이 아니라 인간을 변화시키는 기능을 가지고 있다 하더라도, 여기서도 다른 기능체계와 유사한 발전이 나타난다. 교육체계도 코드화와 프로그램화의 구조적 분화를 통해 자신의 고유한 분화독립화에 반응한다. 물론 이것이 일어나는 방식을 인식하는 것은 종교의 경우에서보다 어렵다. 그래서 사람들은 종교의 경우 신학적 문헌에서와 마찬가지로 교육학적 문헌을 그렇게 신뢰하지 않는다. 왜냐하면 두 경우 모두 우선은 프로그램에 정향해 시작하기 때문이다.

교육체계의 코드화는 그것의 선택 기능과 연계된다. 오직 여기에서만 코드를 특징짓는 그러한 인위적 양가성이 존재한다. 사람들은 좋거나 나쁜 성과를 낼 수 있고, 칭찬받거나 질책받을 수 있고, 더 좋거나 더 나쁜 성적표를 받을 수 있고, 진급하거나 진급하지 못할 수 있고, 상급의 과정 또는 학교에 입학하거나 입학하지 못할 수 있고, 궁극적으로는 졸업장을 받을 수도 받지 못할 수도 있다. 때때로 이러한 양가성은 등급으로 분해할 수 있지만, 그럴 경우에도 그것은 비교할 때(시간적으로 같은 인물에서든지, 사회적으로 타자 관계에서든지) 다시 '더 좋거나 더 나쁜'이라는 의미에서 양가성으로 기능을 발휘한다.

교육체계의 코드는 경력을 쌓을 필연성, 즉 그때마다 자기 선택과 타자 선택의 상호 작용 속에서 발생하며 이어지는 사건에서 가능성의 조건과 구조적 제한을 의미하는 일련의 선택적 사건을 조직적으로 구성해야 할 필연성으로부터 생긴다.[2] 사람들은 학교에 입학할 때만 성적표를 받는다. 성적은 학교 경력 내부에서 진급을 위해 중요하다. 교육 과정을 성공적으로 마치는 것은 취업을 위해 중요하다. 취업은 장래 경력을 결정하며, 이때 자발적이거나 비자발적 요구 사항을 이행하지 않는 것은 어떤 경우든 똑같은—부정적일 수밖에 없지만—경력 가치를 가진다. '하차한 사람들'은 제로(zero) 경력을 위해 결정할 수도 있다. 하지만 경력이 지금 단 한 번만 존재하고 그것이 많은 체계들을 가로질러 한 인물에게 지위를 귀속시키는 전형적 포함의 수단이기 때문에, 그들은 자신의 행동이 경력과 연관되는 것을 피할 수 없다.

반대로 체계의 프로그램은 학습해야 하는 내용과 관련이 있거나, 한 인물의 상황 또는 교육 노력의 결과로서 기대되는 그의 능력을 묘사한다. 프로그램을 통해 교육체계는 사회적 요구와 연결되며, 이러한 구조의 차원에서 필요한 경우 생태적으로 관련된 지식과 연결될 수 있다. 프리드리히 바르바로사(Friedrich Barbarossa)가 언제 태어났고 죽었는지 아는 대신, 사람들은 '공기를 깨끗하게 보존하기 위한 기술적인 지침(TA Luft)'에 따라 어느 정도의 탈륨 수치가 허용 한계인지 정확히 알고 있다. 그리고 사람들이 심화 과정을 성공적으로 마친다면 무엇 때문에 이런 수치를 확정했는지, 어떻게 이 수치를 확정했는지, 이 수치를 초과할 경우 무슨 일이 발생할 수 있는지, 어떤 논거를 가지고 필요한 경우 이 수치를 변경하기 위해 전력을 다하는지 또한 알고 있다.

하지만 바르바로사든 탈륨이든 사물들은 교육체계의 선택 코드에 따라 제2의 존재도 가지고 있다. 그것들을 옳게 알 수도, 틀리게 알 수도, 아니면 전혀 모를 수도 있다. 그럼에도 독일의 역사 또는 시멘트 공장의 용량 확대 승인에 대한 전망보다는 그것들이 더 중요하다. 교육체계로 한 번 들어오면 사람들이 잘 알든, 잘 알지 못하든, 전혀 알지 못하든 그것들은 경력 가치를 가진다. 분화독립화한 교육체계가 존재한다면, 경력은 불가피하다. 그것의 코드화는 임의적인 주제를 포착하고 취급할 수 있다. 그러므로 코드화는 실제로 프로그램, 교육 목적, 교육학적 상상력의 변경보다 더 오래갈 수 있고 오래가야만 한다. 그러나 그것은 바로 그 때문에 올바른 어떤 것을 성취하려는 프로그램의 객관적 요구에 따르지 못한다. 그것은 모든 프로그램에 강요하는 형식적 컨틴전시만을 생성한다. 이때 코드화는 가령 "바르바로사는 태어나지 말아야 했었다", "공기 보존 지침을 다른 식으로 구성할 수 있었다" 같은 지식 자체의 컨틴전시가 아니라, 교육체계의 분화독립화 자체에 의해 생성된 컨틴전시를 염두에 둔다. 교육체계의 선택 배경에서 성적으로 평가받는다는 것을 전제한다면, 모든 것은 모든 것과 결합할 수 있다. 바르바로사와 탈룸은 무엇이 추가될 수 있는가 하는 것이 사전에 구조화되어 있는 성적 평균에 합산된다.

이 가정에 근거한다면 교육체계에서도 마찬가지로 코드화와 프로그램화를 분리하고 재결합하는 경향이 나타난다는 사실을 자연스레 알 수 있다. 한편으로 교육자라는 직업은 교육이라는 원래 책무를 오히려 방해하고 힘들게 하는 불쾌한 부수 업무로서 선택의 임무, 곧 시험을 치르고 성적을 매기는 협력 작업을 수행한다. 다른 한편으로는—다른 체계에서와 마찬가지로—여기에서도 이원적 코드의 매력이 관철되며, 프로그램을 코드 가치의 귀속을 실현하기 위해 선택하고 사용한다. 아직은 세심한 연구를 통해 밝혀야 하는 범주이지만 학생은 수업 때 (튜링 기계와 다르게) '일상적 기계'로, 즉 가령 질문이든 제시된 과제이든 투입에 대해 유일하게 올바른 산출을 생산해내야 하는 기계로 취급을 받는다. (이때 반응 가능성의 일정한 폭을 인정할 수 있다면, 그것은 어떠한 원칙적 차이도 형성하지 않는다.) 이는 무엇보다도 이런 식으로 입증된 체계의 현재 상태는—가령 학생이 지금 하고픈 마음을 가지고 있는지, 집중하고 있는지, 관심 자체를 가지고 있는지 등은—주관자에게 어떤 역할도 하지 않는다.[3] 학생을 일상적 기계로 취급하는 정도에 따라 코드화와 프로그램화의 통합 가능성은 동시에 보장을 받는다. 교육학자들이 자신의 전제와 활동을 이처럼 기술할 때 분노하면서 저항한다면, 이는 적어도 그들이 코드화와 프로그램화의 차이를 직업적으로 접근하는 교사들보다 오히려 더 진지하게 받아들인다는 것을 보여준다. 하지만 동시에 사람들이 참여자의 튜링의 질을 "흥미 없어"라는 식으로 너그럽게 봐준다면, 그럴수록 더 자기준거적 기계의 노동의 질을 어떻게 확정할 수 있는가라는 질문이 제기된다.

사람들이 코드의 우위성에 근거한다면, 학교 내부와 외부에서 선택에 근거한 경력 구조가 사회적 문제의 중압감을 학교로 도로 전달한다는 사실과 그 방법이 동시에 분명해질 것이다. 사람들은 이를 학교의 '성과 스트레스'로, 아니면 훗날 학교의 성과에 근거해 원하는 직업을 찾는 불확실성에 직면한 만성적 낙담 및 절망으로 기록할지도 모른다. 사람들이 특별한 성과를 낼 경우에만 미래 전망을 가지며 이 또한 확실하지 않다는 게 분명해진다면, 불확실한 직업 전망에서 성과 요구와 낙담은 동시에 증가할 것이다. 실제로 문제는 사람들이 선택 **코드**를 통해 체계로 입력한 이와 같은 각인된 태도를 **프로그램**의 차원에서—예를 들어 이해관계와 교과 과정의 더 나은 조정에 의해—효과적으로 완화시킬 수 있는지 여부이다. 결국 이는 경험적인 문제이다. 하지만 코드화와 프로그램화의 분화와 결합이라는 이론적 가정은 오히려 이를 반대하고 있다. 교과 및 학습 과정은 코드화된 체계에서 코드 가치의 합당하고 객관적인 배분을 실현하는 데 적합해야 한다. 그런데 이러한 구조적 요구가 고유의 이익과 당면한 정신 상태에 따라서만 가르침을 받는 비일상적이며 자기준거적인 '기계들'의 요구와 일치하기는 어렵다.

교육의 수많은 구조 문제 중 단지 하나에 대해 이처럼 불가피하게 간명하고 대략적으로 설명하는 것은[4] 교육체계도 생태적 민감성을 높이는 방향으로 단순히 프로그램을 전환하는 데 별다른 여지를 두지 않는 고유의 구조 문제와 작동적 강제 상황으로부터 자유롭지 못하다는, 아니 이로부터 큰 요구를 받고 있다는 점을 분명히 보여준다. 바르바로사 대신 탈륨이라고 단순하게 지시하는 게 다른 어느 곳에서보다 여기에서 더 쉽다는 것은 확실하다. 사회적 체계가 생태의 문제에 대해 합리적 관계를 설정하는 것은 이것만으로 달성될 수 없다는 사실을 현실적으로 인정해야 할 것이다. 그 결과 여타의—흡사 성찰적인 종류의—환경 오염이 발생한다는 사실을, 즉 물질뿐 아니라 이념도 틀린 장소에 있다는 사실을 마찬가지로 쉽게 생각할 수 있을 것이다.

그렇다면 교육체계는 사회체계의 특별한 환경에 대해서만, 즉 인간의 육체적이고 정신적인 당면 상태에 대해서만 직접적으로 영향을 미친다. 사회체계의 효과가 이런 점에 근거하고 있다면, 이런 환경은 다시금 사회에 영향을 미쳐야만 한다. 즉 커뮤니케이션적으로 연계될 수 있어야 한다. 이리하여 교육체계는 심화한 생태적 커뮤니케이션의 확산을 위해 가장 큰 기회를 제공하는 것 같다. **두 개의 반향의 문턱을 넘어야 한다**는 조건 아래서 그러하다. 그 하나는 교육체계 자체의 문턱이고, 다른 하나는 교육을 통해 새로운 태도, 가치 존중, 문제에 대한 민감성이 유입되는 사회의 모든 다른 체계들의 문턱이다.

이러한 가능성을 현실적으로 평가하는 것은 어려울지 모른다. 그것은 잘 코드화되어 있고 프로그램화되어 있으며 조직화한 일상(日常)에서보다는 지금의 위기 상황에서, 이를테면 안전 대책으로서 더 큰 의미를 획득할 수도 있다.[5] 특히 재교육 정책의 성공은 코드화된 커뮤니케이션이 참여자가 다른 참여자의 의견으로 여기는 것에도 반응할 수 있는지, 반응한다면 얼마나 많이 반응하는지에 달려 있을 것이다. 교육, 여론이라는 매체를 통한 세대 효과와 가치 변화의 여타 영향력은 최소한 함께 고려되어야 할 것이다. 합의 가정의 이러한 토대 위에서 기능체계들에 있어서 호응을 얻는 것이 아니라 단지 소음으로만 경험될 수 있는 사회적 운동들이 형성된다는 사실이 그것이다. 이 점에 대해서는 18장에서 재론할 것이다.

기능적
분화

    앞에서 나는 생태적 문제가 근대 사회의 기능체계들에서 반향을 불러일으키는지, 그렇다면 어떻게 그러는지에 대해 논의했다. 하지만 사회학자로서 개별 체계의 분석을 넘어 사회의 통일성을 눈앞에서 놓쳐서는 안 된다. 기능체계의 비교 가능성과 그것들의 분화독립화 구조에서 어느 정도의 일치성은—우리는 코드와 프로그램의 분화에 초점을 두었지만, 이는 많은 관점 중 하나에 불과하다—이미 이런 점을 암시하고 있다. 전체 체계가 갖는 통일성의 본질은 그것의 작동 방식 및 분화 형태의 유형에 있다. 사회적 진화가 작동의 유일한 방식이라고 할 수 있는 의미적인 커뮤니케이션으로 귀결되고, 내적 체계 형성의 다른 형태에 비해 기능적 분화가 우위적인 것으로 귀결된다는 게 분명하면 할수록 이에 상응하는 구조의 형성은 더욱더 명확해진다. 그렇다면 이런 상황에서—모든 시대착오를 버린다는 가정 아래—사회는 자신의 학문체계에서(여기서는 사회학에서) 자기 스스로를 기술하는 개념적이고 이론적인 도구에도 적용해야만 한다.

무엇보다도 사람들은 정점 또는 중심에 여전히 근거하고 있는 위계나 대표 또는 분권화의 이론이 오늘날의 실상을 적절하게 파악할 수 없다는 것을 인정해야 한다. 그것들은 존재하지도 않고 생산할 수도 없는 커뮤니케이션 흐름의 유도를 전제한다. 더군다나 국가와 경제의 관계를 집중화와 분권화의 틀에 따라 기술한 다음, 그때그때의 정치적 선택에 따라 분권화된 결정의 장점을 칭찬하거나 단점에 대해 경고하는 시도 역시 현실에 맞지 않는다. 사실상 경제체계는 화폐 제도에 의해 고도로 집중화해 있으면서 동시에 결정에서는 고도로 분권화한 체계이다. 반면 정치체계는 국가의 조직을 많든 적든 집중적으로 조직하지만, 이 조직에 대한 정치적 영향력을 아주 다른 틀에 따라—가령 사회 운동의 틀에 따라—취급한다. 따라서 체계는 자체 커뮤니케이션 매체에 따라 집중화와 분권화를 결합하면서 둘 모두를 증대시키려는 방식을 통해서만 구별된다. 하지만 체계의 상호 의존은 집중화와 분권화의 틀에 따라 파악될 수 없다.

그리하여 사람들이 커뮤니케이션 통로의, 조종 중심과 자극 수용자의 네트워크 조직에서 근대 사회의 통일성을 파악하려 한다면 헛된 것을 찾고 있는 셈이다. 그럴 경우 사람들은 좋은 의도가 어느 곳에서든 어떤 것이든 반대로 조종되기 때문에 실현 불가능하다는 인상에 빠르게 도달할 것이다.[1] 그리고 사람들은 이러한 실상을 자본주의, 관료주의 또는 복잡성을 통해 오히려 신화적으로 설명함으로써 결말을 짓는다. 체계분화 이론의 도움으로 사람들은 반대로 모든 부분 체계 형성이 바로 **전체 체계의 통일성을 위한 새로운 표현**이라는 것을 쉽게 알 수 있다.[2] 모든 부분 체계들의 형성은 전체 체계의 통일성을 체계와 환경, 즉 부분 체계와 전체 체계 내적인 환경의 특별한 차이로 분해한다. 따라서 이와 같은 경계선에 의거해 모든 부분 체계는 물론 부분 체계 형성의 다른 가능성을 열어놓은 그때마다의 특별한 방식으로 전체 체계를 성찰할 수 있다. 예를 들어 이런 식으로 정치체계는—분화독립화해 있다면—사회를 합의와 강제력 사용의 관계로 이해하면서 이러한 조건에 대한 자신의 관계를 최적화하고자 한다. 이때 합의와 강제력은 한편으론 특별한 작동이기는 하지만 동시에 부분 체계인 정치가 결코 완전히 들여다볼 수 없는 사회적 조건과 부수 효과에 대한 총괄 양식 및 지평이기도 하다.

따라서 각 기능체계는 **자신의** 환경과 함께 **사회**를 재구성한다. 그리하여 각 기능체계가 **자신의** 환경에 대해 개방되어 있고 또 그러는 한 **자기 자신에 대해** "사회이다"라는 것을 납득하도록 가정할 수 있다. 고유한 자기생산의 폐쇄성을 이용해 기능체계는 **그** 사회체계의 **한** 기능을 사용한다. 환경 조건과 환경 변화에 대한 개방성을 이용해 그것은 이러한 상황이—사회가 **자기 자신**을 하나의 기능에만 특화할 수 없기 때문에—사회체계 **내에서** 일어나야만 한다는 사실을 고려한다. 따라서 관건은 역설의 조작화에 있다. 체계와 환경의 차이로 이해한다면, 기능체계는 사회이면서 동시에 사회가 아니다. 그것은 폐쇄적으로, 개방적으로 동시에 작동한다. 그것은 작동 필연적인 환상이라는 의미에서이긴 하지만 고유의 현실성 요구에 배타성을 부여한다. 그것은 고유의 코드에 양가성을 부여하고, 그럴 경우 환경의 불투명성과 풍부한 의외성에 숨어 있는 제3의 가치를 배제한다. 이런 방식으로 사회는 통일성으로서, 차이로서 동시에 자신을 재생산한다. '여럿이면서 하나(unitas multiplex)'라는 역설은 이로써 물론 궁극적으로 제거되지 않는다. 그것은 불투명성과 환상의 형태로, 교란과 차폐 필연성의 형태로 체계로 되돌아온다—종교 체계의 선택적 코드화로 표현한다면, 초월성이 내재성으로 되돌아오는 것처럼.

이러한 체계이론적 분석은 근대 사회에서 시장이나 민주주의 같은 기구의 의미와 호감을 규명해준다. 그와 같은 묘사는 폐쇄성과 개방성의, 기능 논리와 민감성의 통일성을 상징화한다. 물론 시장은 예컨대 사촌의 구석 창문을 통해 볼 수 있는 바로 그런 시장이 아니며,[3] 민주주의는 오래전부터 더 이상 국민이 지배하는 것을 의미하지 않는다. 관건은 결국 역설적 실상의 의미론적 암호화이다. 이는 이러한 개념의 의미와 환상적 구성 요소를 설명하고, 상응하는 이론의 약점을 설명하며, 근대 사회가 자기 기술을 시작한 이래, 곧 18세기 이래 항상 일종의 자기비판이 함께 이뤄져왔음을 설명한다.

이러한 질서의 통일성은 전적으로 이미 그것이 진화, 곧 가능성의 계속적인 조정을 통해 성취되었다는 사실에 의해 강제적으로 주어져 있다. 이로써 모든 가능한 세계들 중 최선의 선택도, 어떤 의미에서든 '진보성'도 보장되어 있지 않다. 진화적 선택을 통해 먼저 매우 비개연적인, 매우 복잡한 질서가 성취된다. 진화는 비개연적 질서를 개연적이며 기능 가능한 질서로 전환한다. 네겐트로피 또는 복잡성 같은 개념이 말하는 바도 다르지 않다. 하지만 이는 비개연성이 사라지거나 이전의 역사로서 시류에 부적합한 것이 된다는 사실을 의미하지 않는다. 그것은 함께 전환되고, 그리하여 헤겔의 유명한 말마따나 "지양된다". 그것은 구조적으로 고착된, 제거할 수 없는 리스크로 남아 있다.

이미 계층화된 사회는 그 자신의 구조 결정이 지닌 어려운 결과를 극복했어야만 한다. 이의 본질은 예를 들어 상속 서열과 새로운 공적(功績) 사이의 지속적인 갈등에(계층화된 사회는 계층 특화적인 족내혼을 규정해야 하지만 이를 유지할 수는 없다), 특히 무엇보다도 토지 소유 같은 부족한 자원에 대한 접근을 통제하는 중앙 집권화로 인해 나타나는 모든 갈등에 있었다. 근대 사회와 비교할 때 이는 그럼에도 많은 경우 역사적으로 안정적인 해결책을 발견할 수 있는 상대적으로 사소한 문제이다. 본질적으로 기능적 분화에로의 이행은 더 높은 리스크와 구조적 성과의 격화된 후속 문제를 동반한 완전히 다른 상황을 초래한다. 이때 사회체계의 생태적 자기 위험은 결코 새롭지 않지만, 오늘날 극적으로 첨예화된 문제가 된다.

기능적 분화와 더불어 대체 과정에 의한 탄력적 적응의 원칙은 기능 체계의 특화 원칙이 되었다. 이는 기능적 등가물을 이전보다 더 많이 고안하고 실현할 수 있다는 결과를 가져왔다. **하지만 오직 부분 체계 기능과 그것의 코드화 틀 속에서만** 그러했다. 높은 탄력성은 그 탄력성의 한정 조건이 지닌 특유의 경직성으로 대가를 치른다. 모든 것은 컨틴전트하게 나타나지만, 다른 가능성의 실현은 특수한 체계 준거에 결합해 있다. 모든 이원적 코드는 세계 보편적 유효성을 요구하지만, 자신의 관점에서만 그러하다. 모든 것은 예컨대 참 또는 거짓일 수 있지만, 바로 학문체계의 특수한 이론 프로그램에 따라서만 참 또는 거짓일 수 있다. 이는 무엇보다 어떤 기능체계도 다른 것을 대리할 수 없다는 것을, 어떤 기능체계도 다른 것을 대체하거나 부담을 줄이기만 할 수도 없다는 것을 의미한다. 정치는 경제를 대체할 수 없고, 경제는 과학을 대체할 수 없고, 과학은 법 또는 종교를 대체할 수 없고, 종교는 정치를 대체할 수 없다 등등—모든 상상 가능한 체계들 간의 관계에서 그러하다.

물론 이러한 구조적 장애물은 그러한 시도를 배제하지 않지만 탈분화, 즉 기능적 분화의 장점을 포기하는 대가를 치러야 한다.

이는 경제에 속한 생산 영역을 정치화한 사회주의적 실험에서, 또는 정치, 경제 그리고 법의 '이슬람화' 경향에서도 인식될 수 있다. 게다가 그것들은 매우 부분적으로 수행되었다. 예를 들면 화폐에는 손도 대지 않았으며(오히려 기껏해야 자본 투자와 가격에 대한 순수 경제적인 계산에만 손을 댔을 뿐이다), 세계 사회라는 체계의 면역 반응에 의해서도 가로막혔다.

구조적으로 강제된 기능체계의 대체 불가능성은 다양한 방식의 상호 의존을 배제하지 않는다. 번영하는 경제는 동시에 정치적으로 하나의 축복이며, 그 반대도 마찬가지이다. 하지만 이는 경제가 정치적 기능을 수행한다는 것을, 즉 집단적으로 구속하는 결정을 (어떤 수익성의 관심에서?) 생성할 수 있다는 것을 의미하지 않는다. 기능(=기능에 의한 대체 규정)의 대체 불가능성은 오히려 증대하는 상호 의존에 의해 상쇄된다. 기능체계들이 서로를 대체할 수 없는 바로 그 이유로 인해 그것들은 서로서로 장려하기도 하고 부담을 받기도 한다. 바로 그 대체 불가능성으로 말미암아 한 체계의 문제는 다른 체계로 지속적으로 이동한다. 바로 이를 통해 독립성과 상호 의존성, 독자성과 의존성이 동시에 증가한다. 그리고 이러한 증가의 작동적이고 구조적인 균형은 개별적인 체계를 거대하고 통제할 수 없는 고유 복잡성으로 팽창시킨다.

사람들은 같은 상황을 사회체계의 구조적 중복의 계속적 해체와 재조직화로서도 특징지을 수 있다. 다기능적 장치에, 체계를 다양한 기능을 위해 사용할 수 있었다는 사실에, '이것은 물론 저것도'의 방식으로 프로그램화되었다는 사실에 있었던 안전성은 포기되었다. 이는 무엇보다도 가족과 도덕이 지닌 사회적 중요성이 줄어든 것에서 나타난다. 그 대신 바로 기능적 관점의 분화독립화와 '다른 조건이 같을 경우-조항'에 근거한 새로운 중복이 생겨났다. 하지만 이것으로 기능체계들 사이의 상호 의존과 한 체계를 다른 체계들을 위해 변화시킴으로써 발생하는 사회적 후속 작용이 함께 보장되는 것은 아니다. 이런 관점에서 이제 시간이 연관된다. 즉 결과는 어느 정도 시간이 지난 뒤에야 비로소 나타나고 그럴 경우 새로운, 곧 다시금 체계 특화적인 수단만으로 취급해야 한다는 것이다. 이때 사람들은 이를 유발하는 원인에 손을 댈 수 없다. 복잡성은 시간화한다.[4] 안전성에 대한 관념은 시간화한다. 미래는 희망과 두려움으로, 어쨌든 달라질 것이라는 기대로 짐 지워져 있다. 성과를 문제로 전환하는 것을 촉진하고, (예를 들어 충분한 유동성을 위한, 언제나 기능할 준비를 갖춘 입법을 위한) 구조적 대책은 문제 해결의 그와 같은 재문제화가 항상 발생할 수 있으리라는 것에 대비한다.

원칙적으로 사람들은 대체 가능성의 포기를 중복의 포기로, 즉 다층적 보장의 포기로 이해해야 한다. 중복의 포기는 알려진 대로 체계의 교란 및 환경 '소음'으로부터 배울 가능성을 낮춘다.[5] 이로부터 추론할 수 있는 것은 기능적으로 분화한 체계가 (동시에 강력하게 환경 변화를 유발할 수 있음에도 불구하고) 단순하게 성립된 체계보다 환경 변화에 더 잘 대비할 수 없을 것이라는 점이다. 그럼에도 이는 기껏해야 진리의 한 부분일 뿐이다. 왜냐하면 기능적 분화는 부분 체계의 추상적 코드화와 기능적 특화를 통해 이 차원에서 고도의 민감성과 학습 가능성을 동시에 실현하기 때문이나. 사람들은 체계 형성의 많은 차원을 동시에 주목해야 하기 때문에, 실상은 따라서 정말 복잡하게 얽혀 있다. 사회체계의 중복의 포기는 기능체계의 차원에서 보상된다. 따라서 문제의 본질은 오직 이것이 단지 부분 체계의 차원에서만 발생할 수 있다는 점에 있다.

그리하여 가계, 도덕 및 종교적 우주론이라는 옛날의 다기능성 대신 고도로 조직화한 대체 및 만회 가능성이 특수한 기능에 결합하며, 다른 기능과 관련해 불고려(不考慮)로 보상해야 하는 하나의 조정 장치가 나타난다. 이로 말미암아 적응 변화의 결과는 의존성과 독자성의 복잡한 그물 속으로 들어간다. 즉 부분적으로는 예견할 수 없는 분규가 되고, 부분적으로는 흡수된다. 그와 같은 상황에서 상이한 사회 형태의 수행 능력을 단순하게 평가하는 것과 단순하게 비교하는 것은 금물이다.

기능적 분화의 또 다른 결과는 모든 기능체계의 구조적 차원에서 가시적 컨틴전시의 증가에 있다. 사람들은 실정법에 의한 자연법의 해체에 대해, 정부의 민주주의적 교체에 대해, 이론의 유효성이 지닌 단지 가설적인 성격에 대해, 결혼 대상자의 자유로운 선택 가능성에 대해, 특히 사람들이 '시장의 결정'으로서 (그것이 누구든 무엇이든) 경험하고 점증하는 비판에 내맡기는 모든 것에 대해 생각해보면 된다. 결과는 이전에 자연으로서 경험한 많은 것들이 결정으로서 나타나며 논증의 압박에 빠진다는 사실이다. 이런 식으로 새로운 "침범되지 않은 수준"(호프스태터)을 위한, 이성을 보장하고 계몽을 견지하는 선험을 위한, 마지막으로 "가치"[6]를 위한 수요가 생겨난다. 원래 결합할 수 없는 가치들의 결합성은 컨틴전시에 대한 광범위한 불만족과 마찬가지로 구조 비판을 통해 그리고 정적인 분석을 통해 점차 결정보다 더 많은 사상(事象)을 드러낸다는 사실과도 서로 관련이 있다. 정말이지 사람들이 어떤 이가 (예를 들어 사고 사망자의 수 또는 실업률의 증가에 대해) 결정했다는 것을 확인할 수 없을 때조차도 불만스러운 상황을 벗어나기 위해 결정은 필요하다. 그리고 결정을 요구한다는 것은 묵시적이든 명시적이든 가치를 끌어들인다는 것을 의미한다. 따라서 구조의 컨틴전시는 가치 질서를 생성하며, 이는 효과의 구체적 작용 가능성에 대한 어떠한 고려도 없이, 즉 상응하는 상황에 도달할 가능성에 대한 고려 없이 발생한다.

사람들은 생태적 커뮤니케이션이 이러한 가치 인플레이션을 다시 한번 높이리라는 것을 예감할 수 있다. 왜냐하면 특별히 사회가 환경 변화에 대한 책임을 자기 스스로에게 지워야 한다면, 그 원인을 교정할 수 있어야만 하는 결정에 돌리는 것은 수긍이 가기 때문이다. 즉 배기가스량, 전체 소비량, 새로운 종류지만 그 결과에 대해 아직 불투명한 기술 등에 대한 결정이 그것이다. 그와 같은 책임 부여는 단순화하고, 해명하면서도 은폐하는 인과적 귀속에 근거한다는 사실을 우리는 3장에서 이미 적어두었다. 이는 그것이 실행되고 커뮤니케이션되는 것을 방해하지 않는다. 그것은—다른 효과들이 없다면—적어도 가치를 표면으로 떠오르게 하는 효과를 갖고 있다.[7]

그렇다면 우선 사람들은 자유와 평등이라는 가치 이외에 정말 맑은 공기와 맑은 물, 나무와 동물도 역시 가치 목록에 들어간다고 생각할 수 있다. 그리하여 어차피 단지 목록이 문제이기 때문에 임의로 판다, 타밀 사람, 여성 등등으로 확대할 수 있다. 그럼에도 이는 장기적으로 그리고 원칙적으로 볼 때 너무나 단순한 방편이다. 가치라는 커뮤니케이션 매체가 인플레이션을 일으키는 문제는—파슨스의 생각이다[8]—그것이 사회체계의 자기관찰과 자기 기술에 영향을 미친다는 사실로부터 비로소 생겨난다.

현실적으로 사회체계의 자기 기술은 전형적으로 구조 결정의 후속 문제에 정향하고 있으며, 따라서 가치를 환기하고 '위기'를 주시하는 경향을 가진다. 그리하여 19세기 초중반의 부르주아적-사회주의적 이론의 성숙기에서와는 다르게 (해로운 것들이 영속적으로 공급되고, 가치에 의거해 추론되고, 행동에 대한 막연한 의무로서 파악되지만) 어떤 경우든 완성으로 가는 길에서 정신이나 물질의 에움길로서는 더 이상 파악되지 않는다. 그것들은 진화의 피할 수 없는 결과이고, 여기서 제시한 이론에서는 사회적 체계분화 원칙과 그 원칙을 통해 실현된 비개연적인 것의 개연성의 결과라고 할 수 있다.

이에 상응하는 것은 늘 함께 진행되는 사회체계의 비판적 자기관찰과 자기 기술이 도덕적 판단을 포기해야 하든지, 아니면 그러한 판단으로 인해 종파적 편향으로 빠져든다는 점이다.[9] 그 대신 '현저한/잠재적인(의식적인/무의식적인, 의도적인/비의도적인)'이라는 새로운 종류의 도식이 생겨난다. 드러난 기능만을 분화독립화와 특화를 위해 사용할 수 있고, 비교 관점이나 목표 양식으로 전환할 수 있다. 그 결과 비판은 다른 측면, 즉 정반대를 함께 밝히는 차이 도식과 더불어 조성된다. 직접적인 목표 추구는 순진한 일이며, 계몽의 직접적인 의도조차 따라서 잘못을 저질렀다.[10] 그리하여 사회는 마치 거울과 같다는 비난을 받는데, 잠재적인 것은 자신의 기능을 잠재적으로만 수행할 수 있기 때문에 그것을 통해 꿰뚫어볼 수 없다는 가정 아래 그러하다. 이런 식으로 사회학 역시 '계몽'을 추진하고, 자신의 실패를 곧바로 함께 설명한다.[11] 이런 의미에서 이데올로기, 무의식적인 것, 잠재적인 구조와 기능, 목표하지 않은 부수 결과 등이 주제로 등장하는데, 이러한 그림자 왕국의 지위는—사람들은 플라톤적 비유의 전환에 유의했다—밝혀지지 않고 있다. 그 때문에 사람들은 사회가 이러한 구분의 도움으로 자기 자신에 대해 계몽할 수 있다는 사실만을 아울러 인식할 수 있다.

사회의 통일성을 사회로 다시 도입하거나 거기에서만 표현하는 문제는 말하자면 체계의 비판적 자기 기술의 형태로까지 확장된다. 사회를 주체라는 외부적 관점에서, 즉 바깥으로부터 판단하고 단죄하는 모든 시도도 마찬가지 증상을 보인다. 이는 사회의 통일성을 사회 자체의 바깥에 있는 원칙으로 옮겨놓는 것일 뿐이다.[12] 그와 같은 시도에 대한 체계이론적 분석은 그에 비해 이러한 문제의 원인을 다시 근대 사회의 구조에서 찾을 수 있다는 장점을 갖고 있다. (이것 역시 사회에서 일어나야 한다는 사실에는 변함이 없다.)

원칙적으로 체계에서 체계의 통일성을 체계의 작동 대상으로 만드는 모든 시도는 역설에 부딪힌다. 왜냐하면 이 작동은 이때 자기 스스로를 배제하면서도 포함해야 하기 때문이다. 하지만 사회가 중심/주변이나 신분 질서에 따라 분화해 있는 한, 적어도 체계의 통일성을 '대표하는' 게 경쟁 없이 가능한 한, 즉 중심 또는 위계의 정점에 있는 한 지위는 고착될 수 있었다. 기능적 분화에로의 이행은 사회의 통일성을 매번 부분 체계/환경의 차이에 의해 대표되는 것을 다수의 기능체계들에게 넘겨줌으로써, 사회의 통일성을 슈퍼 대표라는 상위의 관점이 존재하지 않는 서로 간의 경쟁에 내맡김으로써 이러한 가능성을 없애버린다. 이것 역시 관찰되고 기술될 수 있기는 하다. 하지만 그럴 경우에도 사회의 통일성은 기능체계의 바로 이러한 차이 이외에는 아무것도 아니다. 즉 그것은 기능체계의 상호적 자율성과 비대체성일 뿐이라는 것이다. 그것은 이러한 구조를 고도화한 독립성과 의존성의 공존으로 전환시킨 것일 뿐이다. 그것은—다른 말로 하면—이를 통해 생겨난, 진화적으로 극도로 비개연적인 복잡성이다.

제한과 강화:
너무나 적은 그리고 너무나 많은 반향

환경에 의한 위험이 계기가 된 사회의 반향이라는 주제에 대한 상세한 분석은 무엇보다도 기능체계의 대체 불가능성에 그 본질이 있는 중복 포기와 결합되어야만 한다. 이로부터 모든 교란이 기능체계들 중 하나 또는 몇몇에로 이어져야 하는 불가피성이 발생한다. 환경 오염에서 발생하는 것이 무엇이든 이 코드에 아니면 저 코드에 따라서만 효과적으로 취급될 수 있다―이는 사람들이 일식 또는 지진에 대해서처럼 환경 오염에 대해 다르면서도 비(非)특수적인 방식으로 격분한다는 것을 배제하지 않는다. 일반적인 체계이론적 연구 및 생물학적 연구와 관련해 이미 말했듯이 중복 포기는 교란(소음)에 반응하는 능력을 제한한다. 다른 한편으로 사람들이 유기체에서도 볼 수 있는 것처럼 구조적 제한 역시 반향 능력을 향상하기 위한 하나의 길이다. 엄청난 포기 아래 좁지만 나름대로 진화적으로 시험을 통과한 주파수 영역에서만 반향 가능한 눈과 귀, 신경체계 및 면역체계가 생겨난다. 이러한 축소는 조직화된 학습 능력에 의해 상쇄될 수 있다.

근대 사회 역시 이러한 길을 기능 정향적인 분화 원칙의 선택을 통해 걸어가는 것처럼 보인다. 아주 다른 가능성이 있지 않았을까라고 묻는 것은 무익하다. 우리는 '탈근대'의 상황에 처해 있지 않느냐, 또는 심지어 이미 이러한 이행을 완수했다는 생각을 가지고 있지 않느냐라고 묻는 것도 마찬가지로 무익하다. 실제적 관계는 이에 대해 어떤 근거도 제공하지 않는다. 그와 같은 가정은 오히려 너무나도 단순하게 구축된 이론으로부터 나온 성급한 결론일 뿐이다. 의미 있는 질문은 우리가 기능적 특화에서 불가피하게 드러나는 중복 포기를 지금보다 더 잘 사용할 수 있는지 여부일 뿐이다. 사람들은 기능적 분화의 논리를 그 후속 문제와 함께 알지 않으면 안 된다. 그럴 경우에만 사람들은 개별적 기능체계의 코드화에 의한 반향의 제한이 어떻게 작용하는지 평가할 수 있다. 한편으로 이로 인해 모든 직접적인 점 대 점 관련성을 배제하며, '필수적인 다양성'의 설치를 포기한다. 코드화는 강력한 축소를 초래한다. 그것도 모든 경우에, 모든 기능체계들에서 그러하다. 예외 상황에서만 환경 변화는 자기 자신에게 전념하는 기능체계를 반향하도록 만들고, 예외 상황에서만 체계 특화적인 커뮤니케이션을 지속적으로 재생산하는 조건을 교란하고 변화시킨다.

다른 한편으로 정확히 이 축소는 환경 변화를 체계에서 어떻게 해서든 인지해 처리할 수 있는 것에 대한 전제이다. 코드화는 환경에서 사건이 체계에서 정보로 나타나는 것에 대한, 다시 말해 어떤 것과 관련해 해석할 수 있는 것에 대한 전제이다. 그리고 이원적 코드화는 이것이 파급 효과가 크고 체계 내적으로 연계 가능한 방식으로 일어나도록 작용한다. 이러한 연속 사슬은 물론 다른 조건을 통해, 즉 이론, 법률, 투자, 정당 정치적 실행의 확립 같은 체계의 프로그램을 통해 매개된다. 코드화와 프로그램화라는 이러한 이중 필터를 통과한다면, 생태적 문제 상황은 체계 내적인 연관성을 그리고 경우에 따라 광범위한 주목을 획득한다―이런 식으로, 이런 식으로만!

이 모든 것은 전체 체계로서 사회가 만일의 생태적 위험을 어떤 경우든 예방할 수 있거나, 아니면 적어도 대체할 수 있다는 것을 결코 보장하지 않는다. 그렇기는커녕 사회는 예외적인 경우들에 있어서만 반응하는 이러한 가능성을 **단지** 가지고 있을 뿐이다. 이로부터 사람들은 사회가 생태적 위험에 직면해 **너무나 적은 반향**을 만들어낸다고 추론할 수 있다. 이러한 추론은 현재 여론이 추정하는 것과 일치한다. 사회적 커뮤니케이션은 이런 식으로 경종을 울리고 더 많은 행위를 하도록 조장한다. 이때 이러한 요구는 기능체계의 언어로 번역될 수 없음은 물론이다. 그럼에도 이는 문제의 반쪽에 불과하다. 다른 반쪽은 인식하기 어려워서 지금은 대개 간과될 것이다. 즉 동시에 **너무나 많은 반향**도 있을 수 있으며, 체계는 외부에 의해 파괴되지 않고 내적인 과잉 부담으로 인해 파열할 수 있다는 것이다.

따라서 반향 가능성의 문제는―그것이 **분화된** 체계와 관계하기 때문에―'너무나 적은' 그리고 '너무나 많은'이 서로서로 청산될 수 있는 **오직 하나의 차원에 있지 않다.** 사람들은 오히려 사회체계의 외적 경계와 내적 경계라는 두 개의 체계 경계를 구분해야 한다. 외적 경계를 통해 사회는 그 고유의 자기생산, 즉 커뮤니케이션을 비(非)커뮤니케이션적 실상의 높은 복잡성에 대항해 차폐한다. 고유 작동의 차원에서 여기서는 투입도 산출도 없다. 사회는 자신의 환경과 커뮤니케이션할 수 없고, 자신의 정보 처리 수용 능력에 따라서만 자신의 환경에 대해 커뮤니케이션할 수 있다. 그럴 경우 사회는 자신에게 정보인 것을 스스로 조절하지만 커뮤니케이션을 선택하고 질서를 부여할 때 혼선과 교란에 의해, 특히 참여한 인물들의 의식 과정에 의해 영향을 받을 수도 있다.

전혀 다른 관계가 사회 내적인 체계 경계에 존재한다. 여기에 커뮤니케이션적 상호 의존이 있다. 성장률, 실업자 수, 인플레적 또는 디플레적 발전 같은 경제체계의 축적된 자료는 정치에 대해 무언가를 말한다. 기능체계가 고유의 자기생산, 고유의 코드 및 고유의 프로그램의 토대에서 분화독립화해 있다손 치더라도 그것은 커뮤니케이션에 의해 자기 환경과의 관계에서 사회 자체와는 전혀 다른 방식으로 교란될 수 있다. 따라서 모든 체계가 각각의 고유의 코드에 따라 처리된다 하더라도—아니 바로 그렇기 때문에—한 체계의 소란이 다른 체계로 전달될 개연성은 매우 높다. 예를 들어 학문적 발견과 기술적 발명이 경제적으로 이용되자마자, 경제는 속수무책으로 그것들의 수중에 들어간다. 동일한 것을—필요한 조건을 바꾸면—정치와 법의 관계에, 학문과 의학의 관계에 그리고 다수의 다른 예들에 적용할 수 있다. 여기에서 척도와 비례를 위해 애쓰는 상위 기관은 없다. 한 체계에 있어서 조그마한 변화는 반향에 의해 다른 체계에서 막대한 변화를 유발할 수 있다. 경제적

일상에서―예를 들어 매일 왔다 갔다 하는 수천억 달러에 비하면―어떤 역할도 하지 않는 한 정치가에게 돈을 송금하는 것은 정치적으로 추문이 될 수 있다. 이론적으로 별 의미 없는 학문적 발견은 의학적으로 고역으로 변질될 수 있고, 법체계에서 다른 결정에 대해 영향력을 거의 갖지 못하는 법의 결정은 전체 정치 영역을 봉쇄할 수 있다. 가령 법이 제약 산업과 의사에게 손해 배상 의무를 지우겠다고 위협하면서 정보 명시와 사전 주의 조치를 하도록 한다면, 이는 법에서 추구하는 관심사와 전혀 상관이 없고 법의 결정에서도 역시 함께 고려할 수 없는 의학적이고도 경제적인 결과를 초래할 수 있다. 불안 효과, 불확실성, 동물 실험의 필요성 증가, 비용 상승, 단순히 생각할 수 있는 모든 조사 기구의 습관적 가동 등을 그 예로 들 수 있다. 이러한 모든 관계에서 어떤 상위의 이성도 존재하지 않는다. 왜냐하면 각 체계는 오직 그 자신의 코드와 더불어 반향을 생성할 수 있고, 정보가 코드 특화적인 작동을 유발하면 이를 실제로 거의 저항 없이 행할 수 있기 때문이다.

나아가 기능체계는 그 고유의 기능 영역에서 **다른** 기능이 **다른 곳에서** 수행된다는 것에 의존한다. 그러므로 특정한 수행의 장애는 사회 내적 환경의 극복할 수 없는 변화로서 개별적 기능체계에서 그들의 편에서 다른 기능체계에 도로 영향을 미치는 상궤를 넘어선 결과를 초래한다. 그리하여 법체계가―어떤 내적인 고려로부터 나왔든―노동쟁의법에서 참여자에게 그들 자신의 행동의 법적 결과를 예견하는 것을 가능케 하는 규칙을 발전시킬 수 없다고 여긴다면, 이는 경제적으로, 그다음에는 정치적으로도 파급 효과가 큰 결과를 가져올지도 모른다. 그럴 경우 법체계 내에서 '비례성'의 원칙은 체계 사이의 관계에서 불(不)비례적인 결과를 초래할지도 모른다. 비슷한 이유로 정치적으로 정당화된 간섭은 드물지 않게 전체 경제 영역을 파괴하거나, 아니면 정치에 의한 지속적 부양에 의존하게 만든다. 동일한 것을 특별히 눈에 띄는 방식으로 정치와 법의 관계에도 적용할 수 있다. 다른 한편으로 정부의 안정성은 경제 상황이 좋아지거나 나빠지는 데 달려 있다. 다시 말해 정부의 안정성은 정부의 통제로부터 상당히 벗어나 있으며, 경제적으로보다는 정치적으로 종종 훨씬 더 긍정적으로 또는 훨씬 더 부정적으로 영향을 미치는 발전들에 달려 있다.

이러한 이유로 외적 환경과의 관계에서보다 사회 내적으로 상당히 더 높은 반향을 기대할 수 있다. 기능체계들은 기능 특화적인 고성능을 위해 분화독립화되어 있고, 코드화되어 있으며, 프로그램화되어 있다. 그리고 그것들은 자극을 목적으로 자신의 사회 내적 환경을 지속적으로 수색하고, 자신들에게 제공된 것이 무엇인지 포착한다. 그것들은 내생적으로 불안정하며 쉽게 혼선을 일으킬 수 있다. 그것들의 구조적 비개연성, 합쳐진 리스크는 쉽게 분출될 수 있다. 이러한 체계들이 자기 스스로를 '균형'으로 묘사한다면, 이는 불안정성을 자기 안정성의 원칙으로 삼았다는 것을 의미하기도 한다. 이를 18세기 한 작가의 말을 빌려 다르게 표현하면, 조그만 낟알일지라도 저울 한쪽 위에 던지면 체계를 혼란시키기에 충분하다.[1]

개별적 기능체계의 자기생산의 자율성 및 상호 대체 가능성의 포기야말로 불균형적으로 반응할 수 있는 가능성의 근거이다. 왜냐하면 **고유**

의 기능에 대해 **홀로 그리고 보편적으로** 결정 권한이 있는 각 체계는 반향이 요동치는 조건을 독자적으로 규정하지만, 동시에 이를 유발하는 환경 자극을 통제할 수 없기 때문이다. 실상이 이와 같다면 어떤 일반적 규칙도 존재할 수 없다. 반응은 모든 체계들 간의 관계에서 나타나지 않으며, 다른 것에서보다 몇몇에서 더 많이 나타나기도 한다. 반응은 새로운 이혼소송법 및 결혼 동의의 관계에서처럼 사람들이 기대할 수 있는 곳에서는 일어나지 않으며, 사람들이 짐작하지 못했던 곳에서는 뜻밖에 일어난다. 사람들은 반응을 관찰하고 분석할 수 있으며, 그것을 근대 사회의 구조적 특성으로 파악하고 기술할 수 있다. 하지만 그것을 예견할 수는 거의 없다.

이러한 배경 아래서 사람들은 사회체계의 생태적 문제와의 관계에서 근대 사회의 정치체계가 갖는 특별한 위치를 더욱더 정확하게 분석해야 한다. 특히 경험적으로 조사해야 한다. 정치체계의 고유 수단은 집단 구속적인 결정을 만들어내는 데 있다. 그것은 따라서 어떠한 생태적 영향력도 직접 가지고 있지 않으며, 사회 내적인 영향력만을 가지고 있을 뿐이다. 그것은 커뮤니케이션을 용이하게 하기도 하고 억압하기도 한다. 그러나 동시에 이 체계는 자기 자신에 대해 매우 민감하게 반응하면서, 구속하는 결정을 통해 사회의 다른 체계들을 조절하지는 못하지만 그것들에게 영향을 미칠 수는 있다. 이런 상황에서 정치가 생태적 관심사의 첫 번째 수신처가 될 것이라는 개연성은 매우 높다. 정치체계가 여기에서 직접적으로는 어떤 것도 달성할 수 없다는 바로 그 이유 때문에, 생태적 주제에 대한 커뮤니케이션이 이곳에서 깃들고 퍼져 나갈 개연성은 그만큼 더 높아진다. 체계 내적으로 이에 대해 반대하는 것은 아무것도 없다. 순수 정치적으로 본다면 법적인, 경제적인, 학문적인 제한에 상응해 커뮤니케이션을 즉시 가능한 것으로 단순화하는 어떤 것도 존재하지 않는다. 정치체계는 느슨한 토론을 가능케 하고 장려한다. 사람들이 신문에서 읽듯이 무엇도 경제의 생태적 적응을 요구하고 희망하고 약속하는 정치가를 방해하지 않는다. 그렇다고 해서 그가 경제적으로 생각하고 행동할 의무를 지니는 것은 아니다. 말하자면 정치가는 자신의 요구를 궁극적으로 좌절시키는 그러한 체계의 내부에서는 결코 활동하지 않는다는 것이다.

정치적 커뮤니케이션에서 항상 관건이 되는 것은 어떤 정치적 프로그램을 가지고 정부와 야당이 서로 교대할 것이냐, 교대하지 않을 것이냐 하는 점이다. 이것이 코드이다. 이 커뮤니케이션을 완전한 환상으로 몰아넣을 수는 없다. 왜냐하면 이 환상도 유권자에 의해 관찰되고 평가받기 때문이다. 따라서 정치적 커뮤니케이션은 법에 대한 그리고 화폐에 대한 결정을 약속해야 하는데, 법체계와 경제체계가 정치에 처분할 여지를 맡기는 한에 있어서만 그럴 수 있다. 동시에 정치는 다시금—경험적으로 사람들은 이를 아주 명확하게 볼 수 있다—환상의 효과성에 기대를 걸고 있으며, 무엇보다도 이를 가지고 정치를 행한다.

이런 상황에서 개인의 의식이나 사회적 커뮤니케이션에서 언제든 어디서든 정치가 모습을 드러내면, 그것은 무엇보다도 생태적으로 절실히 요구되는 것을 위한 발판 및 전송 장치로서 사용된다는 점이 고려되어야 한다. 정치체계는 그렇다면 일종의 순간전기온수기로 기능할지도 모른다. 하지만 이는 생태적 위험을 계기로 사회 내적인 반향의 강화가 일어나고, 정치적으로 쉽고 환영할 만한 해결책을 다른 체계들에서의 기능 장애와 결합시킬 확률을 높일 뿐이다. 반향의 이와 같은 요동은 진화적으로 매우 비개연적인 사회체계에서 파괴적인 결과를 초래하는 것을 오히려 개연적으로 만든다. 그러므로 정치의 영향력이 갖는 반작용들을 함께 계산하는 것이 정치적 합리성에 대한 요구에 포함되지 않으면 안 된다.

대표와 자기관찰: '새로운 사회 운동'

사회 분화의 모든 원칙에 모순되는 것은 체계의 전체성을 체계 내부에서 다시 한 번 주장하는 일이다. 전체적인 것은 동시에 전체의 부분이 될 수 없다. 이러한 종류의 모든 시도는 체계에서 단지 차이를, 즉 체계의 전체성을 체계에서 대표하는 바로 그 부분의 모든 다른 부분과의 차이를 생성할 수 있을 것이다. 통일성의 묘사는 차이의 창출이다. 따라서 이미 이런 의도는 역설적이며 자기 스스로를 부정한다.

그럼에도 불구하고 전통적 사회는 이 역설을 가지고 살 수 있었다. 전통 사회의 내적 분화의 형태 유형은 그 뜻을 충분히 받아들였다. 이런 사회가 발전된 문화로 진화하는 한—이런 사회는 위계적으로 또는 중심과 주변에 따라 분화해 있었다—대개 이 두 가지 원칙의 결합을 통해 분화되었다. 그렇다면 전체적인 것을 전체에서 대표했던 바로 그 부분 체계의 관점에서 볼 때 적어도 경쟁은 존재하지 않았다. 계층 위계의 정점만이, 상위의 계층만이, 또는 중심만이, 도시 및 정치적-시민적 삶의 도시적 형태만이 고려되었다.[1] 중세에서야 비로소 귀족적인 그리고 도시적인 삶의 두 가지 가능성 사이의 균열이 발생했으며, 동시에 그것을 기능적 분화로 이끈 변형 과정이 시작되었다.

그 밖에도 전통적인 고도(高度) 문명은 대표의 종교적 정당화를 이용할 수 있었다. 이것이 (늘 의심받을 만한) 정당화의 한 가지 양식인 것만은 아니었다. 오히려 전체에서 전체적인 것의 대표는 역설적으로 생성된 차이를 표현하기 위해 종교의 코드를 사용할 수 있었다. 전체적인 것을 전체로 재도입하고 체계를 내적인 관점으로부터 지배하려는 시도를 통해 생성된 차이는 그로 인해 결정된 것과 미결정된 것 세계의 차이로 지칭될 수 있었다. "인간의 공간에 스며든 분열은 지나간 미결정을 발생시킨다."[2] 이때 바로 저 세계의 불접근성은 이 세계의 질서에 대한 차이로서 사용되었다. 그러나 늦어도 18세기에—새롭고 매우 복잡한 기능 체계의 관점에서 모든 '자연적인' 대표가 월권에 근거한다는 사실과 종교가 이 월권을 은폐할 책임을 져야 한다면—그것이 오용된다는 사실이 분명해졌다. 이러한 해명에서 계층적 분화로부터 기능적 분화로의 이행이 반사되어 나타난다. 새로운 질서에서는 자연적인 우위도, 사회 체계로부터 나온 특권적 지위도 존재하지 않고, 따라서 **그** 체계의 통일성을 자기 환경에 대해 주장할 수 있는 체계 **내에서의** 어떠한 지위도 존재하지 않는다.

이 모든 것을 인정함에도 불구하고 어떤 사회도 자기관찰을 배제할 수 없다. 모든 커뮤니케이션이 우월적인 부분 체계들의 범주에 속하는 것은 아니다. 왜냐하면 그렇다 하더라도, 다음 순간 정확하게 이 점에 대해 커뮤니케이션할 수 있기 때문이다. 모든 질서는, 사회에서 실현되는 분화의 모든 형태는 사회에서 또한 관찰되고 기술될 수 있다. 코드화한 작동에서 제3의 입장을 배제하는 모든 이원적 코드는 바로 이를 통해 이러한 제3의 입장을 받아들이는 것을 가능케 한다. 복잡성의 모든 축소는 복잡성을 지니고 있다. 다르면서 실현되지 못한 선택은 "잠재화하고",[3] 단순히 생각할 수 있는 것으로 전환하며, 바로 이를 통해 커뮤니케이션으로 재활성화하기 위해 준비된다.

여기에서 관찰이라는 개념은 아주 공식적으로 한 구분의 틀에서 다른 작동을 '이것이고 저것이 아닌'으로 표시하는 작동을 표현한다. 관찰은 작동 또는 작동 복합체(체계)와 관련이 있다. 그것은 고유의 의미 도식으로 관찰한 작동 자체의 자기생산에서 필연적이지 않으며 거의 사용할 수 없는 구분을(예를 들어, 먼저/나중에, 유용한/유해한, 빠른/느린, 체계/환경 등) 사용한다. 관찰은 더 풍부한 의미의 가능성을 사용하도록 하는데, 그것들을 선택적인 표시를 통해 축소하기 위해 그렇게 한다. 그런 까닭에 작동 차원에서 자기생산적인 작동과 관찰은 이 이론을 사용하는, 다시 말해 작동과 관찰이라는 이 구분을 사용하는 학문적 관찰자에 의해 구분되어야 한다.[4] 반면 체계 차원에서 사람들은—적어도 의미적으로 작동하는 의식적인 또는 사회적인 체계에서는—그 체계가 자기관찰을 제거할 수 없다는 사실을 받아들여야 한다. 분화의 형태가 그 결과와 더불어 두드러지게 나타나자마자(그것을 사회 자체에서 관찰하고 기술하는 것은 따라서 개연적이다) 드러나는 문제는 단지 "어떤 구분의 도움으로?"라고 할 수 있다.

사회적 자기관찰은 사회 내부에서의 타자 관찰과 구분되지 않으면 안 된다. 물론 체계분화는 실제로 그리고 우선적으로 다른 부분 체계에 의한 한 부분 체계의 관찰을 가능케 한다. 이런 식으로 농부는 귀족을, 유목민은 도시민을, 정치가는 경제를, 법률가는 정치를 관찰한다. 이때 고유의 구분이, 특히 이원적 코드가 이러한 구분에 근거해 관찰하지 않는 다른 체계에 적용된다. 이는 체계와 환경의 관계에서 정상적인 축소 기술일 뿐이며, 부분 체계와 그 환경이라는 체계 내적 차원으로 전환되는 것이다. 사람들은 관찰이 그 대상으로부터 떨어져 있는 게 아니라 오히려 자기 자신을 함께 의미할 때만 사회적 자기관찰에 대해 말할 수 있다.

뛰어넘기는커녕 지금까지 거의 달성하지 못한 자기관찰의 전통적 도식은 원죄라는 교의였다. 그것은 심리적 차원은 아니라 하더라도 커뮤니케이션적 차원에서 도덕적 자기 단죄를 강요했는데, 그 결과 도덕적 비판의 완화를 가져왔다. 예를 들면, 누구도 다른 사람이 고해하러 갔다는 사실에서 죄를 인지할 수 없었다. 모두가 그것을 필요로 했다. 모든 신분이, 성직 계급조차 이 원칙 아래 있었다. 그것은 계층 중립적으로 기도(企圖)되었으며 동시에 계층 특화적인 죄의 목록과 구원의 위험을 작성하는 것을 가능케 했다. '타락' 또는 '유전적 타락'은 영혼과 관련된 말이었다. 이런 형식의 작동이 개인적인 죄의 귀책에 의해 그리고 은총 상태의 불인지성에 의해 점차 저지된 정도에 따라서만 세속적 여파를 오늘날까지 감지할 수 있는 종교적 도덕주의가 널리 퍼질 수 있었다. 원죄를 대신할 근대적인 기능적 등가물은 오늘날까지 보이지 않는다.

19세기 이래로 사회의 자기관찰은 (이 관찰의 관찰이 확인할 수 있듯이) 기능체계의 분화독립화의 결과에, 무엇보다도 이를 통해 주어진 정치체계의 '혁명' 가능성 및 화폐 경제(자본주의)의 결과와 연결되어 있다. 이런 상황은 이 결과의 인과론적 귀책을 요구하면서, 귀속 이론의 모든 인식에 따라 제거할 수 없는 귀속 논쟁으로 이끈다.[5] 사회의 자기관찰은 이데올로기적인 것이 된다. 다시 말하면 인과 귀책을 적용할 때 가치 평가와 당파성에 의존한다.

자기관찰과 자기 기술의 이러한 특색에서 생겨난 의미론은 그동안 나름대로 역사적인 것이 되었으며, 신(新) 또는 후(後) 같은 부호와 더불어서만 나타난다. 이처럼 급속한 변화에 직면해 사회의 자기 기술은 시간화되었을 뿐 아니라 궁극적으로 단순한 '상황의 정의'로까지 수축되었다. '산업', '자본주의', '근대성' 등과 같은 특징을 고수하고 있지만, 겨우 역사적 차이를 특징짓기 위해서만 동원될 뿐이다. 그것들은 이를 통해 더 옳은 것이 되지는 않는다. 하지만 그것들이 적절한지 여부에 대한 질문은 사람들이 더 이상 적절하지 않다고 주장함으로써 철회된다. 결과적으로 이는 "사회는 지금 있는 것이 아닌 어떤 것이다"라는 단지 약하게 은폐된 역설로 귀착되는데, 시간화는 그럼에도 불구하고 마치 하나의 진술이 행해진 것과 같은 환상을 불러일으키는 데 사용된다.

이와 같은 정향 지침과 관련해 사람들은 '이론 결함'에 대해 의아하게 생각하지 않을 수 있다. 사회적 운동과 사회적 저항의 새로운 종류는 표현할 새로운 형태를 찾고 있다. 남아 있는 것은 사람들이 사회 자체를 저항 대상의 원인으로 간주한다는 사실이다. 하지만 주제는 분명하게 생태적 저항의 방향으로 옮겨가 있다.[6] 평화라는 주제조차 그것이 무기에 대한 토론인 한에 있어서 궁극적으로 이러한 관점 속으로 들어온다. 즉 군사 정책은 인간에 대항해 자연을 동원한다는 점에서 저지되어야 한다는 것이다. 어쨌든 폭력이라는 과거의 법 주제는 더 이상 문제가 되지 않는다.

이와 같은 주제에 대한 대체로 조직적이지 못한 반향의 원인은 거의 모든 기능체계와 관련해 일상적 삶의 경험에 있어서 불가피하게 나타나는 의미에 대한 의심이 생겨났다는 데 있다. 가능한 것의 지평들이 이처럼 심하게 확장되어 모든 비실현은 사회에서 원인을 가질 수밖에 없게 되었다. 의도는 의도치 않은 결과를 낳으며, 좋은 의도는 나쁜 부작용을 낳는다. 합리성은 점증적으로 전도(順倒)되어 나타나며, 결국 이미 커뮤니케이션에서 불신과 거절에 봉착한다. 이러한 정서가 경험에 의해 유지된다는 사실은 의심의 여지가 없다. 하지만 원인으로 책임을 돌리는 것을 정확하게 표현하는 것은 마찬가지로 어려운 일이다. 그 때문에 이데올로기를 창출하는 출발 여건은—가치 평가의 평가가 항상 문제되는 곳에서 이데올로기가 기능적으로 불가피함에도 불구하고—오랫동안 갖추어져 있지 않았다.

이러한 경향은 규모가 큰 기능체계의 이원적 코드라는 관점에서 그 특성을 가장 잘 보여주는 것 같다. 사람들은 소유와 비소유 사이의 긴장을 피하고 싶어 하며, 법과 불법 차이의 강도를 인간을 이해함으로써 완화하고 싶어 한다. 사람들은 환경을 사회의 기능 합리적 코드화에 대항해 관철하고 싶어 한다. 사람들은 전체적으로 볼 때 모든 코드화에 대해 배제된 제3자의 입장을 취하고 싶어 하며, 그럴 경우 불가피하게 포함되면서도 배제된 사회의 제3자로서, 즉 기생물로서[7] 살고 싶어 한다.

이러한 관찰의 사회학적 관찰에 있어서 이 모든 것이 궁극적으로 **기능적 분화와 그 효과에 대한 저항**이라고 생각하는 것은 매력적인 이론이다. 하지만 이것이 사회의 자기**관찰**의 새로운 방식을 위한 공통분모라면, 결과를 확정할 수 있는 적절한 자기 **기술**은 여전히 아직 이루어지지 않고 있다. 새로운 사회 운동에는 이론이 결여되어 있다. 그 결과 그것이 자신의 관찰을 적어 넣는 구분을 통제할 가능성도 결여되어 있다. 따라서 사람들은 목적과 요구의 정말로 단순하고 구체적인 확정을, 이에 상응하는 지지자와 반대자의 구분을 그리고 이에 상응하는 도덕적 판단을 우선적으로 찾게 된다. 판명된 것처럼 보이는 것은 사람들이 소규모 관계에서도, 사치품 소비를 포기하는 데서도(이때 이러한 포기는 어쨌든 거의 모든 사람의 생활 세계와 일치하기 때문에 상당할 정도로 합의 가능하다) 원하는 대로 살 수 있어야 한다는 생각이다.

마르크스는 말할 것도 없이 이른바 초기 사회주의자들은 이미 그들의 상황에서 꽤나 많은 이론을 제공해야 했다. 게다가 그들은 사회를 경제로 극단적으로 축소함으로써 한층 단순한(그리하여 이론적으로 관철할 수 없는) 출발 토대를 만들었다. 따라서 이것과 비교해 오늘날을 위한 척도를 설정하는 것은 부적절할 것이다. 그럼에도 불구하고 사람들은—다시금 2단계 관찰의 입장에서—이런 방식의 사회적 자기관찰이 불충분한 의미론으로 작동하고 있다는 사실로부터 비롯된 결과를 기록할 것이다.

가장 중요한 결과는 관찰이 자신이 저항하는 대상을 고유의 개념에 포함하고 재구성할 수 없다는 사실이다. 관찰에 남아 있는 것은 거절된 가치 규정에 근거한 저항뿐이다. 이 점에서 특히 사람들이—여기에서 도 마르크스는 좋은 본보기이다—행동과 저항을 포괄하는 이론적 구성에서 얻을 수 있는 고유의 의미론적 및 구조적 안정성을 포기하는 것이 드러난다. 사람들이 '녹색' 운동에서 관찰할 수 있는 둔감해진 도덕적 독선은 언제나 체념으로 도로 떨어질 수 있다는 것을 표면적으로만 은 폐한다.

문제는 사람들이 지배적 사회 구조를—'자본주의'든 '기능적 분화'든—그것에 대하여 하나의 입장을 세우기 위해 인정해야만 한다는 사실에 있는 것 같다. 오늘날 이것은 19세기처럼 더 이상 그렇게 간단하지 않다. 왜냐하면 차이의 역사적 해결에 대한 희망을, 혁명에 대한 희망을 더 이상 품지 못하기 때문이다. 변증법/혁명이라는 이론 구성에 대한 기능적 등가물은 보이지 않는다. 따라서 도대체 어떤 기능이 사회에서 사회의 비판적 자기관찰을 담당할 수 있을지 불분명하다. 테오도르 아도르노(Theodor Adorno) 또는 아르놀트 겔렌(Arnold Gehlen) 식의 몰락이라는 체념된 평가보다 더 많은 것이 지금까지 이루어지지는 않았지만, 그와 같은 입장에 사람들은 얽매여 있을 수 없을 것이다.

추측하건대 근대 사회의 (의미론적) 자기 기술의 결함과 '사회 운동'의 (구조적) 체계 형태 사이에 내적인 연관 관계가 존재하고 있다. 사회에서 사회의 기술을 위한 장소로서 사회 운동은 사회와의 차이에 자리를 잡는다. 그것은 사회에서 사회에 영향을 끼치려고 힘쓴다. 이것이 마치 바깥으로부터 발생하는 것처럼. 이러한 역설은 관찰 장소의 불안정성을 생성하는데, 사회 운동의 역동성은 그것을 알지는 못하지만 이를 고려하고는 있다. 이는 전적으로 변화를 초래할지도 모르고, 이런저런 방식으로 주어진 여건과 조화를 이루는 의미론적 또는 구조적 결과로 응축될지도 모른다. '붉은 것들'(하르낙(Harnack)의 격언에 따르면, 자유주의적 신학자들)과 마찬가지로 '녹색의 것들' 역시 그들이 공직을 담당하고 세부 사항과 씨름하는 자신을 발견하자마자 점차 색이 바랜다. 이러한 전망은 '보수적' 관찰자들을 안심시킬지도 모른다. 하지만 그것은 본질적인 문제가 근대 사회는 자기관찰을 위해 사회 운동이라는 너무나도 불충분한 토대에 의존하고 있지 않느냐는 의문에 있다는 사실을 숨기지 못할 것이다.

두려움, 도덕
그리고 이론

자기생산적 작동의 차원에서 근대 사회는 기능적 분화와 코드화 및 프로그램화라는 자신의 토대에서 확립되어 있다. 자기관찰의 차원에서 이는 보여질 수 있고 비판적으로 평가될 수 있다. 그러나 자기 자신을 자기 자신 속에서 대표할 수 없기 때문에, 근대 사회는 통용되는 합의를 이루어낼 수는 없지만 전제할 수는 있는 규범적 의미 부여를 결여하고 있다. 따라서 자기관찰은 예언의 방식과 달리 특정한 입장에서 본질적인 것을 상기하고 타락을 한탄한다. 그 대신 불안의 주제는 분명하게 선택되는데,[1] 그것도 규범과 일탈의 차이에 대한 대체물로서 그러하다. 이는 두려움을 완화하고자 하는 공통의 관심에 근거하고 있으며, 사람들은 두려움 없이 살기 위해 일탈만은 피해야 (또는 억제해야 또는 후회해야) 한다는 새로운 양식의 도덕을 가져온다.

이러한 구조는 앞장들에서 상세하게 다룬 코드화 및 프로그램화의 분화와 밀접히 연관되어 있다. 옳은 것은 사회 전반에 걸쳐 기능체계로 상대화되며, 여기서 각 코드의 할당을 조직화하는 교체 가능한 프로그램의 형태로만 표현된다. 그렇다면 두려움은 의미 부여의 기능적 등가물, 그것도 지속 가능한 기능적 등가물이 된다. 왜냐하면 두려움은 (공포와 달리) 어떤 기능체계에 의해서도 통제되어 해결될 수 없기 때문이다. 섀프츠베리(Shaftesbury)가 이미 알았듯이[2] 패닉은 금지될 수 없다. 두려움은 법적으로 규제될 수 없고 학문적으로 반박될 수 없다. 위험 및 안전 문제의 복잡한 구조를 학문적 책임 아래 규명하려는 시도는[3] 두려움에 새로운 자양분과 논점을 제공할 뿐이다.[4] 사람들은 두려움을 돈으로 사들이거나 피하고자 한다. 하지만 여기에 가담하는 사람은 이를 통해 자신이 전혀 두려움을 갖고 있지 않았다는 것을 보여줄 뿐이다. 즉 그 상품은 계약을 체결할 때 붕괴해 없어지고 만다. 종교 역시 두려움을 구제할 수단으로 나서고자 한다면 가치의 관점에서 나서는 것이다. 사람들이 종교의 역사로부터 쉽게 짐작하듯 그것은 두려움을 단지 다른 의미 영역으로 옮겨놓을 뿐이다.

그러므로 두려움은 기능체계로부터 통제될 수 없다. 그것은 모든 기능체계에 대항해 안전장치가 되어 있다. 더 나은 기능 수행조차 두려움을 없앨 수 있는 게 아니라 더 많은 두려움과 연관되어 있을 수 있다.[5]

더구나 두려움은 전혀 실제적으로 존재할 필요가 없다. 두려움에 대한 커뮤니케이션은 항상 진정성 있는 커뮤니케이션이다. 왜냐하면 사람들은 다른 이들이 반박할 수 없도록 두려움을 가지고 있다는 것을 자기 스스로 증명할 수 있기 때문이다. 이 모든 것은 기능체계를 사회 외부로부터—그리고 내부로부터도—관찰하고 기술하고자 하는 커뮤니케이션에서 두려움이라는 주제를 매력적으로 만든다. 두려움은 순수 이성의 모든 비판에 저항한다. 그것은 근대적 선험성이다—경험적인 것이 아니라 선험적인 것이다. 그것은 모든 원칙이 좌절된다 해도 좌절되지 않는 원칙이다. 그것은 모든 귀납적 시험을 견뎌내는 '고유 행동'이다.[6] 사람들은 두려움에 위대한 정치적 그리고 도덕적 미래를 예고할 수 있다. 두려움이라는 수사학이 개연적으로 실제적 두려움을 생성할 수 없다는 사실은 행운일 뿐이다.[7] 그것은 사회체계에서 교란 요소로 남아 있다.

많은 측면에서 두려움의 수사학은 전혀 새로운 현상이 아니다. 외적인 및 내적인 적을 겨냥하면서 그것을 정치적으로 사용하는 것은 오래전부터 잘 알려져 있다.[8] 그런데 새로운 생태적 주제는 관련성의 방향을 바꾸었고 친구/적의 차이 도식을 체계/환경의 관점으로 옮겨놓았다. 전쟁이 의도적으로 초래한 생태적 파국으로 귀착하는 정도에 따라 전쟁에 대한 두려움은 적에 대한 두려움을 몰아낸다. 전쟁을 초래할 수 있는 민족적, 계급적, 이데올로기적 방식이라는 옛 사회적 분화는 설득력을 잃어버렸고, 지역적 또는 문화적 민족 생성에 대한 소규모 경향에 의해 대체되었다. 우리 시대의 '본질적인' 문제들과 관련해 새로운 사회적 연대가 강력하게 도덕적으로 요구되고 있다.

새로운 두려움이라는 주제는 무엇보다도 새로운 특성을 가진다. 즉 사람들은 두려움을 보여주는 것에 대한 어떤 두려움도 가질 필요가 없다는 것이다. 이로 인해 그것들은 널리 퍼질 가능성이 있다. '위기'에 처해 있거나 생태적 발전, 기술의 결과 등등에 대해 두려움을 가진 사람들에게는 어떤 부정적 측면도 생기지 않는다. 왜냐하면 위험에 대항할 수 있는 개인적 역량은 존재하지 않기 때문이다. 따라서 설문 조사는 어려움 없이 두려움의 증대를 기록할 수 있고 그 결과를 공적인 커뮤니케이션으로 되돌릴 수 있다. 사람들은 '숨겨지지 않은 두려움'의 시대에 대해 말하기도 한다.[9] 두려움은 보편적인 것, 즉 일반 의지(volonté générale)가 되기를 요구할 수도 있다.

덧붙여 주목할 가치가 있는 것은 원칙의 수사학의 유산에서 유래한 이런 유형의 두려움은 반박 불가능성뿐만 아니라 역설적인 구성도 물려받았다는 사실이다. 사람들이 두려움을 없애려 하면, 그것은 증가한다.[10] 다름 아닌 공공 정책이, 다름 아닌 관계를 개선하기 위한 지속적 노력이 근심이 늘어나도록 작용할 수 있다─점차 세세하게 기술되는 약품 사용 설명서, 또는 위험하지 않은 것은 아무것도 없고 모든 게 오염되어 있다는 인상으로 귀결되는 식품화학 영역의 집중적 연구와 뉴스가 그 예이다. 이러한 역설적 결과의 심리학적 토대는 매우 확률 낮은 위험을 과대평가하고 있다는 사실, 사람들이 타의에 의해 안겨진 위험을 자발적으로 가담한 위험보다 더 크게 여긴다는 사실에 있는 것 같다.[11]

하지만 무엇보다도 사람들은 두려움에 관한 커뮤니케이션이 두려움에 관한 커뮤니케이션을 가능케 하고 이런 의미에서 자기 유발적으로 작용한다는 사실을 고려해야만 할 것이다. 사람들은 두려움과 관련해 언제나 자기 시각을 가질 수 있다. 어떤 이는 '히스테리'에 대해 말하고, 다른 이들은 '하찮음'에 대해 말하는데, 이런 두 시각 다 옳은 것 같다.

이 모든 것으로 입증할 수 있는 사실은 사회적으로 지배적이고 기능 연관적인 커뮤니케이션뿐만 아니라 두려움과 관련된 커뮤니케이션 역시 특정한 것을 확대하고 다른 것을 숨기는 하나의 반향 원칙이라는 점이다. 이 차이는 특히 특별한 목적을 지닌 공적인 두려움의 수사학에 의해 커진다. 이 수사학은 (정말로 자명하지 않은) 두려움을 처음으로 관철시키는 과제를 떠맡는다. 이 목적을 위해 그것은 선택적으로 조치를 취하지 않으면 안 된다.[12] 이렇게 해서 사람들은 현재 무엇보다도 핵의 위험에 대해 두려움을 갖고 있지만,[13] 이와 반대로 의료 산업적인 유행병에 대해서는 거의 두려움을 갖고 있지 않다. 그리고 적어도 공적인 커뮤니케이션에서는 다른 이의 두려움에 대한 두려움이 결여되어 있다. 두려움의 수사학은 그것이 더 나쁘게 진행되는 것을 강조하면서 많은 주목할 만한 진보(예를 들어 식품화학[14])를 입 밖에 내지 않는 한 선택적이기도 하다. 공적인 수사학에서 두려움은 자기주장의 원칙으로서 지나치게 부풀려져 있다. 두려움을 가진 사람은 특히 그가 타인을 위해 두려움을 느끼고 있으며 자신의 두려움을 인정받고 병리적이지 않은 유형에 귀속할 수 있다면 도덕적으로 정당하다.

이런 뚜렷한 의미론적 외관에도 불구하고 어떤 체계도 두려움을 극복하기 위해 분화독립화될 수 없다. 이러한 징후를 공적으로 예의바르고 조심스러우며 이해심 많게 취급하는 것에 직면해 '다원주의적인 무지(無知)'라는 현상이 어느 정도 문제가 되는지는 불분명하다.[15] 어떤 사람도 실제적으로 지하수의 방사능 오염을 근심하지 않지만 모든 이가 다른 사람은 이를 근심하면서 이 주제에 대해 적절하게 경의를 표한다고 가정한다면, 사람들은 이 두려움이 단지 꾸며진 것이라는 사실을 어떻게 알아챌 수 있을까?

물론 사회적 문제는 두려움의 심리적 현실에 있기보다는 그것의 커뮤니케이션적 현실에 있다. 두려움을 커뮤니케이션하고 커뮤니케이션 과정에서 논란이 될 수 없다 하더라도, 그것은 도덕적 실존을 갖게 된다. 그것은 걱정하는 것을 의무로 만들고, 근심에 참여하는 것을 기대하며, 위험 예방에 대한 조치 요구를 권리로 만든다. 생태적으로 걱정하는 사람들은 따라서—옛날의 노아처럼—그들 자신의 방주를 이후의 진화를 위해 발생적으로 필수적인 재료들로 갖추어 준비할 것이다. 그들은 연관된 모든 도덕적 위험을 경고하는 활동가가 될 것이다.[16] 생태적 커뮤니케이션은 이런 방식으로 두려움을 매개로 도덕적 책임을 지게 되며, 논제는 그 원천이 논쟁적이기 때문에 결정 불가능하게 된다. 두려움이 정당했는지는 미래만이 보여줄 수 있지만, 미래는 모든 현재에서 새롭게 구성된다.

두려움과 관련된 구분을 선동하는 도덕에 비해 이론적 분석은 더 어려운 처지에 있다. 두려움은 사태의 불확실성을 두려움의 확실성으로 전환하기 때문에 어떤 이론적 바탕도 필요로 하지 않는 자기 확신의 원칙이다. 두려움은—그것도 정당하게—이론을 학문이라는 기능체계에 편입시킬 수 있으며, 그런 기능체계를 두려움에 공감하는지 아닌지에 따라서 구분한다. 두려움에 근거하고 있는 수사학과 도덕의 관찰 위치는 이성의 옛 선험성을 계승하는 데 있어 논쟁의 여지 없는 자기 확신성을 가지고 있다.

여기에 근거해 다른 한편으로 사회체계가 자신과 환경의 관계를 얼마나 철저하게 개선할 수 있는지 보는 것은 어렵다. 두려움 역시 반향을 제한하기도 하고 증대시키기도 한다. 그것은 사회가 자신의 환경으로 진출하는 것을 저지할 각오를 더욱 쉽게 하고 있지만, 이를 위해서는 사람들이 똑같이 두려움을 가질지 모르는 예견할 수 없는 내적인 반작용을 감수해야 한다.

관찰하는 것이 구분하고 표시하는 것이라면, 구분 능력에서 비롯되는 일, 즉 구분을 구분하는 일이 일어난다. 체계와 환경의 체계이론적 구분은—일관되게 다룬다면—정확하게 생태적 문제성을 목표로 삼는다. 그것은 '재진입'이라는 개념의 도움으로 합리성 개념을 구성하는 것을 허용한다.[17] 이에 따르면 하나의 체계는 체계와 환경의 차이를 체계로 재진입시키고, 그로 인해 (고유의) 동일성이 아니라 차이성에 정향하는 정도에 따라 합리성을 성취한다. 이 기준에 의거해 측정하면, 생태적 합리성은—사회가 자기 작용의 환경에 대한 반작용을 자기 자신에 근거해 고려할 수 있다면—성취되어 있다고 할 수 있을 것이다. 사회의 각 기능체계에서 이 원칙은 상응하는 체계 준거를 가지고 재구성될 수 있는데, 이때 주의해야 할 점은—각 기능체계가 고유의 합리성만을 계산하고 그 밖의 사회를 환경으로 취급하기 때문에—그와 같은 체계 합리성의 전체 사회적 체계 합리성으로의 어떠한 합산도 존재할 수 없다는 사실이다.

이와 같은 생각을 조심스럽게 취급해야 하는 많은 이유들이 있다. 특히 그것이 하나의 학문적 이론일 뿐이라는 이유, 즉 자신의 고유한 자기 기술에 따라 기능체계 중 하나에만 신세를 지고 있다는 이유가 중요하다. 바로 이것을 함께 성찰한다면, 그 생각은 전반적으로 사회체계가 행하는 자기관찰과 자기 기술의 학문적으로 심사숙고한 제안으로서 파악될 수 있다.[18] 사람들은 이 생각으로부터 두려움에 대한 어떤 사회 치유적인 치료 효과도 기대할 수 없다. 더군다나 사람들이 이론의 추상성에 도취함으로써 긴박한 현실 문제에 대한 위안을 찾고자 한다면, 극도로 의심스러운 일이 될 것이다. 그러나 체계이론적 분석을 사려 깊게 취급한다면 이는 걱정할 필요가 없다. 그것은 문제를 보는 관점들의 퇴출을 초래하기보다는 오히려 그것들의 증대를 초래한다. 이를 의심하는 사람은 앞에서 논의한 설명을 다시 한 번 읽어봐야 할 것이다. 마치 사람들이 원자력 발전소의 폐쇄에 의해 또는 다수결의 규칙을 변경한 헌법 개혁에 의해 근대 사회의 생태적 상황을 순(純)합리적으로 개선할 수 있는 것처럼—여기에서 처방을 기대할 수 없다는 사실은 명명백백하다. 이에 비해 두려움의 수사학이 제공하는 대안들은 행위에는 가깝지만 현실에서는 먼 특색을 지니고 있다. 그것들은 거의 책임지지 못하는 방식으로 사회적 상호 의존과 효과의 매개물을 서서히 사라지게 한다.

사람들은 인정해야 한다. 둘 다 우리의 사회체계가 행하는 자기관찰의 매우 현실적인 가능성이라는 것을. 그리고 사람들은 그것들이 커뮤니케이션적으로 서로 관계를 맺게 되길 바란다.

20

생태적 커뮤니케이션의
합리성에 대하여

'생태적 커뮤니케이션'이라는 주제에 대한 고찰에서 이 커뮤니케이션이 우리 사회의 긴박한 환경 문제를 해결하는 데 얼마나 기여할 수 있을지 설명하길 바랐던 사람은 실망스럽다는 걸 깨달았을 것이다. 사회가 자신의 환경 관계를 개선하고자 했다면 관건은 그것이 환경 문제에 대해 어떻게 반응하는지를 밝혀내는 것의 문제였지, 어떻게 그것이 마땅히 반응해야 하는지 또는 어떻게 틀림없이 반응해야 하는지의 문제는 아니었다. 이러한 종류의 처방은 상대적으로 쉽게 얻을 수 있다. 사람들은 좀더 적은 자원을 사용하고, 좀더 적은 배기가스를 배출하고, 좀더 적은 아이들이 세상에 나오길 요구하기만 하면 된다. 이런 식으로 문제를 제기하는 사람은 사회를 염두에 두지 않는다. 아니면 사회를 가르침과 훈계가 필요한(그런데 이는 그 사람이 사회가 아닌 인간에 대해 말함으로써 은폐된다) 하나의 행위자처럼 취급한다.

두 번째 관점에서도 역시 우리는 자신에게 겸양이라는 부담을 지운다. 즉 비판과 함께 한다. 일상적으로 이해할 때 비판은 사람들이 어떻게 하면 더 나아질 수 있는지 알고 있으며, 그런 다음 이것이 일어나지 않는다고 꾸짖는 것을 전제한다. 프랑크푸르트학파의 성찰적 이해에서는 이와 같은 '이미 알고 있음'을 사실상 포기하고 있기는 하지만, 주체의 꿈으로 대체하거나—하버마스 이래로—사회는 커뮤니케이션적 담론에서 자신의 고유한 정체성을 규정할 수 있기 때문에, 이러한 상황이 참여한 주체를 '내적으로' 의무 지우고 집단적 정체성에 결합시킬 수 있다는 생각으로 대체된다. 유효성 요구에 대한 근거를 인식하는 데 있어서 집단적 정체성은 모든 커뮤니케이션 참여자를 납득시키는 방식으로 주어져 있다고 한다. 그리고 이는 분명하게 그때마다의 행위, 상황 및 근거의 개별성에서뿐만 아니라 정체성과의 관계에서도 그러하다고 한다. 사람들이 정체성을 체계의 단순한 자기 기술로 이해하고자 한다면, 정체성의 이성적 성격의 확실성을 산출하는 주체적 정체성과 집단적 정체성의 이러한 일치를 놓치게 된다는 것이다. "근대 사회는 이성적 정체성을 형성할 가능성을 전혀 갖고 있지 않다"라고 주장하는 체계 이론에는 "근대를 비판하기 위한 어떠한 지침도 없다".[1] 하지만 이는 단지 근대라는 완성된 기획이—이런 방식으로 특징지워져 있다면—체계 이론에 의해 계속되지 않는다는 것을 의미할 뿐이다. 이는 결코 논박되어서는 안 된다. 근대의 이런 의미론에 대한 비판은 바로 근대 사회를 이런 야심을 통해서는 충분히 이해할 수 없거나, 단지 좌절을 통해서만 이해할 수 있다는 것을 의미한다. 여기에서 가장 먼저 떠오른 것만을 언급하자면, 사람들은 오늘날의 사회가 근대의 기획을 충분히 진지하게 받아들이지 않았으며, 유효성 요구와 근거에 대해 충분히 토론하지 않았다는 바로 그 이유 때문에 생태적 어려움에 처하게 되었다고는 거의 생각할 수 없다는 것이다.

그럼에도 불구하고 무(無)중심적인 사회는 그 고유의 합리성을 확인할 수 없으며, 오히려 자신의 기능체계들이 지닌 부분 체계의 합리성의 손에 맡겨야만 한다는 하버마스의 언급은 주목할 만하다. 사람들이 이에 반대해 겨냥한 저항을 함께 생각한다면 이 또한 유효하다. 왜냐하면 그것 역시 하나의 부분적 현상일 뿐이며 전체에서 전체가 될 수도, 대표될 수도 없기 때문이다. 저항은 기껏해야 나중에 다른 이들이 반응해야 하는 고유 합리성이 없는 부식성(腐蝕性)의 불신에 도달한다. 그리고 체계이론적 관점에서는 어딘가에서 이성적으로 논의하는 개인이 자신의 유효성 요구에 대해 합의한다면, 그럴 경우조차도 똑같은 것이 적용될 수 있다. 다른 사람들이 절차나 정말로 권고된 합의에 순응하지 않는 인정될 가치가 없는 이유를 가지고 있다는 사실에 근거해야 한다면, 무엇이 좋은 것인지를 결정하는 일을 왜 개인에게 넘겨줘야만 하는가?

따라서 체계의 합리성과 관련된 질문에 대해(그와 동시에 생태적 커뮤니케이션의 합리성과 관련된 질문에 대해) 먼저 문제 제기를 달리함으로써 답하지 않으면 안 된다.[2] 분화된 통일성의 모든 가정에는 전체의 통일성이 부분의 외부나 상위에 있는 어떤 것이 아니라, 부분의 전체와 동시에 같기도 하고 같지 않기도 하기 때문에 궁극적으로 역설이 들어 있다. 그밖에 사람들이 이러한 역설을 수준들의 분화로 또는 유형들의 위계로 해결하는 것도 가능하지 않다(아니면 단지 매우 특별한 목적을 위해서만 가능하다)는 것을 알고 있다.[3] 그리고 사람들은 근대 사회에서 전체이고자 하거나 정체성을 대표하고자 하는 한 부분의 모든 요구가 관찰과 모순에 내맡겨져 있다는 것을 알 수 있다. 왜냐하면 사회 구조적 이유로 인해—위계의 정점 또는 주변과의 관계에서 중심처럼—이에 대한 무경쟁적 지위는 더 이상 존재하지 않기 때문이다. 사람들이 합리성을 얻기 위한 모든 노력이 지닌 이처럼 제한적인 조건에 익숙해지는 게 아니라, 오히려 지금까지의 노력들과 간격이 얼마나 되든지 간에 직접 포착을 여전히 믿고 있다면, 이는 부적절하며 특유의 비현실성과 상실감을 가져올 것이다.

따라서 환경은 사회에서 파트너를 가지고 있다는, 게다가 사람들 자체가 파트너라는 관념이 생겨난다. 이는 전체에서 전체를 대표하는 특권의 새로운 유형으로 귀결된다. 왜냐하면 '그' 환경은 '그' 체계의 상관 개념이고, 체계의 통일성이라는 관점에서만 통일성으로 간주될 수 있기 때문이다. 헌신과 책임 의식도 어느 누구를 이런 방식으로 대표시킬 수 없다. 사회는 통일성으로서만—이는 정확히 분화된 통일성을 의미한다—자신의 환경에 반응할 수 있다. 그 밖에 사회의 기능체계 중 어떤 하나도 통일성으로서 조직되어 있지 않으며 결정 능력이 없기 때문에 조직적 조정도 이루어질 수 없다.

이러한 어려움에 더해 우리는 앞장들에서 코드화와 프로그램화의 구분으로 묘사하고 설명했던 여타의 문제들에 봉착해 있다. 각 기능체계는 자기 자신에게만 유효한 이원적 코드에 정향하고 있다는 것에서 자신의 통일성을 갖고 있다. 체계의 통일성은 체계의 차이, 그것도 체계로부터 자기 스스로를 '올바른' 측면에 위치시키는 가능성을 뺏어가는 차이이다. 그리하여 자기 자신을 진리, 법, 권력, 부, 교육 또는 신의 마음에 드는 삶을 추구하는 노력으로 묘사하면서, 스스로를—적어도 의도에 따라—합리적이라고 간주하는 것을 체계에 가능하게끔 하는 목적론적 합리성(또 한편으로, 행위 합리성)은 사라져버린다. 그 대신 원래 어디에 그와 같은 코드의 표준 차이의 통일성이 있으며, 원래 어디에 차이의 합리성이 있는가라는 자극적인 질문에 대답해야 할 것이다. 그와 같은 체계에서 항상 '올바른 것'으로 나타나는 것은 사전에 코드화된 정보 획득 및 정보 처리와 연관이 있으며, 이를 통해 개방되고 구조화되어 있는 컨틴전시와 관련해 자신의 의미를 지닌다. 그렇다면 미리 주어진 틀에 따라 제3의 가능성을 배제하면서 반대의 것도 존재할 수 있는 것만이 올바를 수 있으며, 이 틀을 기능체계 특화적으로 전제해야 하기 때문에 이 틀로부터의 사회적 합리성에 대한 어떤 직접적인 귀납적 추론도 존재하지 않는다.

실상(實狀)을 이로써 올바르게 기술한다면, 전체 사회적인 합리성의 문제를 완전히 새롭게 시작하지 않으면 안 된다. 합리성을 전과 똑같이 이성의 자기준거에—하버마스처럼 담론적으로 탐구한 이성적인 것의 자기준거에[4]—두는 사람은 여기에서든 다음에서든 어떤 합리성도 더 이상 인식할 수 없을 것이다. 하지만 전통적 개념 사용은 사람들이 (1) 자기준거라는 개념을 모든 경험적인 자기생산적 체계에 이전하고, 그 결과 (2) 자기준거로부터 합리성으로의 추론을 포기해야만 하고, 그 때문에 (3) 합리성을 더 이상 이성의 자기준거에 주어져 있는 것으로서 간주할 수 없고, (4) 모든 합리성을 위한 노력을 기능체계의 분화 역설과 차이 코드화에 일치시키는 것이 필요하다고 본다 하더라도, 사회적 합리성을 어떻게 생각해야 하는지에 대한 숙고를 처음부터 배제하지 말아야 한다.[5]

사회적 합리성이 개별적 기능체계(그것이 학문이든)의 합리성 투영에도 있지 않으며, 비이성적인 것으로서 그것들을 총체적으로 거부하는 것에도 있지 않다는 것은 자명하다. 그것은 말하자면 거점 장소 없이, 즉 다르게 실현할 수 있는 구분으로서 생각해야 한다. 이에 대한 충분히 일반적인(지금까지는 어쨌든 과도하지 않은) 개념은 사람들이 그것을 차이 생성의 방법으로 파악한다면, 기능적 분석 방법의 일반화에 있다. 그것의 엄정한 학문적 지위가 논란이 되고 있기 때문에 확실히 (예컨대 체계이론 같은 특정한 이론에 의한, 또는 수학의 요구와 같은 형식적 요구에 의한) 제한적 조건화를 필요로 한다. 그만큼 더 일찍 사람들은 관련 문제에 근거해 그것들을 취급할 기능적으로 등가적인 가능성을 기대하는 일반적 규칙에서 통일성을 단지 문제로서 인정하는, 즉 그로 인해 발생 가능한 차이를 위해서만 인정하는 일반화 가능한 원칙을 볼 수 있다. 이처럼 기능적으로 등가적인 가능성의 관점에서 모든 발견을 해명하려는 모든 엄청난 실제적 어려움에도 불구하고 사람들은 이러한 정향 형태를 학문적 안전장치 없이도 곧 독창적으로 다른 기능체계에서 실천에 옮기는 여러 가지 가능성을 볼 것이다.

이는 이러한 기능체계들에 대한 이제까지 생성된 성찰 이론을 통일성에서 차이성으로 전환할 것이고, 지금까지와는 다른 방식으로 정보 획득을 위한 능력을 부여할 것이다. 지금까지 기능체계에 대한 성찰은 그것을 이론 형태로 제출한 곳에서도 올바름의 가치에 정향했으며, 여기에서 체계의 통일성을 찾았다. 사람들이 이러한 성찰 이론을 기능적으로 정향한 비교에 내맡기면서, 사회체계의 기능적 분화에 그 원인을 돌릴 수 있는 가족적 유사성을 인식한다는 사실은 이미 이러한 성찰 이론의 규범적이고 평가적인 자기 확실성을 의심케 하는 새로운 상황을 만들어낸다. 기능적 재분석은 체계에서 체계의 자기 기술의 기능으로부터 출발해야 할 것이다. 그것은 이를 통해 매우 빠르게 각각의 자기 기술은 자신이 기술하는 체계를 단순화시켜 모델화한다는, 다시 말해 복잡성을 축소한다는, 다시 말해 차이를, 즉 자기 스스로를 기술하는 체계와 체계의 자기 기술의 차이를 생성한다는 인식에 이르게 된다. 모든 성찰은 성찰의 관찰과 성찰의 비판을 생성한다. 그리고 이러한 조건은 선택적으로 작용한다—아마도 무효 선언에 대한 관찰 지속적인 의미론적 책임을 귀납적으로 가려낸다는 의미에서, 아마도 자기준거적 체계의 '고유 가치'라는 의미에서 그럴 것이다.[6] 그렇다면 이 또한 항상 기능체계에 대한 성찰 이론일 뿐일 것이다. 하지만 이는 기능체계에서 상당한 환경 개방성의 성취를 시도하는, 그 결과 모든 기능체계들을 위해 사회를 대표하는 주도적 관점 아래서 이루어진다.

사회적 합리성은 사회체계와 자신의 외적 환경과의 생태적 차이가 사회로 재진입하고 표준적 차이로서 사용되는 것을 당연히 요구할 것이다. 우리는 이를 위한 어떠한 특권적 장소도, 어떠한 권한을 가진 조직도, 말하자면 생태적 차이를 계속적인 정보 처리를 위한 구속적인 지침으로 전환했던 어떠한 '헌법'도 존재할 수 없다는 것을 출발점으로 삼아야 한다. 그와 같은 장소가 만들어진다면, 새로운 사회 내적인 차이가 생겨날 뿐이다. 이 장소의 사회의 모든 다른 장소들과의 차이가 그것이다. 사람들은 이 관념을 자기 스스로를 정당화하는 유토피아로 확정할 수 있다. 하지만 이것은 자기 스스로를 정당화하는 이성의 신판(新版)에 불과하지 않을까? 이성의 현실화는 모든 사회 형태 아래서―기능적 분화 아래서뿐만 아니라―분화한 통일성의, 즉 여럿이면서 하나인 것의 역설에서 좌절한다. 올바른 것의 개념에 상응하면 올바르다는 합리성의 동어반복은 그것이 사회를 차이로서가 아니라 통일성으로서만 전제하기 때문에 존재할 수 없는 것이 올바르다는 역설로 슬그머니 전환될 것이다. 좀더 냉정하게 표현하면, 사람들은 이 유토피아를 가지고 예견 가능한 실행 곤란에 봉착할 것이라는 얘기다. 이 문제는 당연히 사회 내적인 체계 형성의 모든 차원에서 반복된다. 그런데 사람들은 도리어 하위 체계에서 체계와 환경의 차이가 체계 내적인 지시들로 전환될 수 있는 위계적 조직의 가능성을 찾을 뿐이다.

이러한 고찰은 체계 합리성이라는 개념을 손상하지 않는 채로 둔다. 그것은 체계와 환경의 차이가 체계로 재진입할 수 있는 가능성을, 다시 말해 체계의 정보 처리를 체계와 환경의 차이의 통일성에 의해 관리할 수 있는 가능성을 가리킨다. 체계와 환경의 차이의 통일성은 세계이다. 그런데 분화된 체계 내부에 있어서 이 세계 연관성은 포괄적인 체계의 외부 경계에 의해서뿐만 아니라, 추가적으로 여타의 내부 경계에 의해서도 여과된다. 여기에 막스 베버적 의미에서 기업과 행정의 합리화라는 '서양적 합리화'의 조건이 결부되어 있다. 하지만 동시에 이러한 구성 조건은 체계 합리성이 세계 합리성이 되고자 하는 것을 점차적으로 덜 요구할 수 있다는 사실을 아울러 의미한다. 예를 들어 시장이나 여론 같은 체계 내적인 환경으로의 정향이 지배하기 시작한다는 것이다. 체계 합리성이 더욱더 실현 가능한 것으로 나타나는 것에 비례해 그것은 동시에 그만큼 덜 세계 합리적인 것이 되고 아울러 그만큼 덜 사회 합리적인 것이 된다. 이런 점을 한 번이라도 들여다본다면, 사람들은 동시에 문제는 '철칙'에 관한 것이 아니라 오히려 증가하는 비개연적 복잡성의 비용에 관한 것이라는 사실을 인식할 수 있다. 합리성을 위한 모든 노력의 전제 조건은 사람들이 합리성은 무엇 때문에 비개연적이고, 그런 채로 남아 있느냐를 적절하게 파악하는 것이다. 그렇다면 사람들이 개별적 체계로부터 더 합리적이고 더 광범위한 환경을 포함하는 문제 해결책을 획득할 수 있는지, 있다면 어떻게 그러하는지를 보기 위해 그래도 합리성의 유토피아에 정향하는 것은 유용성이 없지 않을지도 모른다. 그리고 사람들은 생태적 주제에 관한 커뮤니케이션이 이와 같은 가능성을 시험하기 시작하고 있다는 사실을 지금 이미 또렷하게 보고 있다.

사람들이 이러한 가능성을 어떻게 평가하든 여기에서 제시된 합리성의 개념은 결코 체계 상황을 묘사하지 않기 때문에 얻고자 노력하는 최종 상황으로, 목적 또는 그와 유사한 것으로 응집될 수도 없다는 것은 분명하다. 문제는 본질적 합리성에 관한 것도 목적론적 합리성에 관한 것도 아니다. 문제는 결코 통일성에 관한 것이 아니라 항상 차이에 관한 것이고, 모든 통일성이 차이로 분해되는 것에 관한 것이다. 그런 까닭에 사람들은 구분의 합리성이 그것의 도움으로 무엇을 묘사할 수 있는가라는 관점에서 어디에서 생겨나는지를 물어야 한다. 여기에서 시도된 대답은 체계와 환경이라는 최종 차이와의 관련성으로부터, 즉 생태적 차이로부터 생겨난다고 말한다.

환경윤리학

이 글을 끝맺으면서 생태적 커뮤니케이션은 윤리적 질문에서 정점에 이르며 그곳에서 그 논거를 찾아야 한다는, 오늘날 아마도 지배적인 기대에 대해 논평하고자 한다. 주어진 사회 상황에 직면해 의식의 변화, 즉 새로운 윤리학 곧 환경윤리학이 필요할 것이라고들 한다. 우리는 이러한 요구를 이미 여러 번 다루었다. 그래서 새롭게 시작할 것은 그렇게 많지 않다. 우리의 연구는 아주 다른 방향으로 나아갔다. 그렇지만 몇몇 부수적인 논평으로 환경윤리학의 문제를 충분히 설명한 것이 아니기 때문에, 우리는—요약 대신—윤리학에 대한 체계이론적-사회학적 분석의 차이점을 설명하고자 한다. 앞으로 계속될 커뮤니케이션이 단순히 윤리적 요구와 원칙이 아니라, 이 차이에 정향할 것이라는 희망을 가지고 말이다.

우선 도덕과 윤리학을 구분하는 것이(일상적 언어 사용이 이 개념을 혼동하고 있다는 것을 잘 알면서) 중요하다. 도덕은 '좋다'와 '나쁘다'(주관적으로 해석한다면, '선하다'와 '악하다')라는 이원적 도식에 의한 커뮤니케이션의 코드화로서 정의되어야 한다. 이 코드는 커뮤니케이션의 대상인 행동이 존중 또는 경멸의 표명 또는 철회로 제재를 받는다면 그때마다 항상 사용될 수 있다.[1] 그리하여 사람들은 도덕의 본질이 존중 또는 경멸을 할당하는 조건화에 있다고도 말할 수 있다. 이때 '도덕'은 하나의 인위적 합산이다. 왜냐하면 조건화하는 관점의 전체가 다른 것에 대해 엄격히 구획을 지으면서 관련성 있게 사용될 수 있다는 것은 현재적인 커뮤니케이션에서 필요하지도 않고 가능하지도 않기 때문이다. 따라서 '도덕'이라는 표현은 늘 이미 도덕화된 커뮤니케이션(물론 비도덕화된 커뮤니케이션도 포함한다)을 가리킨다.

'도덕'을 관찰할 경우 그것이 자신의 대상 영역에서 역설에 봉착한다는 점은 불가피하다. 이것은 특별히 도덕적인 문제가 아니다. 오히려 모든 이원적 코드화는—사람들은 이를 특히 논리학을 통해 알고 있다—코드의 자기 사용의 경우 역설에 빠진다. 사회학적 분석은 이를 경험적 실상에 의거해 폭로하고, 이로써 역설의 실천적 중요성을 증명한다.

한편으로 도덕은 논쟁을 불러일으키는 원천인 것처럼 보이는데, 그것은 불확실성과 의견 불일치 및 언쟁의 경우에 발생한다. 왜냐하면 그럴 경우에만 존중 또는 경멸을 제재로서 인식하는 계기가 존재하기 때문이다. 사람들은 또한 말할 수 있다. 도덕은 정상적인 경우가 아니라, 병적인 경우와 관계가 있다고—마치 이것이 모든 사람들에 의해 기대될 수 있고, 그 때문에 영웅, 순교자, 금욕자, 유덕자(有德者) 등과 같은 특별 존중을 통해 격려되어야 하는 것처럼 그렇게 나타나는 직무 이상의 성과와 공적의 경우를 포함해서.

다른 한편으로 도덕은 또한 억압된 것이든 드러난 것이든 갈등을 초래한다. 도덕적으로 헌신하는 사람은 자신의 자기 존중이 걸린 문제이기 때문에 양보하기가 어려울 수 있다. 자신이 도덕적으로 언급된다고 생각하는 사람은 쉽게 속박 상황에 빠진다. 그는 도덕이 〔그것의 병인성적(病因性的) 근원에도 불구하고〕 자명한 것이 되어버린 매우 친숙한 관계를 제외하고는 신중하게 전략적으로 처신하지 않으면 안 된다. 이런 문제는 의견 불일치의 경우 매우 빠르게 논쟁을 초래하는데, 이는 도덕이 좋음을 사랑하는 것뿐만 아니라 나쁨을 미워하고 퇴치할 것을 요구하는, 똑같이 친논쟁적인 격언과는 전혀 상관없이 일어난다.[2]

이에 따르면 사람들은 논리적으로는 물론 경험적으로도 도덕이 역설적이고, 또는 시간적인 현상으로 보인다 해도 역설적으로 작용한다는 사실을 고려해야 한다. 좋음과 나쁨 차이의 통일성으로서 도덕은 좋게도 나쁘게도 작용한다. 그런 까닭에 좋은 것은 나쁠 수 있고, 나쁜 것은 좋을 수 있다. 따라서 도덕 관찰자는 자신이 관찰할 때 봉쇄되어 있다고 느낀다. 그는 어쨌든 도덕에 대한 어떠한 도덕적 판단도 내릴 수 없다. "바꾸어 말하면, 모든 것은 도덕적이지만 도덕 자체는 도덕적이지 않다는 것이다!"[3]

윤리학만이 도덕에 대한 도덕적 판단을 내릴 수 있다. 적어도 그것은 그럴 능력이 있다고 믿는다. 윤리학은 (에토스와 연관한 언어 사용에서 벗어나, 즉 근대의 시기에만 통용되는 의미에서) **도덕의 성찰 이론으로** 이해되어야 한다.

윤리학의 기능은 도덕 코드의 통일성, 즉 좋음과 나쁨 차이의 통일성을 성찰하는 것이다. 도덕적 차이가 그것의 통일성 문제를 제기한다면 (그리고 단순히 자연으로서 받아들여지지 않는다면), 그것은 윤리학을 발생시킨다. 그러므로 윤리학은—도덕에 대한 도덕적 이론이고자 한다면—도덕적 역설의 탈역설화를 시행하지 않으면 안 된다. 윤리학은 자기가 행하는 것을 알지 못할 때만 그럴 수 있다. 왜냐하면 역설의 탈역설화는 당연히 자체로서 하나의 역설적 감행이기 때문이다. 윤리학은 따라서 우선적으로 무엇에 관한 것인지 숨기는 것을 자신에게 가능케 하는 대체 문제를 제기해야만 한다. 그것은—17세기 이래로 사회적 도덕이 규정하듯이—말하자면 '신중하게 경솔히' 행동하는 것을 감당하지 못할 것이다. 성찰 이론으로서 윤리학은 차이의 통일성이라는 원칙을 공개하는 것에 너무 많은 의무를 지고 있다. 따라서 윤리학은 대체 문제로서 (좋은) 도덕의 전체 영역을 자신으로부터 떠나게 하는, 예를 들어 정언적 명령과 같은 규칙의 통일성을 선택한다.

우리는 윤리학 이론의 구축 가능성을 여기서 계속 추적할 수 없으며, 그렇게 하고자 하지도 않는다.[4] 윤리학이 그것을 피하는 것에 자신의 잠재적 통일성을 가지고 있는 그 문제를 들춰내는 것으로 우리는 만족해야 한다. 윤리학의 비밀은, 윤리학의 신비는 그리고 명명할 수 없고 재론할 수 없는 모든 그것의 경험의 원천은 도덕적 코드화의 역설에 있다. 그리하여 윤리학은 그 기능에 맞게 도덕에 경고하는 책무를 다하지 못한다. 이는 어차피 괴로운 과제들로 과(過)부하된 사회학에 넘겨진 채로 있다. 이는 여기에서도 관찰의 관찰, 즉 2단계의 관찰을 요구한다.

이와 같은 고찰은 아주 일반적으로 적용된다―자신의 문제를 인간에 의한 인간의 취급으로부터 끄집어내는 사회윤리학과 함께한 지금까지의 경험에는 물론 도덕적 조건화에, 즉 도덕적 반향과 관련된 있을 법한 환경윤리학에도 적용된다. 그러나 환경윤리학의 관점을 덧붙인다면, 사람들은 이미 약술한 역설 문제 및 역설 회피 문제가 강화되는 것은 아닌지의 여부를 관찰해야만 할 것이다. 이러한 윤리학은 현재 성찰의 형태로서 아직 전혀 존재하지 않기 때문에 평가되기 어렵다. 사람들은 모든 윤리적 성찰이 특정한 리스크-문제의 도덕 무관성 때문에 좌절한다는 사실을 결코 배제할 수 없다. 하지만 이 문제는 무시하도록 하자. 그럴 경우조차 사람들은 사회 문제와 환경 문제 사이의, 체계이론적으로 표현하면 사회체계와 그것의 환경 사이의 불일치가 주목을 끌 것이라는 사실을 고려해야 할 것이다. 도덕과 윤리학에서 관건은 당연히 항상 **사회적** 규제에 관한 것이다. 하지만 바로 그 때문에 사람들은 (그것을 낯선 영역, 즉 비사회적 문제의 원천으로 확장해야 한다면) 이러한 규제의 조건과 형태를 변경해서는 안 되는지 물어야 한다. 생태적 문제도 궁극적으로는 사회적으로 초래된 문제라는, 또는 적어도 생태적 커뮤니케이션과 관련해 그러한 문제로서만 관심을 끈다는 소견으로 이런 질문을 소통으로부터 제거하는 것은 성급할 수 있다. 이것이 옳다 하더라도 체계와 환경의 생태적 차이에 의해 아주 새로운 복잡성의 차원이 작용하게 된다. 그리고 이 복잡성이 이중적 컨틴전시라는 사회 내적 복잡성과 마찬가지로 존중 또는 경멸의 조건으로 전환될 수 있다는 것은 차라리 비개연적이라고 해도 좋다.

그런 까닭에 사람들은 이러한 상황에서도 역설 금욕적인 윤리학을 개발해 도덕적 책임성을 가지고 실천할 수 있는가 하는 질문을 제기해야 한다. 사람들은 윤리학이 새로운 문제 상황을 정당하게 평가하고자 한다면, 윤리학이 가야만 할 길은 바로 역설의 인정에 있는지의 여부도 심사숙고할 수 있을 것이다. 한층 복잡한 문제 상황의 경우에서는 이론에서도 적절한 고유 복잡성의 전제 조건이 변한다. 따라서 윤리학의 소화 기관은 되새김질하는 소화 기관에서처럼 다수의 위(胃)를, 무엇보다도 역설을 위한 제1 위를 갖추고 있어야 한다.

어떤 경우든 생태적 커뮤니케이션은—그와 같은 윤리학이 존재하지 않는 한—스스로 도덕에 대한 간격에 신경을 써야 할 것이다. 생태적 커뮤니케이션은 오늘날 환경윤리학이라는 방향 지시어를 가지고 그릇된 지도(指導)를 하고 있다. 확실히 생태적 커뮤니케이션은 윤리적 가능성도 시험할 수 있으며, 아마도 그것의 새로운 형태를 만들기 위해 연습 장소를 마련할 수 있을 것이다. 사회가 자기 스스로를 문제 삼을 장소가 어딘가에 존재한다면 그곳은 그래도 생태적 커뮤니케이션일 것이다. 그리고 어떻게 윤리학이 이런 상황으로부터 해방될 수 있고, 견고한 지반을 갖춘 비상 닻으로서 준비될 수 있지는 인식될 수 없다. 그렇기는커녕 생태적 커뮤니케이션의 맥락에서 환경윤리학에 어떤 특별한 기능이 주어진다고 생각될 수 있다면, 그것은 도덕과의 관계에서 신중하도록 독려하는 기능이라고 해도 좋을 것이다.

용어 설명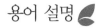

이 책에서는 일련의 개념들을 독자적인 방식으로, 복잡한 이론적 사전 고찰에 의존하는 엄밀성을 가지고 사용한다. 본문에서 개념 사용을 논증하는 것이 불충분했기 때문에 여기에 몇몇 정의들을—어쩌면 부족한 설명이겠지만—수록한다.

- **관찰** 관찰이라는 개념은 자기생산 개념의 추상화 수준에서 정의될 수 있다. 관찰은 이 구분의 한쪽 아니면 다른 쪽을 가리키기 위해 구분을 사용하는 작동의 통일성을 가리킨다. 작동의 종류는 다시금 생명, 의식 또는 커뮤니케이션이 될 수 있다.
- **기능적 분화** 본문에서 기능적 분화라는 개념은 체계에서의 체계 형성과 관련이 있다. 그것은 필연적으로 전체 체계의 부분으로의 분해가 아니라, 체계 내부에서의 체계/환경 차이의 생성을 가리킨다. 분화는 하위 체계가 자신의 정체성을 전체 체계를 위한 기능의 실행에 의해 획득하는 정도에 따라 기능적이다.

- **대표** 법적으로 효과가 있는 대리를 목표로 하는 엄격한 법적 언어 용법과 달리, 본문에서는 이 개념을 체계의 한 부분에 의한 체계 통일성의 서술(repraesentatio identitatis)을 가리키기 위해 사용된다. 대표는 그러는 한 항상 역설적이다. 왜냐하면 대표는 통일성을 묘사하기 위한 의도를 가지고 체계를 대표하는 부분과 다른 부분의 차이를 발생시키기 때문이다.

- **반향** 반향이라는 개념은 체계가 자기 고유의 구조에 따라서만 환경 사건에 반응할 수 있다는 것을 가리킨다.

- **복잡성** 하나의 상황은 그것이 많은 구성 요소들로 이뤄져 있고, 이것들이 선택적으로만 서로 관계를 맺을 수 있다면 복잡하다. 작동적으로도, 관찰에서도 복잡성은 따라서 항상 관계의 선택의 표준을 확정하면서 구성 요소들의 다른 가능성을 단순한 가능성으로서 사전에 배제하는('잠재화하는') 축소 절차를 전제한다.

- **사회** 사회로서 묘사되는 것은 모든 의미를 담은 커뮤니케이션을 포함하고 이전의 커뮤니케이션과 연결되어서 또는 계속되는 커뮤니케이션의 관점에서 (즉, 자기생산적으로) 커뮤니케이션한다면, 항상 형성되는 바로 그러한 사회적 체계이다.

- **사회적 체계** 사회적 체계는 자기생산적 커뮤니케이션 관계가 생겨나고, 적합한 커뮤니케이션을 제한함으로써 환경에 대항해 경계를 지을 경우 항상 등장한다. 따라서 사회적 체계는 인간으로도, 행위로도 구

성되지 않고 오히려 커뮤니케이션으로 구성된다.

- **생태학** 생태학은 여기서 어떤 수준의 체계 형성이 체계와 환경의 분화의 결과를 체계의 환경을 위해 다루는 학문적 연구의 총체로서 이해된다. 이 개념은 어떤 특별한 종류의 체계('생태체계')도 전제하지 않는다.

- **역설** 역설은 한 작동의 가능성의 조건이 동시에 이 작동의 불가능성의 조건이 될 경우 발생한다. 부정의 가능성을 마음대로 다룰 수 있는 모든 자기준거적 체계는 자기 고유의 작동을 차단하는(예를 들어, 자기 스스로가 비존재이고 자기 외부에 있는 어떤 것도 비존재가 아님에도 불구하고, 자신이 아닌 것의 관점에서 자기 스스로를 단지 결정할 수 있는) 역설을 생성할 수 있기 때문에 그것은 **탈역설화**의 가능성을 미리 고려하는 동시에 이에 필요한 작동을 숨겨야 한다. 자기준거적 체계는 예를 들어, 자신의 자기준거의 환원적 대칭을 시간적으로 또는 위계적으로 비대칭으로 취급할 수 있어야 한다. 이때 이러한 변환을 위해 체계 자체의 작동이 필요하다는 점을 시인할 필요는 없다.

- **연결고리** 이 개념은 관찰자가 체계와 환경의 구분에 근거할 경우 볼 수 있는 체계와 환경의 상호 의존성을 가리킨다. 관찰자는 체계와 환경의 구분을 사용함으로써 자기관찰을 할 경우 체계 자체도 될 수 있다.

- **자기생산** 이 개념은 자신들로 구성된 모든 구성 요소를 바로 이 구성 요소의 네크워크에 의해 재생산하고, 이를 통해 자신을 환경으로부터

분리하는 (자기생산적) 체계와 관련이 있다. 그것이 생명의 형태이든, 의식의 형태이든, (사회적 체계의 경우에는) 커뮤니케이션의 형태이든 자기생산은 이러한 체계의 재생산 양식이다.

- **자기준거** 자기 자신을 다른 것과 관련시키고, 이를 통해 자기 자신과 관련시키는 모든 작용을 말한다. 다른 것을 통해 우회하지 않는 순수한 자기준거는 동어반복으로 귀결된다. 실제의 작동이나 실제의 체계는 이러한 동어반복의 '전개' 또는 탈동어반복화에 의존한다. 왜냐하면 작동이나 체계는 그것들이 실제 환경에서 제한을 받고 비임의적 방식으로 가능한 것이라고 그렇게만 이해될 수 있기 때문이다.

- **중복** 사람들은 중복을 일반적으로 한 기능의 다층적 안전장치로 정의한다. 그 때문에 '남아도는 것'의 외관을 가진다. 중복의 포기는 다기능적 장치가 (자기생산적인) 자기 안전장치에 의존하는 기능 특화적 장치에 의해 대체되는 것을 의미한다.

- **커뮤니케이션** 이 개념은 여기에서 단순히 정보를 '전달'하는 통지 행위가 아니라 세 가지 다른 선택, 즉 정보, 통지, 이해를 계속되는 커뮤니케이션이 연결될 수 있는 창발적 통일성을 위해 결합하는 독자적인 자기생산적 작동을 가리킨다.

- **코드** 코드는 하나의 긍정적 가치, 하나의 부정적 가치로 구성되어 있으며 한 가치가 다른 가치로 전환하는 것을 가능케 한다. 코드는 현존하는 실재의 중복에 의해 생겨나며 이로써 관찰하는 모든 것이 컨틴전트한 것으로서, 다시 말해 또한 다르게 되는 게 가능한 것으로서 나

타나는 관찰을 위한 조건을 제공한다.

• **탈역설화**　역설을 참조하라.

• **프로그램**　프로그램 개념은 코드의 개념과 관련이 있고 옛 개념 사용
(kanon, kriterion, regula)의 후속으로 특정한 코드의 긍정적 또는 부정적
가치를 실상이나 사건에 올바르게 할당할 수 있는 조건을 가리킨다.
사회적 체계에서는 이를 참 및 거짓, 합법 및 불법 사이에서 결정하는
(그 때문에 결정 프로그램이기도 하다) 문제로 취급한다.

주

서문

1. 강연 본문은 과학아카데미의 시리즈물에서 같은 제목으로 출판되어 있다. (RWAkW G278, Opladen 1985).

01 사회학적 금욕

1. "나는 경종을 울리는 느낌으로 쓰고 있다"고 존 패스모어(John Passmore)는 고백한다. Man's Responsibility for Nature: Ecological Problems and Western Tradition, New York 1974, p. IX. 아울러 그는 확실히 수많은 생태적 작가들을 변호한다.

2. 이에 대한 개관으로는 Josef Müller, Umweltveränderungen durch den Menschen, in: Karl Heinz Kreeb, Ökologie und menschliche Umwelt: Geschichte-Bedeutung-Zukunftsaspekte, Stuttgart 1979, pp. 8-69 참조.

3. 문제 영역을 길게 열거한 후에 등장하는 Armand L. Mauss, Social Problems as Social Movements, Philadelphia 1975의 마지막 두 장을 참조하라.

4. 스티븐 홈스(Stephen Holmes)는 이를 아직 미출간된 자유주의의 초기 역사에 대한 연구에서 "반의어 대체(antonym substitution)"라고 부른다.

5. 18세기에 세부적으로 정리한 주변 여건 개념의 결여에 대해서는 Georges Canguilhem, La connaissance de la vie, 2. Aufl., Paris 1965, pp. 129ff. 참조. 아울러 Jürgen Feldhoff, Milieu, Historisches Wörterbuch der Phiolosophie, 5권, Basel-Stuttgart 1980,

pp. 1393-1395, 그리고 특히 Leo Spitzer, Milieu and Ambiance: An Essay in Historical Semantics, Philosophy and Phenomenological Research 3 (1942), pp. 1-42, 169-218 등도 참조.

6. Richard Hofstadter, Social Darwinism in American Thought 1860-1915, Philadelphia 1945; Emerich K. Francis, Darwins Evolutionstheorie und der Sozialdarwinismus, Kölner Zeitschrift für Soziologie und Sozialpsychologie 33 (1981), pp. 209-228; Niles Dldrege/Ian Tattersall, The Myths of Human Evolution, New York 1982; Walter L. Bühl, Gibt es eine soziale Evolution? Zeitschrift für Politik 31 (1984), pp. 302-332 등 참조.

7. 프로그램적으로는 Zu einer allgemeinen Systemlehre, Biologia Generalis 19 (1949), pp. 114-129 참조. 이후 특히 영어권에서 광범한 영향을 끼쳤다. Ludwig von Bertalanffy, General System Theory: Foundations, Development, Applications, London 1971 참조. 역사적 평가에 대해서는 I. V. Blauberg/V. N. Sadovsky/E. G. Yudin, Systems Theory: Philosophical and Methodological Problems, Moskau, 1977도 참조.

8. 예컨대 Walter Buckley, Sociology and Modern Systems Theory, Englewood Cliffs, N. J. 1967; Kenneth F. Berrien, General and Social Systems, New Brunswick, N. J. 1968 등 참조. 이 경향을 문서화한 Walter Buckley (편), Modern Systems Research for the Behavioral Scientist, Chicago 1968의 논문 모음집에 사회학자들은 거의 참여하지 않았다. 사회학 이론사 전문가는 이것이 당시 지배적이던 구조기능주의적 패러다임의 영향과 연관이 있음을 알 것이다. 그 주요 대표자인 탤컷 파슨스는 일반적 체계이론으로부터 자극을 받기는 했지만, 그럼에도 불구하고 환경이 단지 체계 **내적인** 환경으로서만 역할을 한다는 이론에 도달했다.

9. 특히 Tom Burns/G. M. Stalker, The Management of Innovation, London 1961, 그리고 Paul R. Lawrence/Jay W. Lorsch, Organization and Environment: Managing Differentiation and Innovation, Boston 1967 이후 그러했다. 그사이 많은 교과서가 나왔다. Howard E. Aldrich, Oraniyations and Environments, Englewood Cliffs, N. J. 1979 참조.

10. 그 밖에도 비슷한 것이 정치체계 이론, 특히 David Easton, A Systems Analysis of Political Life, New York 1965에도 해당된다.

11. Walter L. Bühl, Das ökologische Paradigma in der Soziologie, in: Harald Niemeyer (편), Soziale Beziehungsflechte: Festschrift für Hans Winkmann, Berlin 1980, pp. 97-11; Walter L. Bühl, Ökologische Knappheit: gesellschaftliche und technologische Bedingungen ihrer Bewältigung, Göttingen 1981, p. 35 등도 지금까지 이뤄진 분석의 낮은 '체계 심도'의 관점에서 이를 강조한다.

12. Niklas Luhmann, Soziale Systeme: Grundriß einer allgemeinen Theorie, Frankfurt 1984 참조.

13. Lynn White Jr., The Historical Roots of Our Ecological Crisis, Science 155 (1967), pp. 1203-1207 참조. 이는 Ian G. Barbour (편), Western Man and Environmental Ethics: Attitudes Toward Nature and Technology, Reading, Mass. 1973, pp. 18-30에서 비판적 답변을 담아 새롭게 출판되었다.

14. Günther Altner, Ist die Ausbeutung der Natur im christlichen Denken begründet? in: Hanss Dietrich Engelhardt (편), Umweltstrategie: Materialien und Analysen zu einer Umweltethik der Industriegesellschaft, Gütersloh 1975, pp. 33-47; Robin Attfield, Christian Attidudes to Nature, Journal of the History of Ideas 44 (1983), pp. 369-386; Robin Attfield, The Ethics of Environmental Concern, Oxford 1983 등 참조.

15. 윤리적 관점의 우위에 대한 전형적 논거는 "과학적, 기술적, 경제적 관점의 배타성이 위에서 묘사한 위기에 빠져들었다는 사실로부터 나온다". (Heinhard Steiger, Begriff und Geltungsebenen des Umweltrechts, in: Jürgen Salzwedel (편), Grundzüge des Umweltrechts, Berlin 1982, 1-20 (13)에서 이렇게 주장한다. 마치 그와 같은 '배타성'이 당시 존재했던 것처럼 말이다!) 그러나 Hans Jonas, Das Prinzip Verantworung: Versuch einer Ethik für die technologische Zivilisation, Frankfurt 1979의 섬세한 분석도 역사적 분석의 과장된 대비를 위해서는 아직 부족한 점이 많다.

16. 이처럼 현저한 모순은 루이 뒤몽(Louis Dumont)에게서도 눈에 띈다. Essais l'individualisme: Une perspective anthropologique sur l'idéologie moderne, Paris 1983, p. 203 참조.

17. 이와 함께 널리 유포된 용어인 생태적 상호 의존 또는 '균형'이 그의 편에서 '체계'(생

태체계)로 표현되고 있는 점은 혼란에 크게 기여하고 있다. 이는 결과적으로 생태라는 개념을 쓰지 못하게끔 유도한다. 예를 들어, Heinz Ellenberg, Ziele und Stand der Ökosystemforschung, in Heinz Ellenberg (편), Ökosystemforschung, Berlin 1973, 1-31 (1)에서는 이렇게 말한다. "생태체계는 개방되어 있지만, 어느 정도에 이르기까지는 자기 조절이 가능한 생물과 그것의 비유기적 환경 작용의 결합이다. ……생태적 체계는 늘 개방되어 있다. 즉 외부의 영향에 의해 방해받을 수 있고 뚜렷한 경계가 없다." Kreeb, a. a. O. (1970)도 유사한데, 이는 매우 지배적인 의견이다. 그러나 모든 연관 관계는 체계가 아니다. 체계에 대해 말할 수 있는 것은 하나의 연관 관계가 스스로를 환경에 대해 경계 지을 때뿐이다. (Bühl, a. a. O. (1980), p. 121은 정반대로 말한다.) 이런 의미에서 사람들은 이제 가령 인간 유기체, 인간 커뮤니케이션의 소리 전달, 인간 귀의 미세물리학 등등이 참여하는 지구라는 행성의 물리적 체계에 대해 말할 수 있다. 이로써 체계이론적이기는 하지만 생태적이지는 않은 문제 제기를 표현한다. 하나의 문제는 그것이 차이에도 불구하고 통일성을, 또는 차이에 의해 통일성을 지향할 때만, 즉 체계/환경 연관 관계는 체계 스스로 그 환경으로부터 벗어나고, 그것에 대항해 분화하고, 이에 기초해 환경에 대한 고도의 선택적 행동을 발전시키는 것에 의해 구조화되어 있는 것을 지향할 때만 생태학적이다(단순히 체계이론적인 것과는 달리). 생태적 문제 제기는 따라서 체계이론적 문제 제기와 대립한다. (이는 이 관점 또는 저 관점의 연구가 서로에 대해 서로 관련을 맺을 수 있다는 점을 배제하지 않음은 물론이다.) 그렇지만 인간 사회의 생태에서는 셀 수 없는 체계들(예컨대 살아 있는 유전질의 살아 있는 전승이라는 폐쇄적인 유전학적 체계들)이 관련되어 있는데, 이때 이러한 체계와 그 환경의 통일성을 사회의 생태, 즉 사회의 체계/환경 관계와 동일시해서는 안 된다. 유전질의 전승이 사회라는 체계 및 그 환경 관계와 관련이 있는지, 있다면 얼마나 있는지는 매우 개방적인 질문이면서 오늘날 '사회생물학'이라는 제목 아래 토론되는 질문이다.

18. 여기에 대해서는 Spitzer, a. a. O., 특히 첫 번째 장 참조.

19. 세계의 자기관찰과 성찰을 위해 세계 안에서 경계선이 필요하다고 여기는 이런 종류의 이론 형태는 비트겐슈타인과 연계해 성찰철학과 사이버네틱스에서 등장했다. 예를 들어 Gotthard Günther, Cybernetic Ontology and Transjunctional Operation, in: Gotthard Günther, Beiträge zur Grundlegung einer operationsfähigen Dialektik,

1권, Hamburg 1976, pp. 249-328 (특히 pp. 318f.) 참조. 사회학은 지금까지 자기 충족적인 또는 자기 좌절적인 예측을 인정하는 데까지만 와 있다.

02 원인과 책임?

1. 어떤 다른 의미에서, 즉 부족의 문제와 그것의 시간적 조작화와 관련해 Guido Calabresi/Philip Bobbitt, Tragical Choices, New York 1978 역시 비극적인 결정에 대해 말한다. 내가 보기에 사람들이 인과성에 대한 참여를 목표로 삼는다면, 그것은 비극적인 것의 고전적 개념에 더 잘 맞는다. 그렇다면 사람들은 여전히 비극적인 것의 마지막 '근거'를 '너무나 적은' 인과적 가능성이 존재한다는 사실에서 볼 수 있다.

2. 예를 들어 Eckard Rehbinder, Politische und rechtliche Probleme des Verursacherprinzips, Berlin 1973; Dieter Cansier, Die Förderung des umweltfreundlichen technischen Fortschritts durch die Anwendung des Verursacherprinzips, Jahrbuch für Sozialwissenschaft 29 (1978), pp. 145-163; Robert Weimar, Zur Funktionalität der Umweltgesetzgebung im industriellen Wachstumsprozeß, in: Festschrift Bruno Gleitze, Berlin 1978, 511-526 (519ff.) 등 참조. 법학자는 이때 대체로 귀책에 대한 주관적 판단에 근거하며, 참된 문제는 그들에게 법률 효과의 연속이 가령 채무 문제 제기로 계속 제한을 받아야 하는지에 대한 질문에 이르러서야 비로소 제기된다. 물론 이는 처벌을 고려해야 할 경우 불가피하다. 이와 반대로 경제학자에게는 어떤 경우든 행위자 책임 원칙이 규정의 기술적 측면에서 단순하지만 배당을 극대화하는 것으로 작용하지 않는다는 것은 분명하다. 이러한 유보 역시 어떤 방식으로든 모든 귀책이 단순화에 근거하고 있음을 객관적으로 알려준다.

3. Eckard Rehbinder, Allgemeine Umweltrecht, in: Jürgen Salzwedel (편), Grundzüge des Umweltrechts, Berlin 1982, 81-115 (96f.)에 따르면 선택은 "어떤 방식으로 가능한 한 높은 환경의 질을 성취할 수 있으며, 어떤 절차가 경제적으로 그리고 행정 기술상 유망한 해결책으로 나타나느냐를 목표로 삼는다". Eckard Rehbinder, a. a. O. (1973), p. 33f.도 참조. 행위 책임자는 다른 말로 표현하면, 사람들이 붙잡을 수 있는 사람이다.

4. 이는 예컨대 '자본주의'와 이윤 동기의 분출이 환경 손상의 원래 원인이라는 주장의 논지가 모든 단일 요인 이론에서처럼 맞기도 하고 틀리기도 하다는 것을 뜻한다. 그 예

로서 Gerhard Kade, Umwelt: Durch das Profitmotiv in die Katastrophe, in: Regina Molitor (편), Kontaktstudium Ökonomie und Gesellschaft, Frankfurt 1972, pp. 237-247, 또는 Manfred Glagow (편), Umweltgefährdung und Gesellschaftssystem, München 1972에 있는 게르하르트 카데와 폴커 론게(Volker Ronge)의 논문 참조. 생태적 분석에 대해 상당히 분화된 출발점을 카를 마르크스의 저작 자체에서 발견할 수 있다는 점은 아마 언급할 필요가 없을 것이다. 예를 들어 Peter A. Victor, Economics and the Challenge of Environmental Issue, in: Herman Daly (편), Economics, Ecology, Ethics: Essays Towards a Steady-State Economy, San Francisco 1980, 194/204 (207ff.) 참조.

5. Heinz von Foerster, Cybernetics of Cybernetics, in: Klaus Krippendorff (편), Communication and Control in Society, New York 1979, pp. 5-8은 이 점에 대해 특히 분명하게 말한다.

6. Walter Benjamin, Zur Kritik der Gewalt, in: Walter Benjamin, Gesammelte Schriften, Bd. II.1, Frankfurt 1977, pp. 179-203 참조.

7. 예를 들어, 생태적 문제를 결핍과 할당의 관계로 환원하는 것에 관해서는 Horst Siebert, Ökonomische Theorie der Umwelt, Tübingen 1978 참조.

03 복잡성과 진화

1. Stafford Beer, Designing Freedom, New York 1974, pp. 7, 10, 95에서 인용.

2. 개념적으로 더욱 정확하게 말하면, 이는 이러한 차이와 관련해 어떤 '필수적 다양성'도 존재하지 않는다는 것을 말한다. 또 다르게 말하면, 어떤 체계도 그 환경의 복잡성을 통제할 수 있을 만큼 많은 고유의 복잡성을 구축할 수 없다는 것이다. 이는 물론 통제되는 상황과 관련해 필수적인 다양성을 제시하는 모델, 기계 또는 체계를 계획하는 것을 원칙적으로 배제하지 않는다.

3. Niklas Luhmann, Soziale Systeme, a. a. O., 47 f., pp. 249ff. 참조.

4. 이는 최근 다시 자주 응용하는 이론적 입장이다. 예컨대 Gerhard E. Lenski, Social Structure in Evolutionary Perspective, in: Peter M. Blau (편), Approaches to the Study of Social Structure, London 1976, pp. 135-153; Philippe Van Parijs, Evolutionary

Explanation in the Social Sciences: An Emerging Paradigm, London 1981; Bernhard Giesen/Christoph Lau, Zur Anwendung Darwinistischer Erklärungsstrategien in der Soziologie, Kölner Zeitschrift für Soziologie und Sozialpsychologie 33 (1981), pp. 229-256; Michael Schmid, Theorie sozialen Wandels, Opladen 1982 등 참조.

5. 많은 논의 중에서 Andre Bejin, Differenciation, complexification, évolution des sociétés; Communications 22 (1974), pp. 105-118 참조.

6. 복잡성의 개념에서 이미 이는 논란의 여지가 없다. 예를 들어 Todd R. LaPorte, Organized Social Complexity: Explication of a Concept, in: Todd R. LaPorte (편), Organized Social Complexity: Challenge to Politics and Policy, Princeton, N. J. 975, pp. 3-39 참조.

7. 이런 생각에 대한 점증적 비판은 열역학적-개방적 체계의 자기 조직화 이론과 자기준거적 체계 형성(자기생산) 이론을 완성하는 과정에서 몇 년 전부터 관찰될 수 있다. 예를 들어 Edgar Morin, La Méthode, 2권, Paris 1980, pp. 47ff.; Alfred Gierer, Socioeconomic Inequalities: Effects of Self-Enhancement, Depletion and Redistribution, Jahrbuch für Nationalökonomie und Statistik 196 (1981), pp. 309-331; Gerhard Roth, Conditions of Evolution and Adaptation in Organisms as Autopoietic Systems, in: D. Mossakowski/G. Roth (편), Environmental Adaptation and Evolution, Stuttgart 1982, pp. 37-48 참조.

8. 이에 대해서 오늘날에는 회의적인, 적어도 매우 조심스러운 견해가 우세한 것 같다. 사회체계의 경우, 예를 들어 Mark Granovetter, The Ideal of "Avancement" in Theories of Social Evolution and Development, American Journal of Sociology 85 (1979), pp. 489-515; Walter L. Bühl, Gibt es eine soziale Evolution? Zeitschrift für Politik 31 (1984), pp. 302-332 참조.

9. 이는 일반적인 이해인데, 그럴 경우 전문화되지 않은 것의 더 높은 발전 잠재성을 유지하라는 권고를 불러온다. 예를 들어 E. D. Cope, The Primary Factors of Organic Evolution, Chicago 1896, pp. 172f.; Elman R. Service, The Law of Evolution and Culture, Ann Arbor, Mich. 1960, pp. 93ff.; 또한 in: Elman R. Service: Cultural Evolutionism: Theory in Practice, New York 1971, pp. 31ff. 참조.

04 반향

1. Humberto R. Maturana, Erkennen: Die Organisation und Verkörperung von Wirklichkeit, Braunschweig 1982, pp. 20f., 150ff., 287ff.; Francisco Varela, L'auto-organisation: de l'apparence au mécanisme, in: Paul Dumouchel/Jean-Pierre Dupuy (편), L'auto-organisation: de la physique au politique, Paris 1983, 147-164 (148) 참조.

2. 이에 대해 좀더 상세한 내용은 Niklas Luhmann, Soziale Systeme, a. a. O.에서 의미에 관한 장 92ff. 참조.

3. Ideen zu einer reinen Phänomenologie und phänomenologischen Philosophie 1권, Husserliana III 권, Den Haag 1950, p. 100에 따르면 "비확정성은 확고하게 규정되어 있는 스타일의 확정성을 필연적으로 의미한다".

4. Francisco J. Varela, Principles of Biological Autonomy, New York 1979; Maturana a. a. O. (1982) 참조.

5. 이러한 사고의 이론사적 원천은 정말 다양하고 조망하기 어렵다. 사람들은 우선 신변증법적 전통, 특히 헤겔에 대해 생각한다. Ferdinand de Saussure, Cours de Linguistique Générale, 5판, Paris 1962; Alfred Korzybski, Science and Sanity: An Introduction to Non-Aristotelian Systems and General Semantics, 4판, Lakeville, Conn. 1958; George A. Kelly, The Psychology of Personal Constructs, 2 vols., New York 1955 등 참조.

6. 1장 주 19 참조.

7. 이에 대해서는 Helmut Wilke, Zum Problem der Intervention in selbstreferentielle Systemen, Zeitschrift für systemische Therapie 2 (1984), pp. 191-200 역시 참조.

8. 예를 들어 Korzybski, a. a. O., pp. 386ff. 참조.

9. 바로 이것을 부정하려고 시도한 전체주의의 의미론에 대해서는 Marcel Gauchet, L'expérience totalitaire et la pensée de la politique, Esprit Juli/August 1976, pp. 3-28 참조.

05 관찰의 관찰

1. Roy A. Rappaport, Ecology, Meaning, and Religion, Richmond, Cal. 1979, p. 97ff. 참조.

2. Maturana a. a. O. (1982), 특히 pp. 36f. 참조. 마투라나는 1단계 관찰의 타자준거를 "생태적 여건"이라 부르고, 2단계 관찰에게 관찰 대상인 체계의 타자준거로서 나타나는 것만을 환경이라고 부른다. 본문에서는 이처럼 독자적인 학술 용어를 따르지 않는다. 왜냐하면 그것은 명백하고 분명함에도 불구하고 우리를 일상적인 것으로부터 벗어나게 하는 표현 양식을 지속적으로 강요할 것이기 때문이다.

3. 하인즈 폰 포에스터(Heinz von Foerster)의 사이버네틱스 이론은 이 관점을 취한다. Observing System, Seaside, Cal. 1981; Sicht und Einsicht, Braunschweig 1985 참조.

4. Douglas R. Hofstadter, Gödel, Escher, Bach: An Eternal Golden Braid, Hassocks, Sussex UK 1979(독일어 번역은 Stuttgart 1985)에서 잘 알려진 논거.

5. 그리하여 (아직은) 거기에 대한 어떤 대답도 없는 질문의 형태로 남아 있다. Lars Löfgrem, Some Foundational Views on General Systems and the Hempel Paradox, International Journal of General System 4 (1978), 243-253 (244).

6. 특히 On Constructing a Reality, in: Heinz von Foerster a. a. O. (1981), pp. 288-309, 그리고 Objects: Tokens for (Eigen-) Behaviors, a. a. O., pp. 274-285 참조. 또한 John Richards/Ernst von Glasersfeld, Die Kontrolle von Wahrnehmung und die Konstruktion von Realität, Delfin III (1984), pp. 3-25 참조.

7. 또다시 Heinz von Foerster, Cybernetics of Cybernetics, a. a. O. 참조.

8. 이에 대해서는 Edward E. Jones/Richard E. Nisbett, The Actor and the Observer: Divergent Perceptions of the Causes of Behavior, in: Edward E. Jones et al., Attribution: Perceiving the Causes of Behavior, Mottistown, N. J. 1971, pp. 79-94 참조. 이러한 "근본적 귀책 오류", 즉 상황적 요소의 경시에 대한 새로운 연구 개관으로는 Lee Ross/Craig A. Anderson, Shortcomings in the Attribution Process, in: David Kahneman/Paul Slovic/Amos Tversky (편), Judgement under Uncertainty: Heuristics and Biases, Cambridge, Engl. 1982, 129-152 (135f.) 참조. 더 폭넓게 다룬 것으로는 Francesco Pardi, L'osservabilità dell' agire sociale, Milano 1985 참조. 사회심리학은 이러한 인식을 가지고 자기 스스로를 관찰된 행위자는 그 관찰자와는 다른 귀책 원칙을 따른다는 것을 함께 주목해야만 하는 관찰자로서 성격 지운다는 점을 즉시 인지했다. 이에 대해서는 Wulf-Uwe Meyer/Heinz-Dieter Schmalt, Die Attributionstheorie,

in: D. Frey (편), Kognitive Theorien der Sozialpsychologie, Bern 1978, pp. 98-136 참조. 나아가 정치학적으로 탁월한 논문인 Walter Mischei, Toward a Cognitive Social Learning Reconceptualization of Personality, Psychological Review 80 (1973), pp. 252-283도 참조.

9. Phillipe Van Parijs, Evolutionary Explanation in the Social Sciences: An Emerging Paradigm, London 1981, pp. 129ff.에서는 이를 "의심의 원칙"이라 부르고, 덧붙여서 이러한 종류의 분석은 그것이 의심으로 이행할 수 없도록 하는 "권위적 자기 지식"에 마주친다고 적고 있다. 이 또한 직접적 관찰이나 간접적 관찰이냐는 일반적 차이의 한 변형이다.

10. 사람들이 이러한 고찰에 이끌려 하버마스의 새로운 작업, 특히 Der philosophische Diskurs der Moderne, Frankfurt 1985를 읽는다면, 그것들은 근대 사회의 자기 서술의 비판에 대한 비판으로서, 다시 말해 그것의 특별한 환경, 즉 문헌에서 일종의 3단계 사이버네틱스로서 나타난다. 그렇다면 다른 저자를 통해 저자를(칸트를 통해 헤겔을, 니체를 통해 하이데거를 등등) 진술하는 의견에 대한 토론으로서 담화를 수행하는 것은 완전히 논리 적절하다. 그러나 이런 표현의 탁월한 명료성은 자기 자신에 대해 스스로를 계몽하는 이성의 논리적 곤란(Aporien)과 결별하고 사람들이 커뮤니케이션에서 검토할 수 있는 유효성 요구 제시를 요구하기만 하는 특유한 이론의 극단적 축소에 근거해서만 획득될 수 있다. 서술의 서술에 대한 서술은 이러한 단순화에 근거해 상당한 간명함에 도달하지만, 또한 동시에 그렇다면 간접적인 관찰에서 생활 세계로 변용되는 실제 사회적 작동과는 거의 극복할 수 없는 간격을 갖게 된다.

06 사회적 작동으로서 커뮤니케이션

1. 예를 들어, 별 성과 없는 논의이긴 하지만 Eric Trist, Environment and Systems-Response Capability, Future 12 (1980), pp. 113-127 참조.

2. A. a. O. (1983).

3. Nikals Luhmann, Die Autopoiesis des Bewußtseins, Soziale Welt 36 (1985), pp. 402-446 참조.

4. 이는 내가 다른 장소에서 다루었던 커뮤니케이션 개념의 '탈주체화'에서 중요한 의미를

지닌다. Soziale System, a. a. O., S. pp. 191ff. 참조.

07 생태적 지식과 사회적 커뮤니케이션

1. 과거 문헌에 대한 개관을 위해서는 June Helm, Ecological Approach in Anthropology, American Journal of Sociology 67 (1962), pp. 630-639 참조. 특히 Julian H. Steward, Evolution and Ecology, Essays on Social Transformation, Urbana, Ill. 1977; Roy A. Rappaport, Ecology, Meaning, and Religion, Richmond, Cal. 1979 등 참조. 그 밖에도 우리의 비교를 위해 중요한 생태적 자기 조정에 대한 질문은 생태적 조건이 차별적 진화를 설명하는지 아닌지, 설명한다면 어느 정도까지인지, 즉 진화적 진보는 물론 사회의 퇴보까지도 설명할 수 있는지를 질문하는 통상적 문제 제기와 구분된다. 이러한 종류의 이론은 오늘날 다수의 비판적 이견의 대상이 되고 있다. 가령 Elman R. Service, Primitive Social Organization: An Evolutionary Perspective, New York 1962, pp. 65f., 72ff.; Robert L. Winzeler, Ecology, Culture, Social Ortanization, and State Formation in Southeast Asia, Current Anthropology 17 (1976), pp. 623-632 참조. 좀더 복잡한 설명 모델을 (문화적 정보 처리의 영향 아래서) 변호하는 것으로는 Kent V. Flannery, The Cultural Evolution of Civilizations, Annual Review of Ecology and Systematics 3 (1972), pp. 399-426도 참조. 이러한 토론 경향 역시 사람들이 사회체계를 작동적으로 폐쇄된, 그때그때마다 자기 스스로에게 반응하고 이것에 의해서만 환경에 대해 개방된 체계로서 파악해야 한다는 것을 증명할 수 있을 것이다.

2. Roy A. Rappaport, Pigs of the Ancestors, New Haven 1968 참조.

3. 뉴기니의 경우 Fredrik Barth, Ritual and Knowledge among the Baktaman of New Guinea, Oslo 1975 참조.

4. 특히 Walter J. Ong, The Presence of the Word: Some Prolegomena for Cultural and Religious History, New Haven 1967: 같은이, Rhetoric, Romance, and Technology: Studies in the Interaction of Expression and Culture, Ithaca N.Y. 1971: 같은이, Interfaces of the Word: Studies in the Evolution of Consciousness and Culture, Ithaca N.Y. 1977 참조.

5. De libero arbitrio, Ia pp. 7ff., 특히 p. 10; Ausgewählte Schriften (Werner Welzig 편)

Bd. 4, Darmstadt 1969, pp. 11ff.에서 재인용.

6. A. J. Festugière; La révélation d'Hermes Trismégiste, 4 Bde, Paris 1950-1954; Frances Yates, Giardano Bruno and the Hermetic Tradition, Chicago 1964 참조.

7. 이에 대해서는 Michael Ciesecke, Überlegungen zur sozialen Funktion und zur Struktur handschriftlicher Rezepte im Mittelalter, Zeifschrift für Literaturwissenschaft und Linguistik 51/52 (1983), pp. 167-184 참조.

8. 부족적 문화와 관련해 Roy Rappaport, a. a. O. (1979), p. 100에서는 다음과 같이 간명하게 표현한다. "지식은 우리의 생태계적 관계에서 지도적 원칙으로서 존경을 결코 대체할 수 없기 때문에, 인지된 모델이 알려지지 않은 것, 예상할 수 없는 것, 통제할 수 없는 것에 대한 존경을 발생시키는 것은 물론 경험적 지식을 조목별로 요약하는 것은 적절하다."

9. Thomas Wrigt, The Passions of the Minde in Generall, erweiterte Auflage, London 1630, 재판본 Urbana Ill. 1971, p. 141.

10. Nikals Luhmann, Die Funktion der Religion, Frankfurt 1977, 특히 pp. 225ff.; Niklas Luhmann/Karl Eberhard Schorr, Reflextionsprobleme im Erziehungssystem, Stuttgart 1979, pp. 24ff.; Niklas Luhmann, Gesellschaftsstruktur und Semantik, Bd. 1, Frankfurt 1980, pp. 9ff.; Niklas Luhmann, Politische Theorie im Wohlfahrtsstaat, München 1981, pp. 19ff.; Niklas Luhmann, Gesellschaftsstrukturelle Bedingungen und Folgeprobleme des naturwissenschaftlich-technischen Fortschritts, in: Reinhard Löw et al. (편), Fortschritt ohne Maß?, München 1981, pp. 113-131; Niklas Luhmann, The Differentiation of Society, New York 1982, pp. 229ff.; Niklas Luhmann, Anspruchsinflation im Krankheitssystem: Eine Stellungnahme aus gesellschaftstheoretischer Sicht, in: Philipp Herder-Dorneich/Alexander Schuller (편), Die Anspruchsspirale, Stuttgart 1983, pp. 168-175; Niklas Luhmann, Die Wirtschaft der Gesellschaft als autopoietisches System, Zeitschrift für Soziologie 13 (1984), pp. 308-327 등 참조.

08 이원적 코드화

1. 후설의 개념을 변형시킨 것으로는 예를 들어 Achille Ardigò, Crisi di governabilità

e mondi vitali, Bologna 1980; Jürgen Habermas, Theorie des kommunikativen Handelns, Frankfurt 1981, 2권, pp. 171ff. 참조.

2. 이에 대해서는 13장 주 5 참조.

3. 특히 진리 코드의 진화에 대해서는 Nikals Luhmann, Die Ausdifferenzeirung von Erkenntnisgewinn: Zur Genese von Wissenschaft, in: Nico Stehr/Volker Meja (편), Wissenschaftssoziologie, Sonderheft 22/1980 der Kölner Zeitschrift für Soziologie und Sozialpsychologie, Opladen, 1981, pp. 102-139 참조.

4. 이에 대한 신구적 설명은 전체를 "천국과 지옥", "궁정과 시골" 같은 이원적 표현을 통해 묘사한 오랜 옛적의 관행이다. 예를 들어 Ernst Kemmer, Die polare Ausdrucksweise in der griechischen Literatur, Würzburg 1903; Adhémar Massart, L'empli, en égyptien, de deux termes opposés pour exprimer la totalité, in: Mélanges bibliques, Paris 1957, pp. 38-46; G. E. R. Lloyd, Polarity and Analogy: Two Types of Argumentation in Early Greek Thought, Cambridge, Engl. 1966; Louis Dumont, Homo hierarchius: The Caste System and its Implication, London 1970, 특히 pp. 42ff. 등 참조.

5. Le Parasite, Paris 1980; 독일어 번역, Frankfurt 1981.

6. 덧붙이자면 옛 사회 형태의 이원성에서도 해당되었던 것은 그것이 전형적으로 다수 제공되었고, 그때그때의 상황에 따라 사용되거나 사용되지 않았다는 점이다.

7. 법체계의 영역으로부터 나오는 이런 종류의 실상에 대해서는 Nikals Luhmann, Die Theorie der Ordnung und die natürliche Rechte, Rechtshistorisches Journal 3 (1984), pp. 133-149 참조.

8. Platon Lysis 215 E.

9. 이미 300년도 더 전에 "학술원에서 논박하는 것은 발견하는 것만큼이나 언제나 인정받을 만할 것이다"라고들 했다. Thomas Sprat, The History of the Royal Society of London, For the Improving of Natural Knowledge, London 1667, 재판본 St. Louis-London 1959, p. 100.

10. 이에 대해서는 법률적 및 법 이론적 문헌을 보라. 특히 Josef Esser, Vorverständnis und Methodenwahl in der Rechtsfindung: Rationalitätsgarantien der richterlichen Entscheidungspraxis, Frankfurt 1970; Philippe Nonet/Philip Selznick, Law

and Society in Transition, London 1979; Gunther Teubner, Reflexives Recht: Entwicklungsmodelle des Rechts in vergleichender Perspektive, Archiv für Rechts- und Sozialphilosophie 68 (1982), pp. 13-59 등 참조.

11. Gregory Bateson, Ökologie des Geistes: Anthropologische, biologische und epistemologische Perspektiven, Frankfurt 1981, 특히 pp. 515ff.에 따르면 그렇다.

12. 알파벳화한 문자가 이에 대한 계기를 제공했을 수도 있다는 추측에 대해서는 Jack Coody/Ian Watt, The Consequences of Literacy, Comparative Studies in Society and History 5 (1963), pp. 304-345 참조. 다른 설명은 그리스 도시의 고도의 구조적 분화에 대해 그리고 이미 많이 진행된 종교 참여의 '개인화'에 대해 언급한다. 이에 대해서는 S. C. Humphreys, Evolution and History: Approaches to the Study of Structural Differentiation, in: J. Friedman/M. J. Rowlands (편), The Evolution of Social Systems, Pittsburgh 1978, pp. 341-371 참조.

13. 여기에 중심/주변 또는 큰 전통/작은 전통 같은 구분이 관련되어 있다. Edward Shils, Centre and Periphery, in: The Logic of Personal Knowledge: Essays presented to Michael Polanyi, London 1961, pp. 117-131; Robert Redfield, Peasant Society and Culture: An Anthropological Approach to Civilization, Chicago 1956 등 참조.

09 코드, 기준, 프로그램

1. 예를 들어 Karl P. Popper, Objective Knowledge: An Evolutionary Approach, Oxford 1972, pp. 13, 317f. 참조.

2. 진리와 관련해, 예컨대 Sextus Empiricus, Adversos Mathematicos II 80 참조. Opera Bd. III, Leipzig (Teubner), o. J., p. 100에서 재인용.

3. 여기에 대해서는 Nikals Luhmann, Rechtssoziologie, 2. Aufl. Opladen 1983, pp. 80ff.; Nikals Luhmann, Soziale Systeme a. a. O., p. 434 등에서 그에 상응하는 가치와 프로그램의 구분을 또한 참조하라.

4. 찰스 프레이크가 말한 의미에서 그렇다. Charles O. Frake, The Ethnographie Study of Cognitive Systems, in: Anthropology and Human Behavior, Washington D.C. 1962, 72-85 (78ff.). Charles O. Frake, The Diagnosis of Disease Among the Subanun of

Mindanao, American Anthropologist 63 (1961), pp. 113-132 참조.

5. 많은 것들 중 하나의 예로서 리처드 후커의 첫 번째 영원법과 두 번째 영원법의 구분 참조. Richard Hooker, Of the Laws of Ecclesiastical Polity, Buch 1, III, 1, Everyman's Library, Letchworth, Herts. 1954, 재판본, p. 154f.에서 재인용.

6. 탁월한 저서를 들면 Joyce O. Appleby, Economic Thought and Ideology in Seventeenth-Century England, Princeton 1978.

7. 조지프 글랜빌은 "자연은 모든 사물에서 보이지 않는 손에 의해 움직인다"고 말한다. Joseph Glanvill, The Vanity of Dogmatizing, London 1661, 재판본 Hove, Sussex, 1970, p. 180. "보이지 않는 손"이라는 비유가 언제 나타났는지는 내가 아는 한 아직 밝혀지지 않았다. 사람들은 기적에 대한 믿음과 특별한 섭리에 대항한, 이례적 사건에 따른 신의 '손가락 가리키기'에 대항한 논박이, 즉 영국학술원 집단에서 열중했던 논쟁이 '가리키는 손가락'이라는 비유를 보이지 않는 손으로 바꾸는 계기를 제공했다고 추측할 수 있다. Thomas Sprat, The History of the Royal Society, London 1667, pp. 82f.도 참조.

8. 이에 대한 내 권고는 순전히 형식적으로 법체계에서 결정의 컨틴전시에 초점을 맞추는 것이다. Nikals Luhmann, Gerechtigkeit in den Rechtssystemen der modernen Gesellschaft, in Nikals Luhmann: Ausdifferenzierung des Rechts: Beiträge zur Rechtssoziologie und Rechtstheorie, Frankfurt 1981, pp. 374-418.

9. 이에 대해서는 16장에서 다시 논의할 것이다.

10. 탈분화 또는 상호 침투에 대한 최근의 토론은 진행 과정을 역설적으로 기술하지 않으면 안 되는, 즉 그것이 자칭 배제하는 것을 전제하는 데 그 뿌리를 갖고 있는 개념적 문제와 씨름하고 있다. 예를 들어 Eugen Buß/Martina Schöps, Die gesellschaftliche Entdifferenzierung, Zeitschrift für Soziologie 8 (1979), pp. 315-329; Harald Mehlich, Politischer Protest und Stabilität: Entdifferenzierungstendenzen in der modernen Gesellschaft, Frankfurt 1983, 특히 pp. 122ff.; Richard Münch, Theorie des Handelns: Zur Rekonstruktion der Beiträge von Talcott Parsons, Emile Durkheim und Max Weber, Frankfurt 1982; Richard Münch, Die Struktur der Moderne: Grundmuster und differenteille Gestaltung des institutionellen Aufbaus der modernen Gesellschaften, Frankfurt 1984 (두 논문은 "상호 침투"에 대한 많

은 사례를 담고 있다) 등등 참조. 좀더 신중하고 불분명한 것으로는 Peter Weingart, Verwissenschaftlichung der Gesellschaft-Politisierung der Wissenschaft, Zeitschrift für Soziologie 12 (1983), pp. 225-241 참조.

10 경제

1. 좀더 자세한 내용은 Nikals Luhmann, Das sind Preise, Soziale Welt 34 (1983), pp. 153-170; Nikals Luhmann, Die Wirtschaft der Gesellschaft als autopoietisches System, Zeitschrift für Soziologie 13 (1984), pp. 308-327 참조.

2. 이런 측면에서 사람들은 물론 다수의 발전도상국에서 여전히 화폐의 거의 보편적 사용 가능성이라는 '중세적' 관계를 확인할 수 있다. 이 점에 대해 그리고 (재차 중세 후기를 떠올리게 하는) 반대 운동에 대해서는 Georg Elwert, Die Verflechtung von Produktionen: Nachgedanken zur Wirtschaftsanthropologie, in: Ernst Wilhelm Müller et. al. (편), Ethnologie als Sozialwissenschaft, Sonderheft 26/1984 der Kölner Zeitschrift für Soziologie und Sozialpsychologie, Opladen 1984, 379-402 (397ff.) 참조.

3. 근대의 '재산의 권리'에 대한 토론은 이를 다시 화제로 삼고 있다. 그런데 가령 환경 오염에 대한 '권리' 같은 생태적 재화로의 토론 확장은 공기 또는 물 오염에 대한 권리는—사람들이 그것을 위해 얼마를 지불한다 하더라도—소유권자에게 공기 또는 물과의 어떠한 세심한 관계도, 다른 환경 오염에 대한 어떠한 방어 소송도 실현하지 못하기 때문에 소유권의 옛 보호 기능에는 이르지 못한다.

4. 예를 들어 Raymond de Roover, The Concept of Just Price: Theory and Economic Policy, Journal of Economic History 18 (1958), pp. 418-434; Raymond de Roover, La pensée économique des scolastiques: Doctrines et méthodes, Paris 1971, 특히 pp. 59ff. 참조.

5. 이런 점에 자기 규제를 위한 경제의 해방은 물론 경제의 기능하고 있는 법체계에 대한 의존성의 강화, 즉 경제와 법의 독립성과 의존성 증대의 본질이 있다. 이는 특히 막스 베버가 관찰했고, 그 이후로 종종 충분히 그 요점이 부각되었다. 예를 들어 James William Hurst, Law and the Conditions of Freedom in the Nineteenth-Century United States, Madison, Wisc. 1956 참조. James William Hurst, Law and Social

Process in United States History, Ann Arbor, Mich. 1960; James William Hurst, Law and Economic Growth, Mass. 1964 (생태적 결과에 대한 간접적 개관을 담고 있다), 그리고 Morton Horwitz, The Transformation of American Law, 1780-1860, Cambridge, Mass. 1977 등도 참조. Warren J. Samuels, Interrelations Between Legal and Economic Processes, Journal of Law and Economics 14 (1971), pp. 435-450 또한 읽을 가치가 있다.

6. Michel Aglietta/André Orléan, La violence de la monnaie, 2. Aufl., Paris 1984에 나오는 표현이다. 이 개념은 여기에서 르네 지라르(René Girard)의 뒤를 이어 모방적 전염(contagion mimétique)으로도 불리고, 복사 행동과 그로 인해 생성된 결핍, 갈등 및 질서의 전제 조건으로서 강제력의 상관관계를 묘사한다.

7. 이는 '기본 질서'를 요구하는 법률가, 기획가, 나아가 경제학자가 보통 생각하는 것과는 극단적으로 반대되는 것이다. 체계는 더 이상 일치/일탈로 구조의 원칙에 반응하지 않고, 오직 사건으로서 인지되고 처리될 수 있는 구조의 변화에 대해서만 반응한다.

8. 물론 매우 불확실한 어림짐작이다! 예를 들어 Handelsblatt 1985년 2월 28일자; Börsenzeitung 1985년 3월 1일자; Herald Tribune 1985년 3월 4일자; Frankfurt Allgemeine Zeitung 1985년 3월 7일자를 보라. 이 모두는 지도적인 발권 은행의 달러 투자 문제에 관한 것이다.

9. 사람들은 Hans Christoph Binswagner, Ökonomie und Ökologie—neue Dimension der Wirtschaftstheorie, Schweizerische Zeitschrift für Volkswirtschaft und Statistik 108 (1972), 251-281 (276f.)처럼 '환경경제학'에서 경제의 팽창과 그로 인해 증가하는 환경 부담의 본래적 원인은 자금 조달에 있다는 견해를 발견한다. 하지만 모든 귀책이 그러한 것처럼 이 또한 문제가 있다. 왜냐하면 그것은 사람들이 바로 이 점에서 해악을 치유할 수 있다는 인상을 조장하기 때문이다.

10. 그 때문에 사람들이 화폐의 '주권성'과 그 강제력의 최종적 자의성에 대해 말한 것은 (이런 개념이 쉽게 과장되고 오해받을 수 있는 정치와의 유사성을 시사하기는 하지만) 나름대로 이유가 있다. 르네 지라르의 뒤를 이은 Michel Aglietta/André Orléan, La violence de la monnaie, 2. Aufl., Paris 1984, 특히 pp. 53ff. 참조.

11. Makroökonomik des Umweltschutzes, Göttingen 1976, p. 10.

12. 사람들은 아울러 이를 경제체계가 보통 그것의 근본적 역설을 해소할 수 있는 수단으로서 사용하는 '위계화'의 금지로서 파악할 수 있다. 다르게 표현하면, 환경 경제는 탈역설화 및 비대칭화의 다른 형태를 취해야 한다고 할 수 있다.

13. 덜 낙관적인 것은 단순히 사실에 근거하고 있는 관찰자이다. 예를 들어 Brock B. Bernstei, Ecology and Economics: Complex Systems in Changing Environments, Annual Review of Ecology and Systematics 12 (1981), pp. 309-330 참조. 그리고 '도덕적 설득'의, 가치 변화의, 의식 변화 효과의 한계와 관련해서는 William J. Baumol/Wallace E. Oates, Economics, Environmental Policy and the Quality of Life, Englewood Cliffs, N. J. 1979, pp. 282ff. 참조.

14. 예를 들어 Karl-Heinrich Hansmeyer, Ökonomische Anforderungen an die staatliche Datensetzung für die Umweltpolitik und ihre Realisierung, in: Lothar Wegehenkel (편), Marktwirtschaft und Umwelt, Tübingen 1981, 6-20 (9) 참조.

15. 나는 경제학자들이 '시장'을 어떻게 정의하고 있는지 이해하는 데 그리고 사회학적 언어로 번역하는 데 성공하지 못했다. 체계이론적으로 볼 때 중요한 통찰은 시장이 경제체계의 '하위 체계'가 아니라, 개별적 부분 체계의 관점에서 볼 때 그때마다의 체계 내적인 환경이거나 아니면 이러한 환경의 단면이라는 점에 있다. 특히 Harrison C. White, Where Do Markets Come From? American Journal of Sociology 87 (1981), pp. 517-547 참조. 사람들이 여기에 근거한다면, 국유화된 생산 기구를 가진 사회주의적 경제에서도 그와 같은 체계 내적인 환경을 발견하는 것은 결코 어렵지 않다. 사람들이 이를 또한 '시장'으로 부를지 여부는 기본적으로 이데올로기적으로 결정할 수 있는 질문이다.

16. 이에 대한 Horst Sieber, Ökonomische Theorie der Umwelt, Tübingen 1978의 모델 이론적 고찰 참조.

17. Douglas R. Hofstadter, Gödel, Escher, Bach: An Eternal Golden Braid, Hassocks, Sussex, UK 1979; 독일어 번역, Stuttgart 1985 참조.

18. 수준 결정과 배당 결정 차이의 다른 후속 문제에 대해서는 Joachim Klaus, Zur Frage der staatlichen Fixierung von Umweltstandards und Emmissionsniveaus, in: Wegehenkel, a. a. O. (1981), pp. 96-99도 아울러 참조.

19. 법체계와 비교하면, 이런 대비는 마찬가지로 실천에서 지속적으로 좌절하는 탈역설화의 전략으로서 간주해야 하는 법 제정과 법 적용의 똑같은 위계적 수준의 차이를 강요한다. 하지만 이는 개별적인 경우 그리고 그로 인해 용인될 수 있는 방식에서만 그러하다.

20. 예컨대 Bender, a. a. O. (1976); Siebert, a. a. O. (1978) 등 참조. 경영학 분야와 관련해서는 Udo Ernst Simonis (편), Ökonomie und Ökologie: Auswege aus einem Konflikt, Karlsruhe 1980 참조.

21. 그렇다면 이러한 효과를 새롭게 생겨난 수요에 의해 보상할 수 있는지, 있다면 얼마나 그러한지는 경험적인 질문이다. 어쨌든 이론은 환경에 대한 고려로 인해 제고된 경비가 경제 전체적으로 불리하게 작용할 것임에 틀림없다는 가정을 강요하지는 않는다.

22. 이런 점에서 '비경제적' 비용에 대해 말하는 것은 무의미하다. 그것은 단지 경제적 고찰 방식의 특수성을 검토하지도 않고 다른 사회 영역으로 옮겨놓는 은유적 언어 용법일 뿐이다.

23. 따라서 때때로 전문 경제적인 문헌 바깥에서도 아울러 나타나는 관점 (예를 들어 Abraham A. Moles/Elisabeth Rohmer, Théorie des actes: vers une écologie des actions, Paris 1977, p. 57) 또한 거부되어야 한다. 비용 계산을 통해 부족한 자원과 관련된 행위의 **사회적** 통합을 성취할 수 있다.

11 법

1. 논쟁을 위해 균형 잡힌 서술로는 William J. Baumol/Wallace E. Oates, Economics, Environmental Policy, and the Quality of Life, Englewood Cliffs, N. J. 1979, pp. 230ff. 참조.

2. 이에 대해 좀더 상세한 것은 Niklas Luhmann, Rechtssoziologie, 2. Aufl., Opladen 1983, pp. 354ff.; Niklas Luhmann, Die Einheit des Rechtssystems, Rechtstheorie 14 (1983), pp. 129-154 등 참조.

3. 이런 조건이 실현되지 않은 곳에서는—사람들은 예를 들어 브라질 대도시의 슬럼가에서는 자신의 법에 따라, 즉 국법에 연계되지 않은 법에 따라 삶을 영위한다고 말한다— "합법은 불법이 아니다"라는 확실성 또한 결여되어 있다.

4. 설명을 위해 덧붙인다면, 우리는 지배적 견해(Lawrence M. Friedman, The Legal

System: A Social Science Perspective, New York 1975)와는 달리 법체계를 그것의 조직적인, 곧 전문적으로 작업하는 복합체(입법, 사법, 변호사)에 한정하지 않고 법률적 의미에서 합법과 불법의 차이에 정향하는 모든 커뮤니케이션을 거기에 포함시킨다.

5. '완전한' 세계에 대한 기술이 바로 제3의 것을 배제해야 하기 때문에 논리적으로 불완전한 채로 있다는 것은 부단히 새롭게 나타나는 문제로 남아 있다. 이에 대해서는 Niklas Luhmann, Die Theorie der Ordnung und die natürlichen Rechte, Rechtshistorisches Journal 3 (1984), pp. 133-149 참조.

6. 이에 상응해 10여 년 이래로 입문서와 교과서를 계속 출간하고 있다. 예를 들어 Michael Kloepfer, Zum Umweltschutzrecht in der Bundesrepublik, Perscha o.J. (1972); Peter-Christoph Storm, Umweltrecht: Einführung in ein neues Rechtsgebiet, Berlin 1980; Jürgen Salzwedel (편), Grundzüge des Umweltrechts, Berlin 1982 등 참조.

7. 개관으로 특히 적합한 것으로는 Michael Kloepfer, Systematisierung des Umweltrechts, Berlin 1978 참조.

8. 이런 점에서 예컨대 공기 사용의 권리 같은 특정한 자유의 권리가 헌법에 따른 자유 보증에 속하는지, 아니면 입법자에 의해 비로소 허용된 다음 필요에 따라 수정될 수 있는 법 조항으로서 간주되는지 여부는 이미 2차적 의미를 지닌다.

9. 사람들이 그 대신 허가와 금지라는 좀더 공식적인 개념을 목표로 삼는다는 것을, 혹은 이익 고려 또는 집권적 또는 분권적 방책 선택의 구분도 중요한 역할을 수행한다는 것을 지적한다 해도 사정은 다르지 않을 것이다. 이 경우들에 있어서도 법률 정책적으로 또는 법률을 해석할 때 법학적인 담론을 구조화하는 구별은 **체계와 환경의 구별이 아니다.**

10. 출처: Robert Weimar/Guido Leinig, Die Umweltvorsorge im Rahmen der Landesplanung Nordrhein-Westfalen, Frankfurt 1983, pp. 22 또는 40.

11. 종종 비난받고 있는 '실행 결함'에 대한 많은 다른 이유가 있음은 물론이다. 이에 대해서는 예를 들어 Karl-Heinrich Hansmeyer (편), Vollzugsprobleme der Umweltpolitik: Empirische Untersuchungen der Implementation von Gesetzen im Bereich der Luftreinhaltung und des Gewässerschutzes, (Projektleitung Renate Mayntz) o. O. (발행 지역 기재되어 있지 않음) 1978 참조. 훌륭한 사례 연구로는 Bruce A. Ackerman et al., The Uncertain Search for Environmental Quality, New York 1974 또한 참조. 여

기서 작성된 세부 사항에서 사람들은 또한 '강력히 대응하는' 개선안과 더불어 움직이는 게 얼마나 어려운지를 알 수 있다.

12. Robert D. Luce/Howard Raiffa, Games and Decisions, New York 1957, 특히 pp. 278ff. 참조.

13. Aaron Wildavsky, No Risk is the Highest Risk of All, American Scientist 67 (1979), pp. 32-37 참조. 예상된 이익의 최대화 규칙에 따라 결정할 경우 그것을 고려하지 않는 것은 이 결정의 **리스크를 너무나도** 높이는 질문이라고 할 수 있는 예측의 다양한 **질**의 의미에 대한 지저과 함께 Peter Gärdenfors, Forecasts, Decisions and Uncertain Probabilities, Erkenntnis 14 (1979), pp. 159-181 또한 참조.

14. Nathan Kogon/Michael A. Wallach, Risk Taking as a Function of the Situation, the Person, and the Group, in: New Directions in Psychology III, New York 1967, pp. 111-278 참조. 아주 다른 입장에 근거하지만, 결정 이론적 연구에서 같은 느낌을 받는다. 예를 들어 Harry J. Otway, Perception and Acceptance of Environmental Risk, Zeitschrift für Umweltpolitik 2 (1980), pp. 593-616 (이는 강력하게 참여하는 집단과 관련이 있다) 또는 Brauch Fischhoff et al., Acceptable Risk, Cambridge, Engl. 1981 등 참조.

15. 그리고 이는 상부 계층에서도, 하부 계층에서도 그리고 계산을 하면서도, 계산을 하지 않으면서도 그러하다. 그 폭에 대해서는 예컨대 Jaques de Caillére, La fortune des gens de qualité et des gentilhommes particuliers, Paris 1964, pp. 307ff.; Hunter S. Thompson, Hell's Angels, New York 1966 등 참조.

16. 광범위한 연구이다. Daniel Kahneman/Paul Slovic/Amos Tversky, Judgement under Uncertainty, Cambridge, Engl. 1982 참조.

17. 이러한 논증에 대해서는 Chauncey Starr/Richard Rudman/Chris Whippie, Philosophical Basis for Risk Analysis, Annual Review of Energy 1 (1976), pp. 629-662 참조. 사회적 리스크 선호의 조사와 합산을 위한 (매우 불충분한) 경험적 방법에 대한 개관은 William D. Rowe, An Anatomy of Risk, New York 1977, pp. 259ff.에서 발견될 수 있다.

18. 이 경우 Heinhard Steiger, Verfassungsrechtliche Grundlagen, in: Salzwedel, a. a. O.

(21-63). '잔여 리스크'에 대해서는 pp. 37ff., 41의 인용문 참조.

19. 이 경우 Hasso Hofmann, Rechtsfragen atomarer Entsorgung, Stuttgart 1981. 잔여 리스크에 대해서는 특히 336ff. 참조. 아울러 '조직화한 이익에 따라 다원화하라!'의 경우 Karl Heinz Ladeur, "Abwägung"-Ein neues Paradigma des Verwaltungsrechts: Von der Einheit der Rechtsordnung zum Rechtspluralismus, Frankfurt 1984 참조.

20. 이에 대해서는 미국의 입법으로부터 나온 실례를 다룬 Talbot Page, A Generic View of Toxic Chemicals and Similar Risks, Ecology Law Quarterly 7 (1978), pp. 207-244 참조. 아울러 Lawrence H. Tribe, Trial by Mathematics: Precision and Ritual in the Legal Process, Harvard Law Review 84 (1971), pp. 1329-1393 참조.

21. '리스크' 개념의 역사는 아직 완전히 밝혀지지 않았다. 그런데 위험이라는 일반적 개념과 구분되는 특별한 개념이 생겨난 계기는 사람들이 리스크를 위험처럼 단순히 부정적으로만 보지 않고 의도적인 기도(企圖)의 대상으로 간주하고 리스크 흡수를 위해 지불을 할 수 있다는 점을 학습해야 했다는 사실에 있을 수 있다.

22. 토론의 중심은 팔 수 있는 배출권의 제정이라는 부분적인 문제에 있다. 이익과 손실에 대한 꽤 방대한 수지 계산에 대해서는 Lothar Wegehenkel (편), Marktwirtschaft und Umwelt, Tübingen 1981에 있는 다수의 논문 참조. 아울러 Werner Zohlhöfer, Umweltschutz in der Demokratie, Jahrbuch für Neue Politische Ökonomie 3 (1984), pp. 101-121 참조.

23. 죽음의 리스크를 감수할 용의의 계량화 문제에 대해 그리고 그것에 대한 윤리적 기준을 확정하는 어려움에 대해서는 Ronald A. Howard, On Making Life and Death Decisions, in: Richard C. Schwing/Walter A. Albers, Jr. (편), Societal Risk Assessment: How Safe is Safe Enough? New York 1980, pp. 89-106 참조. 이 문제가 물론 기술적 또는 생태적 리스크에서만 중요한 것은 아니지만, 그것들과 더불어 시사성을 획득하고 널리 유포된다.

24. 이것조차도 물론 무조건적으로 유효한 것이 아니라, 해리스버그 사고에 대한 반응이 보여주듯이 매우 상이한 정도로 유효하다. 이에 대해서는 Orwin Renn, Wahrnehmung und Akzeptanz technischer Risiken, Bd. III, Jülich 1981, pp. 20ff. 참조. 이런 상이성에 대해서는 당분간 어떤 것도 설명하지 못할 것이다.

25. 이를 상기시키는 것으로는 Brian Wynne, Redefining the Issue of Risk and Public Acceptance: The Social Viability of Technology, Futures 15 (1983), pp. 13-32 참조.

26. 체계에서 내적 그리고 외적 관점 사이를 왔다 갔다 하는 사이버네틱스에 대해서는 Stein Braten, The Third Position: Beyond Artificial and Autopoietic Reduction, Kybernetes 13 (1984), pp. 157-163 참조.

27. 그럴 경우 여기에서 순수하게 법적으로 결정할 수 없는 문제의 정치적 체계로의 이러한 전가와 더불어 후속 문제가 등장한다는 사실에 대해 여기서는 단지 녹색당을 참조하라고 덧붙이겠다.

28. John Rawls, A Theorie of Justice, Cambridge, Mass. 1971 (독일어 번역. Frankfurt 1975) 또는 Jürgen Habermas, Theorie des kommunikativen Handelns, 2 Bände, Frankfurt 1981 등과 같은 상당히 광범위하게 토론한 노력들 참조.

29. 이에 대해서는 이미 언급한 헌터 톰슨의 연구, Hell's Angels, New York 1966 참조. 아울러 Erving Goffman, Where the Action Is, in 같은이, Interaction Ritual: Essays in Face-to-Face Behavior, Chicago 1967, pp. 149-270 참조. 히말라야 등정이라는 다른 극단적 경우에 대해서는 Michael Thompson, Aesthetics of Risk: Culture or Context, in: Richard C. Schwing/Walter A. Albers, Jr. (편), Societal Risk Assesment: How Safe is Safe Enough? New York 1980, pp. 273-285 참조.

30. 물론 약간 오래된 검증이긴 하지만 Volkmar Gessner et al., Umweltschutz und Rechtssoziologie, Bielefeld 1978, pp. 167ff. 참조. 이후로 재판 활동이 확실히 증가했지만, 새로운 검증은 결여되어 있다. 법률적 관점에서 나온 것으로는 Michael Kloepfer, Rechtsschutz im Umweltschutz, Verwaltungsarchiv 76 (1985), pp. 371-397 참조.

31. 위의 주 11 참조.

32. Barry Boyer/Errol Meidinger, Privatizing Regulatory Enforcement: A Preliminary Assessment of Citizens Suits Under Federal Environment Laws, Ms. Buffalo N. Y. 1985 참조. (이 연구에 대해 가르쳐준 폴크마르 게스너(Volkmar Gessner)에게 감사한다.)

33. 이에 대해서는 Gerd Winter, Bartering Rationality in Regulation, Law and Society Review 19 (1985), pp. 219-250 참조.

34. 이 논쟁점에 대해서는 Kloepfer, a. a. O. (1985), pp. 391, 특히 증명들을 참조.

12 학문

1. 우리는 여기서—서술을 단순화하기 위해—참과 거짓의 원래 차이는 이미 고전적인 그리스 철학에서 관념과 연관해 '옳고/그른'이라는 차이에 의해 대체되어 있으며(다시 말해 재코드화되어 있으며), 그와 함께 오늘날까지 아직 제거되지 않은 생각의 존재 의존성이 작동하고 있다는, 특히 하이데거가 분명히 제시한 주장을 무시하기로 한다.

2. 이러한 변형에 대해서는 Rudolf Stichweh, Zur Entstehung des modernen Systems wissenschaftlicher Disziplinen: Physik in Deutschland 1740-1890, Frankfurt 1984 참조.

3. Edmund Husserl, Die Krisis der europäischen Wissenschaften und die transzendentale Phänomenologie, Husserliana, Bd. VI, Den Haag 1954 참조.

4. 대략 이런 의미에서 프리드리히 H. 텐브루크는 통속화에 대해 말한다. Friedrich H. Tenbruck, Wissenschaft als Trivialisierungsprozeß, in: Nico Stehr/Volker Meja (편), Wissenssoziologie: Studien und Materialien, Sonderheft 18 der Kölner Zeitschrift für Soziologie und Sozialpsychologie, Opladen 1975, pp. 19-47 참조.

5. 체계이론적으로 더 정확하게 표현하면, 이는 그와 같은 '소음'은 한편으론 연구의 필수 불가결한 실행 조건이면서 그것에 지속적으로 현실의 확실성을 공급한다는 것을 의미하지만, 다른 한편으론 지속적으로 정보로 전환되고 그로 인해 교란으로서 제거되지 않으면 안 된다는 것을 의미한다. 그리하여 '환경 의식'을 지향하는 연구자의 '의식 변화'에 의해서 어쨌든 대량의 혼선이 예상되긴 하지만, 즉시 실제로 학문적 의미 부여를 기대할 수 있는 것은 아니다. 또다시 제한된 반향 능력 현상이라고 할 수 있다.

6. 그런데 이런 인식은 이미 옛 생각에서도 가능했다. 오류의 인간적 원인에 대해 자세히 묘사하면서 Edward Reynoldes, A Treatise of the Passion and Faculties of the Soule of Man, London 1640, 재판본 Gainesville, Florida 1971, p. 503에는 "적나라한 무지보다 부정적인 지식에 의해 긍정적 결론에 도달하는 것이 더 빠르다"라고 쓰여 있다.

7. 상징적으로 일반화된 커뮤니케이션 매체의 일반적 이론의 맥락에서는 Nikals Luhmann, Einführende Bemerkungen zu einer Theorie symbolisch generalisierter

Kommunikationsmedien, in 같은이, Soziologische Aufklärung, 2권, Opladen 1975, pp. 170-192을 또한 참조.

8. 근대적, 특별히 학문적 합리성과 비교해 Peter-Michael Spangenberg, Die Alltagswelten des spätmittelalterlichen Mirakels: Zur Pragmatik religiöser Texte, Diss. Siegen 1984 참조.

9. 여기에 대해서는 Nikals Luhmann, Die Ausdifferenzierung von Erkenntnisgewinn, in: Nico Stehr/Volker Meja (편), Wissenssoziologie, Sonderheft 22 (1980) der Kölner Zeitschrift für Soziologie und Sozialpsychologie, Opladen 1981, pp. 101-139 참조.

10. 게다가 호기심(curiositas)의 거절은 지식 추구 자체가 아니라 선험적인―믿음으로서만 접근할 수 있는 실상(實狀)과 관련해서든, 그것들의 본성에 따라 비밀스러워야만 하고 인식에 의해 파괴되는 사물과 관련해서든―단지 비사실적인 지식 추구에만 유의했다. 나아가 **타자**에 대한 관심으로서 호기심은 특히 중요한 자기 인식으로부터 관심을 다른 쪽으로 돌렸다고 비난받았다. 따라서 대립은 혁신 대 불변이 결코 아니었다. 이런 구분은 호기심을 일반적 지식 충동으로 평가함으로써 비로소 도입되었다. 예를 들어 Thomas Wright, The Passions of the Minde in Generall, 증보판, London 1630, 재판본 Urbana, Ill. 1971, pp. 312ff.; Reynoldes, a. a. O. (1640), pp. 462f. 참조. 덧붙여 Hans Blumenberg, Der Prozeß der theoretischen Neugierde, Frankfurt 1973도 물론 참조.

11. 역사적으로 방법 개념의 이러한 정의는 인쇄술 보급 이후 16세기에 시작되었다. 중요한 과도기적 입장으로서 페트뤼 라무스(Petrus Ramus)를 들 수 있는데, 그는 방법을 이미 이원적 도식으로서 이해하지만 그것을 여전히 직접적으로 현실의 분해에 접합시킨다. 이에 대해서는 Walter J. Ong, Ramus: Method and the Decay of Dialog: From the Art of Discourse to the Art of Reason, Cambridge, Mass. 1958, 신판 New York 1979 참조.

12. 예를 들어 Isaac Levi, Gambling with Truth: An Essay on Induction and the Aims of Science, London 1967 참조.

13. 따라서 진화 이론은 무엇보다도 그것이 여기에서 시정되면서 (왜가 아니라) 어떻게 현실이 논리학과 수학에 대한 고려 없이 자기 스스로를 단순화시켜 이후 결과적으로 그

자체가 되는지를 설명하는 바로 그 이유 때문에 근대적 학문의 중요한 관점이다.

14. 공식화된 것은 Warren Weaver, Science and Complexity, American Scientist 36 (1948), pp. 536-544 이후이다. 아울러 Todd R. LaPorte (편), Organized Social Complexity: Challenge to Politics and Policy, Princeton, N. J. 1975; Giovan Francesco Lanzara/Francesco Pardi, L'interpretazione della complessià: Metodo sistemico e scienze sociali, Napoli 1980; Hans W. Gottinger, Coping with Complexity, Dordrecht 1983 등도 참조.

15. 예를 들어 Henri Atlan, Entre le cristal et la fumèe: Essay sur l'organisation du vivant, Paris 1979, pp. 74ff. 참조. Lars Löfgren, Complexity Descriptions of Systems: A Foundational Study, International Journal of General Systems 3 (1977), pp. 192-214; Robert Rosen, Complexity as a System Property, Inernational Journal of General Systems 3 (1977), pp. 227-232 등도 참조.

16. Heinz von Foerster, Observing Systems, Seaside, Cal. 1981, 특히 pp. 288ff. 참조.

17. 여기에 학문 이론적 규칙에 대한, 심지어 신성한 칼 포퍼(Karl Popper)의 규칙에 대한 위반이 있다는 점은 명백하다. 예를 들어 Hans Albert, Modell-Platonismus: der neoklassische Stil des ökonomischen Denkens in kritischer Beleuchtung. Festschrift Gerhard Weisser, Berlin 1963, pp. 45-76 참조. 하지만 이러한 인식은 문제를 사람들이 학문 이론을 역설에 의한 감염에 대항해 도대체 어떻게 보호하는가, 어떻게 포퍼 자신을 면책할 수 있는가라는 질문 앞에 갖다놓음으로써(그리고 이는 구조화된 복잡성 문제의 하나의 다른 변형일 뿐이다), 문제로부터 벗어나게 하는 것이 아니라 더욱더 깊이 문제 안으로 이끈다.

18. 규모의 차이가 사회적 구조에 미치는 영향력에 대한 정말 주목할 만한 연구는 다음과 같이 요약할 수 있다. "(25) 다른 것들이 동일하다면, 규모와 사회적 조직 간의 관계에 관한 위의 진술은 참이다. (26) 다른 것들은 결코 동일하지 않다." [Geraid D. Berreman, Scale and Social Relations: Thoughts and Three Examples, in: Fredrik Barth (편), Scale and Social Oranization, Oslo 1978, 41-77 (77)].

19. 사람들이 지구에서 삶의 상대적 격리를 생각할 때조차도 아니다. 학문적 이론의 분해 능력에 비추어서도 이 경계는 더 이상 '생태적' 경계가 아니다. 그 밖에도 지구상의 사

건 전체는 너무나 복잡해서 사람들은 이 체계 준거를 가지고 학문적으로 작업할 수 없을 것이다.

20. 예컨대 Roy A. Rappaport, Ecology, Meaning, and Religion, Richmond, Cal. 1979, pp. 54ff.에서처럼.

21. Herbert Simon/Albert Ando, Aggregation of Variables in Dynamic Systems, Econometrica 29 (1961), pp. 111-138; Herbert A. Simon, The Architecture of Complexity, Proceedings of the American Philosophical Society 106 (1962), pp. 467-48 (여러 번 재인쇄되었다); Franklin M. Fisher/Albert Ando, Two Theorems on Ceteris Paribus in the Analysis of Dynamic Systems, American Political Science Review 56 (1962), pp. 108-113; Albert Ando/Franklin M. Fisher, Near Decomposability, Partition and Aggregation and the Relevance of Stability Discussions, International Economic Review 4 (1963), pp. 53-67; Albert Ando/ Franklin M. Fisher/Herbert Simon, Essays on the Structure of Social Science Models, Cambridge, Mass. 1963 등 참조. 나아가 C. West Churchman, The Design of Inquiring Systems: Basic Concepts of Systems and Organization, New York 1971, 특히 pp. 64ff.; Daniel Metlay, On Studying the Future Behavior of Complex Systems, in: LaPorte a. a. O. (1975), pp. 220-250; William C. Wimsatt, Complexity and Organization, in: Marjorie Green/Everett Mendelsohn (편), Topics in the Philosophy of Biology, Boston Studies in the Philosophy of Science 27 (1976), pp. 174-193 등도 참조. 마지막으로 인용한 논문들이 보여주는 것처럼 회의적 평가가 오히려 늘어나고 있다.

22. 성취할 수 없다는 것이 사실이라면, 합리성을 성취하기 위한 절차의 규칙에 대한 열거와 준수에서 합리성을 찾는 것은, 즉 사안 자체에 관한 문제의 절차화라는 '부르주아적' 해결책은 더 이상 의미가 없다.

13 정치

1. Politique et Société, Communications 22 (1974), 119-133 (125).

2. 폭넓은, 18세기 초에 이르기까지 여전히 통용된 옛 용어에 대해서는 예를 들어 Daniel

de Priézac, Discours politique, 2. Aufl., Paris 1666; Rémond des Cours, La véritable politique des Personnes de Qualité, Paris; Christian Thomasius, Kurtzer Entwurff der politischen Klugheit, 독일어 번역, Frankfurt-Leipzig 1710, 재판본 Frankfurt 1971; Jürgen Habermas, Kleine Politische Schriften, Frankfurt 1981 등 참조. 정치는 여기에서 신중한 공적인 행동 같은 것을 의미한다.

3. 예를 들어 Ciro Spontone, Dodici libri del governo di Stato, Verona 1599.

4. 우리는 여기에서 사회적 체계의 체계 준거에서, 즉 커뮤니케이션을 매개로 말한다. 사실 이 심리체계에서는 다르게 보일 수 있다는 것은 자명하다.

5. Niklas Luhmann, Der politische Code: "Konservativ" und "progressiv" in system-theoretischer Sicht, in 같은이, Soziologische Aufklärung, 3권, Opladen 1981, pp. 267-286; Niklas Luhmann, Politische Theorie im Wohlfahrtsstaat, München 1981, pp. 118ff. 참조.

6. 이 논제는 다수의 다른 비교를 통해 확고해진다. 우리는 서술을 단순화하기 위해 반향 능력이라는 특별한 주제와 특별하게 관련된 단 하나의 관점, 즉 코드화와 프로그램화의 분화에 국한한다.

7. 예컨대 Manfred Schmitz, Theorie und Praxis des politischen Skandals, Frankfurt 1981; Francesco M. Battisti, Sociologia dello scandalo, Bari 1982 참조. 추문 역사의 경험적 조사는 아마도 생태적 관심이 이 형태에서도 증가한다는 것을, 즉 추문 전체의 양이 이로써 증가하든, 이러한 양의 내부에서 분배가 예컨대 도덕으로부터 생태학으로 옮겨가든 추문의 대상이 된다는 것을 쉽게 확인할 수 있게끔 해준다. 그럴 경우 생태적 주제의 도덕화는 특히 그것에 추문 능력을 공급하는 기능을 가질 수도 있다.

8. 여기에 대해 더 상세히 알고 싶으면 Niklas Luhmann, Macht, Stuttgart 1975, pp. 60ff. 참조.

9. 우리는 19장에서 이 점에 대해 다시 다룰 것이다.

10. 체계이론적으로 보면, 우리는 여기서 그 밖에도 우리가 사회체계와 관련해 추구하는 문제와 정확하게 일치하는 사례를 가지고 있다. 두 경우에서 문제는 체계가 자신의 합리성을 체계 자신에 고유한 작동이 자신의 환경에 미친 효과를 체계에 대한 반작용 자체의 관점에서 계산할 수 있다는 것에서 발견할 수 있느냐, 있다면 어떻게 *그러한가*에 관

한 것이다.

11. 이 점에 대해서는 Walter L. Bühl, Ökologische Knappheit, a. a. O., S. 141 ff. 또한 참조.

12. 특히 Peter Graf Kielmansegg, Politik in der Sackgasse? Umweltschutz in der Wettbewerbsdemokratie, in: Heiner Geißler (편), Optionen auf eine lebenswerte Zukunft: Analyse und Beiträge zu Umwelt und Wachstum, München 1979, pp. 37-56 참조.

14 종교

1. Horst Westmüller, Die Umweltkrise—eine Anfrage an Theologie und Christen, in: Hans Dietrich Engelhardt (편), Umweltstrategie: Materialen und Analysen zu einer Umweltethik der Industriegesellschaft, Gütersloh 1975, 314-348 (331)에서 인용. 이 인용문은 자의적으로 골라낸 것으로 저자를 헐뜯기 위한 게 아니다. 하지만 이것은 내가 여러 책에서 환경 위기에 대한 신학적 입장 표명으로 발견한 것을 대표한다. 예컨대 Martin Rock, Theologie der Natur und ihre anthropologischen Konsequenzen, in: Dieter Birnbacher (편), Ökologie und Ethik, Stuttgart 1980, pp. 72-102 또한 참조. 상당할 정도로 직접 성경에 정향한 것으로는 Gerhard Liedke, Im Bauch des Fisches: Ökologische Theologie, Stuttgart 1979 역시 참조.

2. 복잡성 이론에 대한 표현으로 사람들은 규정된 것(내재성)의 비규정성(초월성)에 있다고 또한 말할 수 있을 것이다. 이러한 복잡성 이론의 표현을 나는 Die Funktion der Religion, Frankfurt 1977에서 사용했다.

3. 내재적 그리고 초월적 평가 차이의 표현으로서 마태복음 25, 31ff.에서 "놀라움"의 동기를 아울러 참조하라.

4. 또는 비슷하게 이미 Shaftesbury, a. a. O., Bd. III, p. 316 등등에서와 같이 믿음은 "확립된 법에 의해서처럼" 침해될 수 없다고 감히 말한다.

5. Johann Heinrich Lambert, Cosmologische Briefe über die Einrichtung des Weltbaues, Ausburg 1761, p. 116.

6. 신이 스스로 만든 불투명성(인간에 대한 두려움?), 신의 책략, 감당할 수 없는 지식에 대한 인간의 접근 차단처럼 이에 대한 의인화된 문구는 물론 오래되었다. Stephen D.

Benin, The "Cunning of God" and Divine Accomodation, Journal of the History of Ideas 45 (1984), pp. 179-191의 몇몇 자료 참조.

7. 나는 특히 이 때문에 몽테뉴(Montaigne)-인용을 모토로 선택했다. 거기서 문맥을 다시 읽고 검토해야 할 것이다.

8. Le parasite, Paris 1980, 독일어 번역, Frankfurt 1981.

15 교육

1. 예를 들어 Norman J. Faramelli, Ecological Responsibility and Economic Justice, in: Ian G. Barbour (편), Western Man and Environmental Ethics: Attitudes Toward Nature and Technology, Reading, Mass. 1973, pp. 188-203 참조.

2. 경력의 이러한 개념에 대해 더 자세한 것으로는 Niklas Luhmann/Karl Eberhard Schorr, Reflexionsprobleme im Erziehungssystem, Stuttgart 1979, pp. 277ff. 참조.

3. 이러한 평가는 Heinz von Foerster, Observing Systems, Seaside, Cal. 1981, pp. 209f. 에서도 볼 수 있는데, 여기서는 다음의 권고로 끝을 맺는다. "학생들에게 '정당한 문제', 즉 답이 알려져 있지 않은 문제에 대해 질문하는 것을 가르침으로써 그들을 탈평범화하는 교육체계를 생각하는 것은 매혹적이지 않은가?"

4. 다른 것을 단지 언급하기만 한다면 구조화된 복잡성을 가진 체계에서 관찰과 이해의 문제, 행위자/관찰자 귀속 차이의 문제, '은밀한 교과 과정' 및 학교에서 생존을 지향하는 사회화의 문제 등이 있다.

5. William J. Baumol/Wallace E. Oates, Economics, Environmental Policy, and the Quality of Life, Englewood Cliffs, N. J. 1979, pp. 282ff.에서 이렇게 추측한다(재활용과 관련해 자신의 연구 결과는 이에 모순되는 것처럼 보임에도 불구하고).

16 기능적 분화

1. 많은 저작을 대신해 Jeffrey L. Pressman/Aaron Wildavsky, Implementation: How Great Expectations in Washington are Dashed in Oakland, Berkeley, Cal. 1973 참조.

2. Niklas Luhmann, Soziale Systeme, a. a. O., pp. 37ff. 참조.

3. E. T. A. Hoffmann, Des Vetters Eckfenster, Werke, Berlin-Leipzig, oJ., Bd. 12, pp. 142-

164에 의함.

4. 이에 대해 역사적-의미론적 관점에서 바라본 Niklas Luhmann, Temporaisierung von Komplexität: Zur Semantik neuzeitlicher Zeitbegriffe, in: 같은이, Gesellschaft-sstruktur und Semantik, Bd. 1, Frankfurt 1980, pp. 235-300 참조.

5. André Béjin, Différenciation, complexification, évolution des sociétés, Communi-cations 22 (1974), 109-118 (114) 참조. 이는 Henri Atlan, L'oranisation biologique et la théorie de l'information, Paris 1972, pp. 270f.와 연계되어 있다.

6. 아직 충분하게 규명되지 않은 (무엇보다도 19세기 중반 이전의 시기에 아직 충분히 규명되지 않은) 가치 개념의 의미론적 경력은 여기에서 자체의 관심들 중 하나를 가졌어도 된다. 가치 개념이 19세기 중반에 이르러서야 경제로부터 도덕, 문학, 미학 및 철학으로 넘어갔다는 것은 확실히 틀렸다. (Der Abbé Morellet, Prospectus d'un nouveau Dictionnaire de Commerce, Paris 1769, 재판본 München 1980, pp. 98ff.은 예를 들어 거꾸로 경제적 이익으로의 협소화를 확인했다. 하지만 18세기 전체는 또한 매우 일반적 단어 사용에 대해 알고 있었다.) 그럼에도 불구하고 마찬가지로 분명한 것은 가치 개념이 지난 세기에 와서야 비로소 의미를 위한 마지막 보증처럼 사용되었고, 이로 인해 확실히 반박할 수 있게끔 사용되었다는 사실이다.

7. 이는 어쨌든 일어난다. 하지만 그럴 경우 누차 요구를 받으며, 심지어는 문제 해결을 위한 사전 조건으로서 간주된다. Karl-Heinz Hillmann, Umweltkrise und Wertwandel: Die Umwertung der Werte als Strategie des Überlebens, Frankfurt-Bern 1981 참조.

8. Talcott Parsons, On the Concept of Value-Commitments, Sociological Inquiry 38 (1968), 135-160 (153ff.) 참조.

9. 비교를 위해 계층적 사회의 자기 기술은 예외 없이 도덕적 도식을 사용했다. 개별적 계층에서 전형적 행동의 직접적인 도덕적 비판이든, 모든 이들이 손가락을 들이대면서 일탈을 측정할 수 있는 완벽함의 유형 구성에서든.

10. 예를 들어 Simon-Nicolas-Henri Lingeut, Le fanatisme des phiosophes, Londres-Abbeville 1764; Peter Villaume, Über das Verhältnis der Religion zur Moral und zum Staate, Libau 1791 참조. 그리고 물론 순박한 원칙에 대한 믿음의 발현으로서 프랑스 혁명에 대한 널리 알려진 비판도 참조.

11. 많은 이들이 시사했는데, 그런 다음 바로 가능성과 결과를 위한 매우 적은 경험적 근거에도 불구하고 '혁명'으로 완결되었다. 더욱 전형적으로 사람들은 '현저한/잠재적'이라는 도식이 더 이상의 성찰 없이 사실의 기술처럼 도입되고 분석으로 채워진다는 것을 발견한다. 무엇보다도 Robert K. Mertron, The Unanticipated Consequences of Purposive Social Action, American Sociological Review 1 (1936), pp. 894-904 이래로 그러하다.

12. 위르겐 하버마스는 더욱더 통렬하게 단죄하면서 동시에 더 많은 희망을 갖게 한다. 그는 **문제**를 단지 이론 내재적으로 주체의 이론과 그 반대자에 의한 계몽의 의미론적 오(誤)조종에서 보고 있기 때문에 문제 **해결**을 상호 주관적 이해라는 새로운 패러다임으로의 이행에서 찾는다. Der philosophische Diskurs der Moderne: Zwölf Vorlesungen, Frankfurt 1985 참조. 하지만 그럴 경우 사회학적으로 사용하기 위해 여전히 밝혀야 할 것은 이러한 오조종과 그것을 교정할 가능성이 근대 사회의 구조와 어떻게 연관되어 있는가 하는 점이다.

17 제한과 강화: 너무나 적은 그리고 너무나 많은 반향

1. Simon-Nicolas-Henri Lunguet, Lettres sur La Théorie des loix civiles, Amsterdam 1770, p. 96(몽테스키외에 대한 비판과 관련해). 따라서 아리스토텔레스적 운동론에 근거했던 옛 작가들에게 균형은 부패로, 즉 운동 방향의 미결정으로 간주되었다. Reynoldes, a. a. O. (1640), p. 463에는 이렇게 쓰여 있다. "말하자면 어느 쪽으로 기울지 얘기할 수 없는 균형으로서."

18 대표와 자기관찰: '새로운 사회 운동'

1. 이것도 저것도 통용되지 않고 대신 종교가 통일성의 대표를 넘겨받은 이집트의 특별한 경우를 우리는 제쳐둔다. 그것은 어떤 후계자도 찾지 못했다.

2. "La scission qui traverse l'espace humain est génératrice d'une indéfinition derniére." Marcel Gauchet, L'experience totalitaire et la pensée de la politique, Esprit Juli/August 1976, 3-28 (26).

3. 금지에 의한 잠재화에 대해서는 Yves Barel, Le paradoxe et le systéme: Essai sur le

fanastique social, Grenoble 1979, pp. 185ff. 참조.

4. 표현에서 환원성은 의도된 것이다.

5. 귀속 이론 자체가 이러한 연관 관계로부터 경험한 자극은 나름대로 하나의 흥미로운 연구 주제이다. 여전히 눈에 띄는 것으로는 예를 들어 Felix Kaufmann, Methodenlehre der Sozialwissenschaften, Wien 1936, pp. 181ff. 참조.

6. 현재 일어나고 있는 것에 대한 개관을 위해서는 Ortwin Renn, Die alternative Bewegung: Eine historisch-soziologische Analyse des Protestes gegen die Industriegesellschaft, Zeitschrift für Politik 32 (1985), pp. 153-194; Karl-Werner Brand (편), Neue soziale Bewegungen in Westeuropa und den USA: Ein internationaler Vergleich, Frankfurt 1985 등 참조.

7. Michel Serres, Le Parasite, Paris 1980; 독일어 번역, Der Parasit, Frankfurt 1981의 의미에서.

19 두려움, 도덕 그리고 이론

1. 여기서는 단지 커뮤니케이션이 문제이기 때문에 우리는 감정적 흥분의 구성 요소를 여기서 그리고 다음에서 제외하고 단지 근심(의 표현)만을 다룬다. (심리학적) 두려움 개념의 이 두 가지 구성 요소의 구분에 대해서는 Ralf Schwarzer, Streß, Angst und Hilflosigkeit: Die Bedeutung von Kognitionen und Emotionen bei der Regulation von Belastungssituationen, Stuttgart 1981, pp. 87ff.; Ralf Schwarzer, Worry and Emotionality as Separate Components in Test Anxiety, Interantional Review of Applied Psychology 33 (1984), pp. 205-220 참조. 이 구분은 이른바 두려움 연구 시험 (Test Anxiety Research)에서 만들어졌다. 이에 대한 그 밖의 논문은 Advances in Test Anxiety Research(1982년부터) 연감에 실려 있다.

2. Anthony, Earl of Shaftesbury, Characteristicks of Men, Manners, Opinions, Times, 2. Aufla., o. O. 1714, 재판본, Hants, UK 1968, p. 16 참조. 이 점에서 토머스 홉스의 이론적 구성이 무너진다는 사실은 쉽게 인지될 수 있다.

3. 이러한 의도를 가진 것으로는 예를 들어 William W. Lowrance, Of Acceptable Risk: Science and the Determination of Safety, Los Altos, Cal. 1976 참조.

4. 사례 연구로는 Dorothy Nelkin, The Role of Experts on a Nuclear Siting Controversy, Bulletin of the Atomic Scientists 30 (1974), pp. 29-36; Helga Nowotny, Kernenergie: Gefahr oder Notwendigkeit: Anatomie eines Konflickts, Frankfurt 1979 등 참조. 나아가 광범위한 문헌을 지닌 것으로서는 예컨대 Dorothy Nelkin/ Michael Pollak, The Politics of Participation and the Nuclear Debate in Sweden, the Netherlands and Austria, Public Policy 25 (1977), pp. 333-357; Edgar Michael Wenz (편), Wissenschaftsgerichtshöfe: Mittler zwischen Wissenschaft, Politik und Gesellschaft, Frankfurt 1983 등 참조.

5. 좋은 지표가 있는데, 다름 아닌 좋은 성적은 학교 순응적인 태도에서 평균적인 것들보다 더 많은 자기 평가의 불안과 그리고 더 많은 성과에 대한 두려움과 상관관계를 가질 수 있다는 것이다. Helmut Fend, Selbstbezogene Kognition und institutionelle Bewertungsprozesse im Bildungswesen: Verschonen schulische Bewertungsprozesse den "Kern der Persönlichkeit"?, Zeitschrift für Sozialisationsforschung und Erziehungssoziologie 4 (1984), pp. 251-270 참조. 상반되는 연구 결과에 직면해 무엇보다도 두려움의 성과 저하적 효과의 관점에서(Schwarzer, a. a. O., 1981, pp. 100ff. 참조) 그리고 이는 다른 사람보다 높은 지능을 가진 사람에게 더 심하다는 소견에서(Henk M. van der Ploeg, Worry, Emotionality, Intelligence, and Academic Performance in Male and Female Dutch Secondary School Children, Advance in Test Anxiety Research 3 (1984), pp. 201-210 참조), 이 문제에 대한 연구는 그럼에도 끝나지 않은 것으로서 간주되어야 한다.

6. Heinz von Foerster, Observing Systems, Seaside, Cal. 1981, 특히 "Objects: Tokens for (Eigen-)Behavior," pp. 274ff. 참조.

7. 어쨌든 이 문제를 추적한 경험적 연구는 매우 일관성 없는 결과를 가져왔다. Kenneth L. Higbee, Fifteen Years of Fear Arousal: Research on Threat Appeals 1953-1968, Psychological Bulletin 72 (1969), pp. 426-444; Werner D. Fröhlich, Perspektiven der Angstforschung, in: Enzyklopädie der Psychologie, C IV, Psychologie der Motivation, 2권, Hans Thomas(편), Göttingen 1983, 110-320 (178ff.) 등 참조.

8. 예를 들어 B. Franz L. Neumann, Angst und Politik, Tübingen 1954 참조.

9. Werner Fröhlich, Angst: Gefahrensignale und ihre psychologische Bedeutung, München 1982, p. 27.

10. 확실한 것으로는 William C. Clark, Witches, Floods, and Wonder-Drugs: Historical Perspectives on Risk Management, in: Richard C. Schwing/Walter A. Albers, Jr. (편), Societal Risk Assessment: How Safe is Safe Enough? New York 1980, pp. 287-313 참조. 유사한 것이 다른 두려움의 영역에서도, 가령 시험의 두려움에서도 적용되는 것처럼 보인다. D. Gertmann et al., Erste Ergebnisse einer Fragebogenuntersuchung zur Prüfungsvorbereitung im Fach Psychologie, in: Brigitte Eckstein (편), Hochschulprüfungen: Rückmeldung oder Repression, Hanburg 1971, pp. 54-59의 결과 참조.

11. 개관을 위해서는 William D. Rowe, An Anatomy of Risk, New York 1977, 119 ff., pp. 300ff. 참조. (논쟁의 여지가 있는) 양적인 평가를 위해서는 Chauncey Starr, Social Benefit Versus Technological Risk: What is Our Society Willing to Pay for, Science 165 (1969), pp. 1232-1238 참조. 이러한 '이중 기준'의 가설은 사람들이 점증적으로 다른 요인의 작용에 대해 주목한다 하더라도 경험적으로 유지될 수 있는 것처럼 보인다. 이 점에 대해서는 Paul Slovic/Baruch Fischhoff/Sarah Lichtenstein, Facts and Fears: Understanding Perceived Risk, in: Schwing/Albers, a. a. O., 181-214 (196, 205ff.) 참조.

12. 정치적 관점에서 위험 감지의 변화와 적합성에 대해서는 예컨대 Meinolf Dierkes, Perzeption und Akzeptanz technologischer Risiken und die Entwicklung neuer Konsensstrategien, in: Jürgen von Kruedener/Klaus von Schubert (편), Technikfolgen und sozialer Wandel: Zur politischen Steuerbarkeit der Technik, Köln 1981, pp. 125-141 참조. 나아가 상세한 문헌 보고와 자신의 경험적 조사를 담은 것으로는 Ortwin Renn, Wahrnehmung und Akzeptanz technischer Risiken, 6권, Jülich 1981 참조.

13. 핵 파국에 대한 두려움의 경우, 그 밖에도 두려움이 의식적으로(!) 반귀납적으로 기도 (企圖)되었다는 점이, 다시 말해 여태까지의 사고 통계로부터 위험 평가를 획득한 것이 아니라 이른바 자유롭고 근거 없이 기획되었다는 점이 눈에 띈다. 이에 대해 다른 위험

인자와 비교하는 인상적인 Slovic et al. a. a. O., p. 193 참조.

14. 덧붙여 여기서 주목할 만한 것은 위험이 뚜렷이 줄어드는 반면 근심은 늘어난다는 점이다. 이는 위에서 다룬 두려움과 연관된 커뮤니케이션의 자기 유발성의 한 경우이다.

15. 올포트(Allport)학파의 의미에서 그러하다. 특히 Richard L. Schanck, A Study of a Community and Its Groups and Institutions Conceived of as Behaviors of Individuals, Princeton, N. J. 1932; Ragnar Rommetveit, Social Norms and Roles: Explorations in the Psychology of Enduring Social Pressures With Empirical Contributions from Inquiries into Religious Attitudes and Sex Roles of Adolescents from Some Districts in Western Norway, Oslo 1955 등 참조.

16. 경고의 도덕과 논리에 대해서는 Lars Clausen/Wolf R. Dombrowsky, Warnpraxis und Warnlogik, Zeitschrift für Soziologie 13 (1984), pp. 293-307 참조.

17. Niklas Luhmann, Soziale Systeme, a. a. O., pp. 638ff. 참조.

18. Niklas Luhmann, The Self-Description of Society: Crisis Fashion and Sociological Theory, International Journal of Comparative Sociology 25 (1984), pp. 59-72를 아울러 참조.

20 생태적 커뮤니케이션의 합리성에 대하여

1. Jürgen Habermas, Der philosophische Diskurs der Moderne: Zwölf Vorlesungen, Frankfurt 1985, p. 432.

2. 사람들은 그럴 경우 질문은 더 이상 같은 것이 아니라고 온당하게 반박할 수 있다. 하지만 토론은 이와 함께 단지 문제 제기의 합리성을 위한 기준의 문제로 옮겨갈 것이다.

3. 이 점에 대해서는 Douglas R. Hofstadter, Gödel, Escher, Bach: An Eternal Golden Braid, Hassock, Sussex UK 1979, 독일어 번역, Stuttgart 1985 참조. 그 밖에 본문 44쪽 참조.

4. 하버마스는 Der philosophische Diskurs der Moderne, a. a. O. (1985), pp. 426ff.에서 이렇게 말한다.

5. 이 점에 대해서는 Nikals Luhmann, Soziale Systeme, a. a. O., pp. 638ff. 또한 참조.

6. Heinz von Foerster, Observing Systems, Seaside, Cal. 1981에 의하면.

21 환경윤리학

1. 이 점에 대해 더욱 상세한 것은 Niklas Luhmann, Soziologie der Moral, in: Niklas Luhmann/Stephan H. Pfürtner (편), Theorietechnik und Moral, Frankfurt 1978, pp. 8-116; Niklas Luhmann, I fondamenti sociali della morale, in: Niklas Luhmann et al., Etica e Politica: Riflessioni sulla crisi del rapporto fra società e morale, Milano 1984, pp. 9-20 등 참조.

2. 17세기에는 여전히 매우 명백히 그러했다. (그 밖에 "신은 죄인을 미워한다"는 신에게 옮겨간 요구도 있었다.) 예를 들어 Edward Reynoldes, A Treatise of the Passions and Faculties of the Soule of Man, London 1640, 재판본 Gainesville, Florida 1971, pp. 111ff., 137ff. 참조. 그렇다면 이런 식으로 시작된, 역설을 더 이상 성찰하지 않는 이론에서 사랑은 물론 미움까지도 좋은 결과는 물론 나쁜 결과도 가질 수 있다는 사실은 (원죄 이후의 세계의) 하나의 단순한 현상이다. 사람들은 그릇되게 진행될 수 있다는 사실을 단지 고려해야 하는 도덕과 정열의 병렬 코드화에 대해서도 말할 수 있을 것이다.

3. Robert Musil, Der Mann ohne Eigenschaft, Hamburg 1952, p. 1024.

4. 주목할 만한 것은 단지 충분히 급진적인 성찰을 매우 일관되게 역설의 재수용으로 인도해야 한다는 추측이다. 예컨대 모든 비판가들이 윤리적 담론에만 참여하고, 따라서 최소한 윤리적 논증의 바람직성을 인정하는 한, 일반화된 논증 불가능성으로서 실로 그들의 시선을 붙잡는 논증 불가능성에 의한 논증의 형태로 말이다. 나에게는 카를-오토 아펠 (Karl-Otto Apel)도 유사하게 논증하는 것처럼 보인다. 논증의 문제를 단순하게 윤리적 담론 자체에 위임하고, 그런 다음 그것이 결과를 가져오는지, 가져온다면 어떤 결과인지를 기다리는 것은 확실히 충분치 않다.

해제

　　루만의 이 책은 환경 '이론'에 관한 것이다. 즉 그 목적이 환경 파괴를 염려해서 그 원인이 어디에 있으며 어떻게 고쳐져야 하는가를 다루는 1차적 관찰이 아니라, 환경의 문제가 사회에서 어떻게 커뮤니케이션되고 있는가를 다루는 2차적 관찰, 곧 '관찰의 관찰'에 있다. 요컨대 생태적 커뮤니케이션에 관한 것이라고 할 수 있다. 이런 의미에서 루만은 이 책 말미에 생태적 "커뮤니케이션이 우리 사회의 긴박한 환경 문제를 해결하는 데 얼마나 기여할 수 있을지 설명하길 바랐던 사람은 실망스럽다는 걸 깨달았을 것이다"고 쓰고 있다. 관건은 사회가 환경 문제에 어떻게 반응해야만 하는지에 있는 것이 아니라, 어떻게 반응하는지를 밝혀내는 데 있다는 것이다. 이를 위해서는 환경을 보는 올바른 접근 방법, 즉 올바른 이론이 필수적이다. 의식의 변화를 강조한다거나 도덕에 호소한다거나 해서는 환경의 개선을 이룰 수 없다. "마치 환경을 염려하는 것이 환경에 대한 경솔한 견해를 정당화할 수" 없다는 것이다. 현실을 직시할 때 우리는 환경의 문제를 해결할 수 있다는 얘기다. 이때 현실이란 사회의 작동 현실을 의미한다. 즉 환경은 환경 그 자체로서가 아니라 사회 속에서 문제가 될 때, 다시 말해 커뮤니케이션의 대상이 될 때에만 다룰 수 있는 '사회 내적' 문제이기 때문에 사회의 실제적 작동을 파악하지 않으면 안 된다는 것이다. 아무리 위험한 환경 문제라 하더라도 "그것에 관해 커뮤니케이션을 하지 않는 한" 어떤 사회적 반향도 일으키지 않는다는 말이다. 처방전을 남발하기보다는 현실을 정확히 꿰뚫어볼 수 있는 이론이 절실한 이유가 여기에 있다.

환경과 관련한 루만의 문제의식은 서문에서 밝히고 있듯이 매우 분명하다. 사회는 환경에 대한 반응, 곧 반향을 한편으로는 너무나 적게, 다른 한편으로는 너무나 많이 생성한다는 것이다. 하지만 이 책을 찬찬히 읽은 사람들이 알 수 있듯 그는 너무나 적은 반향에 무게를 두고 있다. 그 이유 또한 분명하다. 근대 사회가 서로 다른 여러 기능체계들로 분화되어 있기 때문이다. 환경은 확실히 사회 전체의 환경이다. 그런데 사회가 여러 기능체계들로 분화되어 있는 이상, 환경은 기능체계별로 커뮤니케이션될 수밖에 없다. 환경에 반응할 수 없는 전체 사회적 준거점이 오늘날의 사회에는 결여되어 있다. 이와 관련해 루만은 《사회의 사회》에서 "이리하여 사람들은 기능적 분화의 형태에 의거해 환경 문제를 다루는 데 있어서 어떠한 조종 중심도, 따라서 어떠한 중심 기관도 존재하지 않는다는 것을 추론할 수 있다. 기능적으로 분화된 사회는 정점도 중심도 없이 작동한다"[1]고 말하고 있다. 따라서 반향은 쪼개져 나타날 수밖에 없으며, 그 결과 너무나 적을 수밖에 없다는 것이다.

이제 밝혀졌다. 이론은 체계이론을 의미한다는 게 말이다. 체계이론에 대한 모든 것을 여기서 설명할 수는 없다. 그래도 이 책을 쉽게 이해하기 위해 어느 정도의 설명은 요구된다. 루만의 체계이론에서 체계는 분석을 위한 도구가 아니라 실제로 존재하는 어떤 것이다. 그의 주저라고 할 수 있는 《사회체계이론》의 1장 '체계와 기능'은 따라서 다음과 같이 시작된다. "앞으로의 고찰은 체계가 존재한다는 사실로부터 출발한다. 말하자면 그것은 인식론적인 의심을 가지고 시작하지 않는다. 그것은 또한 체계이론의 '단순히 분석적인 관련성'으로 후퇴하는 관점과도 관련이 없다. 더욱이 체계이론을 현실 분석의 단순한 방법으로서 좁게 해석하는 것도 회피되지 않으면 안 된다. (⋯⋯) 진술은, 어쨌든 체계이론의 경우에 있어서, 현실적인 세계와 관계한다. 체계 개념은 따라서 실제로 체계인 어떤 것을 가리키고, 그 결과 자신의 진술에 대한 입증의 책임을 현실에 의거해 떠맡는다."[2] 체계는 존재하는 동시에 환경과 구분하면서 스스로를 형성하고, 코드에 따라 고유의 커뮤니케이션을 작동시키며, 타자는 물론 자신을 관찰한다. 체계는 살아 있다. 칠레의 신경생리학자 움베르토 마투라나에게서 빌려온 자기생산(Autopoiesis)의 개념은 이러한 체계의 특성을 가장 잘 표현하고 있다. 주지하는 바와 같이 루만은 근대 사회의 근본적 특징으로서 기능적 분화를 꼽고 있다. 여러 특수한 기능을 가진 다양한 기능체계들로 분화되어 있다는 것이다. 이것들은 체계인 한에 있어서 모두 자기생산 체계들이다. 이것이 의미하는 바는 하나의 기능체계는 그것에 고유한 커뮤니케이션만을 생성하고 유통시킨다는 것이다. 가령 정치체계는 정치적 커뮤니케이션에만, 경제체계는 경제적 커뮤니케이션에만, 법체계는 법적 커뮤니케이션에만 …… 특화되어 있다. '분화독립화'라는 개념은 이러한 상황을 묘사하고 있다. 이때 가장 중요한 역할을 하는 것이 다름 아닌 '이원적 코드'이다. 사회의 모든 커뮤니케이션은 각 기능체계에 고유한 코드에 의해 기능 특화적인 커뮤니케이션으로 축소된다. 우리의 주제와 관련해 이것이 뜻하는 바는 정치체계는 환경을 정치적으로만, 경제체계는 환경을 경제적으로만, 법체계는 환경을 법적으로만 다룬다는 것이다. 이런 의미에서 각 기능체계들은 자기준거적-폐쇄적 체계이다. 하지만 이것이 환경과의 접촉이 완전히 차단되었다는 것을 결코 의미하지는 않는다. 루만의 체계이론의 핵심은 체계에만 관한 것이 아니라, 체계-환경의 차이에 관한 것임에 유의하자. 이는 환경이 없으면 체계가 없다는 뜻이다. 따라서 체계는 끊임없는 자기생산을 위해서 환경과 끊임없이 접촉하지 않으면 안 된다. 환경은 체계에게 있어서 새로운 정보의 보고이다. 이런 의미에서 루만은 본문에서 이렇게 말한다. "체계에서 환경은 자신의 타자준거적 정보 처리의 전체 지평이다"라고. 그런데 루만이 환경의 정보를 소음 또는 혼선으로 묘사하는 것은 그것이 중요하지 않아서가 아니라, 체계의 독자적인 작동의 측면을 강조하기 위해서이다. 이 소음이 코드에 의해 체계 내적으로 전환되는 순간 비로소 그것은 그 체계의 구성 요소가 된다는 것이다. "환경은 체계 내에서만 구성된다"는 말은 이를 뜻한다. 따라서 체계는 폐쇄적이면서도 개방적인 체계로서 간주된다. 즉 작동적으로는 폐쇄적이지만 인지적으로는 개방적이라는 것이다.

'프로그램'은 바로 체계의 개방성을 위해 도입한 개념이다. 체계는 프로그램을 통해 자신의 환경에 반응한다. 본문의 내용을 들어보자. "프로그램은 한편으로는 한 기능체계에 배정된 요구를 어느 정도 '구체화하는 것'(또는 '조작하는 것')을 가능케 하고, 다른 한편으로는 바로 그 때문에 일정한 범위 안에서 변경 가능하다. 프로그램의 차원에서 한 체계는 자신의 코드에 의해 확정된 정체성을 잃어버리지 않으면서 구조를 바꿀 수 있다." 예를 들어 경제체계는 수익성이 있느냐 없느냐는 코드에 따라 커뮤니케이션을 경제 특화적인 것으로 만들지만, 제품과 상품이라는 프로그램을 가지고 환경에서 일어나고 있는 인간의 사회적 욕구에 반응하고, 정치체계는 권력을 가지느냐 가지지 않느냐는 코드에 따라 커뮤니케이션을 정치 특화적으로 만들지만, 다양한 정책들이라는 프로그램을 가지고 시민들의 정치적 욕구에 반응한다는 식이다. 본문에서 말하는 코드와 프로그램의 구분이 뜻하는 바는 정확히 이것이라고 할 수 있다.

루만의 체계이론의 또 다른 두드러진 특징들 중 하나는 사회체계는 인간들로 구성되어 있는 것이 아니라, 커뮤니케이션들로 구성되어 있다는 논제이다. 체계가 살아 있다고 가정되는 순간, 사실상 인간은 사회로부터 배제되어 있다는 사실을 눈치챘어야 한다. 루만의 체계이론에서 인간은 심리체계로 간주된다. 그리고 그 구성 요소는 의식이다. 심리체계와 사회체계의 관계에 대해 본문에서 아주 간결하게 설명하고 있기 때문에 그대로 인용해본다. "이는 (⋯⋯) 의식과 커뮤니케이션의 관계에서도 적용된다. 심리적 체계의 의식 역시 사회체계의 환경에 속한다.

그러한 것으로서 의식은 심리적 사실일 뿐이지 결코 사회적 사실이 아니다. 다른 많은 것과 마찬가지로 인간의 의식, 인간의 삶이 사회적 커뮤니케이션의 불가결한 전제 조건에 속한다는 것은 자명하다. 그러나 이것은 생각에 의한 생각의 생산으로서 의식의 과정 자체가 커뮤니케이션은 아니다라는 사실을 바꾸지 못한다." 우리의 주제와 관련해서 이것이 의미하는 바는 명백하다. 의식의 변화를 가지고는 사회적 사실인 환경 문제, 즉 생태적 커뮤니케이션을 결코 바꿀 수 없다는 것이다. 그리하여 그는 본문에서 "더 많은 환경 의식을 가지라는 경고와 호소로는 이 문제를 직접 해결할 수 없다"고 말하고 있다. 환경 문제와 환경 의식은 완전히 별개의 문제로서 취급되지 않으면 안 된다는 것이다. 교육을 통한 인간 개조도 도덕에 대한 호소도 그것이 사회적 문제로 전환되지 않은 한, 다시 말해 커뮤니케이션의 대상이 되지 않는 한 환경 문제를 해결하는 데 별 도움이 되지 않는다는 얘기다. 이렇게 볼 때, 루만은 환경 문제에 대한 너무나 적은 반향의 원인을 순수하게 환경 자체를 커뮤니케이션의 대상으로 삼는 장소가 오늘날의 사회에서는 결여되어 있다는 데 돌리고 있다고 할 수 있다. 이 점에 대해 알렉스 데미로비치(Alex Demirovic)는 다음과 같이 적절하게 논평한다. "전체 사회적인 자기의식의 중심 관점이 결여되어 있다. 그리하여 사회에는 고유의 위기를 인식하는 것도, 비판적으로 자기 자신에게 영향을 미치는 것도, 이성적인 정체성을 형성하는 것도 불가능하다고 한다."[3]

그런데 그 가능성은 완전히 배제되어 있는가? 여기에 대해서 루만은 좀더 신중하게 접근하고 있다. 전체적인 인상은 불가능하다는 쪽으로 기울고 있지만, 그래도 그 가능성을 희미하긴 하지만 열어놓고 있기는 하다. 이와 관련해 우리는 본문에서 읽을 수 있다. "이 모든 것은 전체 체계로서 사회가 만일의 생태적 위험을 어떤 경우든 예방할 수 있거나, 아니면 적어도 대체할 수 있다는 것을 결코 보장하지 않는다. 그렇기는 커녕 사회는 예외적인 경우들에 있어서만 반응하는 이러한 가능성을 단지 가지고 있을 뿐이다." 그런데 이 가능성을 가장 실천할 확률이 높은 곳은 정치체계에서이다. 왜냐하면 정치체계는 그 고유 기능인 구속하는 결정을 통해 "사회의 다른 체계들을 조절하지는 못하지만 그것들에게 영향을 미칠 수는 있기" 때문이다. 그러나 한계는 분명히 존재한다. 정치체계도 그 자신의 코드, 즉 권력의 유무에 따라 자기준거적-폐쇄적으로 작동하는 기능체계들 중 하나에 불과하기 때문이다. 권력 획득에, 즉 표를 얻는 데 도움이 되는 한에 있어서만 그럴 수 있다는 것이다. 그리고 자칫 잘못하면 정치체계의 사회에 대한 지나친 개입으로 다른 기능체계들의 기능의 장애를 넘어서서 사회체계의 파괴까지 초래할 수 있다는 사실을 염두에 두지 않으면 안 된다. 현실 사회주의에서 국가에 의한 경제 개입이 경제적 파탄은 물론 사회의 몰락을 가져왔듯이. 루만의 경고는 정치체계에만 한정되지 않는다. 전체 사회적 반향 자체에 위험성이 도사리고 있다는 것이다. 그에 의하면 사회의 전체적인 측면에서 환경에 대응하는 것은 자유와 평등이라는 가치 이외에도 "맑은 공기와 맑은 물, 나무와 동물도" 가치 목록에 포함시키는 가치의 인플레이션을 불러오고, 따라서 자칫하면 이데올로기적 편향으로 빠질 가능성이 높다는 것이다. 이를 피할 수 있는 방법은 스스로에 대한 끊임

없는 '계몽'밖에 없다. 루만이 자신의 논문 모음집 시리즈의 제목을 "사회학적 계몽"이라고 한 이유가 바로 여기에 있다.

이제 너무나 많은 반향에 대해 알아볼 차례이다. 루만은 이에 대해 상대적으로 매우 짧게 논의하고 있다. 이를 위해 그가 도입하는 개념은 사회체계 외적 경계와 사회체계 내적 경계의 구분이다. 너무나 많은 반향은 체계 내적 환경과 관련되어 있다. 여기서 체계 내적 환경이란 각 사회체계의 기능체계들은 모두 서로에 대해 체계-환경의 관계에 있다는 것을 의미한다. 여기에서의 반향은 한 기능체계에서의 변화가 다른 기능체계에서의 변화를 초래하는 상황을 일컫는다. 가령 경제적 상황 변화는 정치체계에 있어서 권력 분포에 큰 영향을 미치고, 학문적 발견은 곧바로 경제에 영향을 미치며, 법체계에서의 결정은 정치적으로도 경제적으로도 큰 파급 효과를 가져올 수 있다. 즉 "한 체계에 있어서 조그마한 변화는 반향에 의해 다른 체계에서 막대한 변화를 유발할 수 있다"는 것이다. 이러한 상황을 루만은 너무나 많은 반향이라는 관점에서 설명하고 있다. 이러한 체계 내적 환경에 대한 너무나 많은 반향은 기능체계들이 분화독립화해 독자적으로 작동하지만, 서로서로 상호 의존의 관계에 있다는 이론적 입장과 밀접히 연관되어 있다.

이론의 의미에 대한 루만의 말을 서론에서 인용하며 해제를 마무리하고자 한다. "사람들은 이론적인 분석에는 항상 '실천 연관성'이 결여되어 있다고 비난할 수 있다. 그것은 타인들을 위한 어떤 처방전도 제시하지 않는다. (……) 단지 이론은 사람들이 관념의 생산을 더 잘 통제하는 방법을 가지고 유용한 결과를 가져올 개연성을 높일 수 있다고,

그리고 무엇보다도 무용한 흥분을 낳는 개연성을 낮출 수 있다고 여전히 생각할 뿐이다." 이로부터 우리는 환경 문제와 관련해 '흥분은 금물'이라는 격언을 만들 수 있지 않을까 생각해본다.

2014년 12월
서영조

주

1. Niklas Luhmann, Die Gesellschaft der Gesellschaft (Frankfurt am Main: Suhrkamp, 1997), p. 803.

2. Niklas Luhmann, Soziale Systeme: Grundriß einer allgemeinen Theorie (Frankfurt am Main: Suhrkamp, 1984), p. 30.

3. Alex Demirovic, "Demokratie, Politik und Staat in der transformischen Gesellschaft. Vergleichende Anmerkungen zu den Gesellschaftstheorien Niklas Luhmann und Jürgen Habermas", in: Kai-Uwe Hellmann, Karsten Fischer, Harald Bluhm (편), Das Syste der Politik: Niklas Luhmanns Politische Theorie (Wiesbaden: Westdeutscher Verlag, 2003), p. 339.

찾아보기